UTB 3458

Eine Arbeitsgemeinschaft der Verlage

Böhlau Verlag · Wien · Köln · Weimar
Verlag Barbara Budrich · Opladen · Farmington Hills
facultas.wuv · Wien
Wilhelm Fink · München
A. Francke Verlag · Tübingen und Basel
Haupt Verlag · Bern · Stuttgart · Wien
Julius Klinkhardt Verlagsbuchhandlung · Bad Heilbrunn
Mohr Siebeck · Tübingen
Nomos Verlagsgesellschaft · Baden-Baden
Orell Füssli Verlag · Zürich
Ernst Reinhardt Verlag · München · Basel
Ferdinand Schöningh · Paderborn · München · Wien · Zürich
Eugen Ulmer Verlag · Stuttgart
UVK Verlagsgesellschaft · Konstanz, mit UVK/Lucius · München
Vandenhoeck & Ruprecht · Göttingen · Oakville
vdf Hochschulverlag AG an der ETH Zürich

Hans Altmann

Prüfungswissen Wortbildung

3., durchgesehene Auflage

Vandenhoeck & Ruprecht

Dr. Hans Altmann ist Professor im Ruhestand für Germanistische Linguistik an der Ludwig-Maximilians-Universität München.

Bibliografische Information der Deutschen Nationalbibliothek

Die Deutsche Nationalbibliothek verzeichnet diese Publikation in der Deutschen Nationalbibliografie; detaillierte bibliografische Daten sind im Internet über http://dnb.d-nb.de abrufbar.

Umschlaggestaltung: Atelier Reichert, Stuttgart
Druck und Bindung: CPI Books GmbH

ISBN 978-3-8252-3458-4 **(UTB-Bestellnummer)**

Inhalt

Vorwort

Dieses Buch richtet sich an Prüflinge aller Studienrichtungen in der Germanistischen Linguistik zur Vorbereitung auf Prüfungen aller Art, insbesondere im Rahmen der Bachelor- und Master-Studiengänge, aber auch an alle anderen Interessierten, die ein ausreichendes Vorwissen mitbringen und die komprimierte Information schätzen, z.B. Lehrer und Leute mit sprachbezogenen Berufen. Aus diesem Grund wird hier ein relativ umfangreiches Programm geboten, aus dem je nach Bedarf ausgewählt werden muss.

Diese Zielrichtung setzt ein gewisses morphologisches Vorverständnis und ein Basiswissen, vor allem in Bezug auf die Terminologie, beim Benutzer voraus. Das Register gibt Suchhilfen; zahlreiche Querverweise erleichtern die Orientierung.

Das Buch ist als Arbeitsbuch konzipiert, vermittelt werden soll konkretes Analysewissen. Gerade aus der Prüfungserfahrung heraus wurde auf die Bindung an eine bestimmte formale Wortbildungstheorie verzichtet. Wir hoffen, die Stofffülle relativ übersichtlich und komprimiert dargestellt zu haben. Dazu gehören v.a. die Analyseverfahren und die argumentativ interessanten Problembereiche. Der Stoff wird der besseren Lernbarkeit halber meist stichwortartig, in Listen und Tabellen dargeboten.

Übungsaufgaben, die den dargestellten Stoff in überschaubaren Einheiten abfragen, sind in die Kapitel integriert. Am Ende finden sich längere klausurähnliche Aufgaben. Die Lösungen dazu können leider nicht so argumentativ wie wünschenswert sein, sondern sind auf das Notwendigste beschränkt.

Um die Aktualität der Darstellung wie der Literaturhinweise zu erhalten, wurden für die dritte Auflage inhaltliche und formale Korrekturen, Aktualisierungen und Ergänzungen vorgenommen. Wir hoffen, dass das Buch dadurch noch benutzerfreundlicher geworden ist. – Konstruktive Kritik und Hinweise auf Verbesserungsmöglichkeiten sind immer willkommen.

Silke Kemmerling, ohne deren engagierte und kompetente Mitarbeit dieses Buch nicht zustandegekommen wäre, konnte leider an dieser Auflage nicht mehr mitarbeiten. Ihr gilt mein ganz besonderer Dank. – Gedankt sei aber auch allen, die bei der Ausarbeitung des Textes geholfen haben, insbesondere R. Ziegenhain für die zahlreichen Hinweise auf Verbesserungsmöglichkeiten, vor allem aber UZ für den letzten Schliff.

München, im Januar 2011 Hans Altmann

Abkürzungsverzeichnis

Allgemeinverständliche Abkürzungen sind ein nützliches Hilfsmittel bei der Textkomprimierung und bei der Schreiberleichterung, gerade in einer Klausur. Insofern wäre es sinnvoll, ihren Gebrauch in einem solchen Buch einzuüben. Wir haben uns aber entschlossen, von Abkürzungen im Textteil nur sehr sparsam Gebrauch zu machen, um die Lektüre v.a. für Interessenten anderer Fachrichtungen nicht unnötig zu erschweren. Die gängigen Abkürzungen, deren Gebrauch man i.A. nicht rechtfertigen muss, werden mit gewissen Gewöhnungshilfen verwendet. Soweit nicht bereits gängige Abkürzungen vorliegen, bedienen wir uns des Verfahrens der »sprechenden« Abkürzungen, die also weitgehend selbsterklärend sind. Nach diesem Prinzip wäre es besser, statt der gängigen Abkürzung UK für »unmittelbare Konstituente« die sprechende Abkürzung »Unm.Konst.« zu verwenden. – Die Liste enthält Abkürzungen unabhängig von ihrer Verwendung im Text. Abkürzungen, die sich nur durch die Großschreibung des Anfangsbuchstabens unterscheiden, werden nur dann getrennt verzeichnet, wenn sie für unterschiedlicheVollformen stehen. Singular und Plural werden nicht unterschieden.

abstr. ....abstrakt
Adj. ....Adjektiv
adj. ....adjektivisch
Adj.Attr. ....Adjektiv-Attribut
Adv. ....Adverb
adv. ....adverbiell
Advb. ....Adverbial
aff. ....affiziert
ahd. ....althochdeutsch
Akk. ....Akkusativ
akk. ....akkusativisch
Akk.Obj.. ....Akkusativ-Objekt
aktual. ....aktualisiert
Art. ....Artikel
Attr. ....Attribut
attr. ....attributiv
bair. ....bairisch
bearb. ....bearbeitet
bzw. ....beziehungsweise
Dat. ....Dativ
dat. ....dativisch
Dat.Obj.. ....Dativ-Objekt
deadj. ....deadjektivisch
desubst. ....desubstantivisch
Det. ....Determinator
Det.komp. ....Determinativkompositum
Det.ns ....Determinans
Det.um ....Determinatum
deadj...................deadjektivisch
denom................denominal
deverb. ....deverbal
dir. ....direktional
Diss. ....Dissertation
dt. ....deutsch
e.a. ....et alii (und andere)
eff. ....effiziert
engl. ....englisch
erw. ....erweitert
etc. ....et cetera
etw. ....etwas

evtl. .... eventuell
FE .... Fugenelement
fem. .... femininum
fin. .... finit
franz. .... französisch
FS .... Festschrift
Gen. .... Genitiv
gen. .... genitivisch
Gen.Attr. .... Genitiv-Attribut
Gen.Obj. .... Genitiv-Objekt
Gen.Verbi .... Genus Verbi
germ. .... germanisch
gramm. .... grammatisch
griech. .... griechisch
i.A. .... im Allgemeinen
idg. .... indogermanisch
idiomat. .... idiomatisch
i.d.R. .... in der Regel
Inf. .... Infinitiv
infin. .... infinit
i.S.v. .... im Sinne von
jmd. .... jemand
jmdm. .... jemandem
jmdn. .... jemanden
Kap. .... Kapitel
Kopräd. .... Koprädikativ
lat. .... lateinisch
lok. .... lokal
mask. .... maskulinum
metaph. .... metaphorisch
mhd. .... mittelhochdeutsch
Mod. .... Modus
N .... Substantiv (Nomen)
neutr. .... neutrum
nhd. .... neuhochdeutsch
Nom. .... Nominativ
nominat. .... nominativisch
nom. .... nominal
NP .... Nominalphrase
Num. .... Numerale
Obj. .... Objekt
Part. .... Partizip
Partik. .... Partikel
Perf. .... Perfekt
Pers.Pron. .... Personalpronomen
phil. .... philosophisch
Pl. .... Plural
Präp.Obj. .... Präpositional-Objekt
Poss.Pron. .... Possessivpronomen
PP .... Präpositionalphrase
Präd. .... Prädikativ
Präp. .... Präposition
Präs. .... Präsens
Prät. .... Präteritum
Pronom. .... Pronomen
pronom. .... pronominal
Ps. .... Person
Quant. .... Quantor
Refl.Pron. .... Reflexivpronomen
S .... Satz
Sg. .... Singular
s.o. .... siehe oben
sog. .... so genannt
st. .... stark
Subst. .... Substantiv
subst. .... substantivisch
sw. .... schwach
syntakt. .... syntaktisch
Temp. .... Tempus
u.a. .... unter anderem
u.E. .... unseres Erachtens
ugs. .... umgangssprachlich
UK .... Unmittelbare Konstituente
V .... Verb
verb. .... verbal
v.a. .... vor allem
vgl. .... vergleiche
VP .... Verbalphrase
ZS .... Zeitschrift

Auszeichnungen:

[ ] Merkmale werden in eckige Klammern gesetzt.

sagen Die Position des Wortakzents oder Wortbildungsakzents wird durch Unterstreichung des Vokals der Akzentsilbe angegeben.

legen Beispiele (= Objektsprache) und nur sie werden kursiviert.

›nicht‹ Bedeutungsangaben werden in einfache Anführungszeichen gesetzt.

{ } Morpheme werden in geschweifte Klammern gesetzt.

1. Grundlagen der Wortbildungslehre

1.1 Die Wortbildungslehre als grammatische Beschreibungsebene

1.1.1 Aufbau des sprachlichen Zeichens, Grenzproblematik

Wortbildungslehre und Flexionslehre sind Teilaspekte der Morphologie. Die Morphologie wiederum ist eine der drei Ebenen Phonologie – Morphologie – Syntax (nach zunehmender Komplexität angeordnet), die der grammatischen Beschreibung der Formseite des sprachlichen Zeichens dienen.

- **Phonologie**: Sie ist die Beschreibung des Lautsystems einer Sprache. Die Grundeinheit ist der Einzellaut, das Phonem, das in der strukturalistischen Linguistik als kleinste bedeutungs**unterscheidende** Einheit definiert wird. Beschrieben werden auch die Gesetze der Kombination von Einzellauten zu Silben (»Phonosyntax«, auch »Phonotaktik«; → Altmann/ Ziegenhain ³2010, 3.1 S. 72ff. und 3.4.2 S. 91f.).
- **Morphologie**: Sie beschreibt den Aufbau von Wörtern aus den kleinsten bedeutungs**tragenden** Einheiten, den Morphemen. Zwei Hauptbereiche sind zu unterscheiden:
- Wort**form**bildungslehre, auch »**Flexionslehre**«: z.B. Verbflexion, Substantivflexion, Adjektivflexion. Untersucht wird der Aufbau von Wortformen aus Wortstämmen und Flexionsendungen. Als Wort wird hier nicht die Nennform eines Wortes, sondern das gesamte Flexionsparadigma bezeichnet.
- Wort**stamm**bildungslehre, auch **»Wortbildungslehre**«: z.B. Komposition, Präfigierung, Suffigierung. Untersucht wird der Aufbau komplexer Wörter aus Stammmorphemen und Wortbildungsaffixen. Es handelt sich also um eine Art Morphem-Syntax.
- **Syntax**: Ihre kleinste Einheit ist das einfache oder komplexe Wort. Beschrieben wird die Verbindung von Wörtern zu komplexeren Verbänden wie Phrasen und Sätzen (vgl. Altmann/Hahnemann ⁴2010, 1. S. 19ff.).

Hierbei handelt es sich um eine sehr einfache Vorstellung von der wissenschaftlichen Erfassung der Formseite von Sprache. Man muss beachten, dass die

Strukturierung über den Beschreibungsgegenstand gelegt wird, sie ist nicht Teil dieses Gegenstands. Dies äußert sich u.a. darin, dass bestimmte (Wortbildungs-)Prozesse die so gezogenen Grenzen überschreiten, z.B. die Zusammenrückung, bei der aus einer syntaktischen Struktur eine Wortbildungsstruktur wird, oder die lautliche Verschmelzung von komplexen Wörtern zu Simplizia wie bei mhd. *ne wære* ›wäre es nicht‹ zu nhd. *nur,* oder von ahd. *gilouben* zu nhd. *glauben.* Beide Entwicklungen werden in der Literatur als **Univerbierung** bezeichnet. Generell ist in der Sprachentwicklung eine Tendenz zur Strukturvereinfachung komplexer Wörter zu beobachten. – Die verschiedenen Wortbildungstypen kann man ordnen nach Nähe zu syntaktischen Strukturen einerseits und zu Simplizia andererseits.

Abteilungen der Semantik können jeder der drei Beschreibungsebenen der Formseite zugeordnet werden. In der Phonologie ist die Semantik nur als Prinzip der Bedeutungsunterscheidung präsent (Minimalpaarmethode). Die direkte Entsprechung der Morphologie ist die Wortsemantik, die Entsprechung der Syntax die Satzsemantik. Die Bedeutung komplexer Wörter ergibt sich aus der Bedeutung der Bestandteile (Morpheme: kleinste bedeutungstragende Einheiten) und der Bedeutung der Verknüpfungsweise (also der Strukturbedeutung) nach dem sog. Frege-Prinzip (→ 1.2 S. 19)

Zur Vertiefung [die beiden Titel werden im Folgenden nur noch wie oben abgekürzt zitiert]:

Altmann, H./Ziegenhain, U. (^{3}2010): Prüfungswissen Phonetik, Phonologie und Graphemik. – Göttingen: Vandenhoeck & Ruprecht, Kap.2.4.1 S. 49f.; 3.6.1 S. 106-115. (= UTB 3323).

Altmann, H./Hahnemann, S. (^{4}2010): Prüfungswissen Syntax. 4., durchges. Aufl. – Göttingen: Vandenhoeck & Ruprecht (= UTB 3320).

1.2 Einige Grundbegriffe der Wortbildung

Aus Gründen der leichteren Verständlichkeit verwenden wir einige der zentralen Begriffe der strukturalistischen Morphologie, wie sie auch sonst in einschlägigen Veröffentlichungen üblich sind, wohl wissend, dass dieser Ansatz heute in mancher Hinsicht überholt ist.

Morphem: Morpheme wurden bereits als kleinste bedeutungstragende Einheiten auf der Ebene der langue bestimmt. Sie beruhen auf der (bedeutungsorientierten) Klassifikation von Morphen, z.B. Partizip Perfekt Aktiv mit drei Allomorphen: {*ge-t/ge-en/-n*}: *gesagt, geritten, verblieben.*

Morphe: kleinste, noch nicht klassifizierte bedeutungstragende Lautfolgen auf der Ebene der parole; sie lassen sich durch Segmentierung komplexer Wörter ermitteln. Dabei bedeutet die gleiche Lautgestalt nicht, dass es sich um ein Morphem handelt, z.B. *-er*-Homonymie: *Kind-er* (Pl.-Morphem), *schön-er* (Morphem zur Komparativbildung), *er* (Pers.Pron. 3.Ps. Sg. mask.), *Lehr-er* (Nominalisierungssuffix) etc.

Allomorphe: Varianten eines Morphems, z.B. des Pluralmorphems: *Auto-s, Bett-en, Hund-e, Katze-n, Himmel-∅.* Es ist allerdings wenig sinnvoll, Allomorphe ohne Rücksicht auf ihre Lautgestalt als ein Morphem zu klassifizieren.

freies Morphem: Eine bedeutungstragende Einheit, die nicht mit anderen Morphemen verknüpft in der Äußerung auftreten muss, im Deutschen also **nur Partikeln** (= nicht flektierbare Wörter, → Altmann/Hahnemann ^{4}2010, 2.2.4.7, S. 38 und 3.5, S. 100-113) wie *nur, kaum, dort.* In gängigen Wortbildungslehren werden oft Wortstämme wie *bring-, Fisch-/fisch-, schön-* als freie Morpheme bezeichnet, da sie in ihrem Paradigma auch ohne Endung auftreten können. Doch handelt es sich hierbei nur um eine Wortform, nicht um ein Wort. Es ist davon auszugehen, dass im Deutschen Elemente flektierter Wortarten wie Substantiva, Adjektiva und Verben Morphemkombinationen, also nie freie Morpheme sind.

gebundenes Morphem: Es kann nur zusammen mit anderen Morphemen in der Äußerung auftreten, also alle reinen Wortbildungsaffixe und alle Flexionsendungen, z.B. *ge-, zer-, -lich, -ier(-en), [Fisch-]-es/-e/-en; [bring-]-en/-e/-st/-t.* Wir ordnen hier auch die Stämme der Hauptwortarten Substantiv, Adjektiv, Verb ein, auch wenn sie im Paradigma ohne Affixe auftreten können.

unikales Morphem: Sonderfall des gebundenen Morphems, das weder frei noch in anderen Kombinationen im Deutschen vorkommt. Seine Bedeutung ist synchronisch nicht mehr analysierbar und rein auf die Bedeutungsunterscheidung beschränkt: *Heidel(beere), Brom(beere), Schorn(stein), (Bräuti)gam.*

Wort/Lexem: ein Stamm mit seinen möglichen flexivischen Endungen, also das gesamte Paradigma und nicht nur eine Wort**form**, z.B. die Nennform.

Nennform: eine konventionell festgelegte Wortform, die als »Name« eines Wortes dient.
- beim Substantiv: Nominativ Singular, z.B. *Herz.*
- beim Verb: Infinitiv I, z.B. *fisch-en.*
- beim Adjektiv: die endungslose Form, z.B. *gut.*

Simplex: ein Wort, das »einfach«, also kein Wortbildungsprodukt ist.

Frege-Prinzip: Prinzip der Kompositionalität der Bedeutung komplexer Ausdrücke. Die Bedeutung des komplexen Ausdrucks ergibt sich aus der Bedeutung der Bestandteile und der Bedeutung der Verknüpfungsart. Nur möglich bei:

morphosemantische Motiviertheit: Grade der Erschließbarkeit der Bedeutung einer Wortbildungskonstruktion nach dem Frege-Prinzip. Verbreitet ist die Dreistufenskala:

- **vollmotiviert**: Die Bedeutung des komplexen Lexems lässt sich nach dem Frege-Prinzip ermitteln, z.B. *Ledertasche* ›Tasche, die aus Leder besteht‹, *Tierfutter, Kochlöffel.*
- **teilmotiviert**: Nur noch einzelne Teile des Wortbildungsprodukts sind unverändert an der Gesamtbedeutung beteiligt, z.B. *Anweisung/anweisen.* Hier kann *Weisung/weisen* noch als motiviert betrachtet werden, dagegen kann der Verbpartikel *an-* keine der üblichen Bedeutungen der Präposition *an* zugeordnet werden.
- **demotiviert/idiomatisiert**: Die Gesamtbedeutung der Lexeme ist nicht aus der Bedeutung der Bestandteile und der Bedeutung ihrer Verbindungsweisen abzuleiten. In einer synchronisch orientierten Wortbildungsanalyse sind demotivierte/idiomatisierte Bildungen als Simplizia zu behandeln, obwohl formseitig die Bildungsweise u.U. noch gut erkennbar ist, z.B. die Suffigierung mit *-ung* bei *Einbildung, Zeitung*. In der einschlägigen Literatur wird »demotiviert« eher für formseitig undurchsichtige Lexeme verwendet, dagegen »idiomatisiert« eher für semantisch undurchsichtige. Wir verwenden beide Begriffe primär für semantisch undurchsichtige Wortbildungsprodukte.

Lexikalisierung: Darunter wird meist die Aufnahme eines Wortes mit einem spezifischen Wortinhalt (Lesart) in das mentale Lexikon einer Sprache verstanden. Von den strukturell möglichen Bedeutungsalternativen einer Wortbildungskonstruktion ist dann i.d.R. nur noch eine üblich, etwa bei *Holzkiste*: Die möglichen Bedeutungen sind u.a.: ›Kiste, die aus Holz besteht‹ (materiale Relation)/›Kiste, die als Behälter für (Brenn-)Holz verwendet wird‹ (instrumentale Relation)/›Kiste die sich im Holz befindet‹ (lokale Relation); lexikalisiert: ›Kiste, die aus Holz besteht‹.

Produktivität: Damit wird in einer synchronischen Wortbildungstheorie die Möglichkeit und/oder Wahrscheinlichkeit der Bildung komplexer Lexeme nach existenten Mustern bezeichnet. Hochproduktiv sind Wortbildungsmodelle dann, wenn sie nur geringe Restriktionen in Bezug auf die formativstrukturelle und semantische Beschaffenheit der Bestandteile aufweisen (qualitatives Kriterium) und in hohem Maße für Neubildungen genutzt werden (quantitatives Kriterium), z.B. die Bildung deverbaler Substantive auf *-er/-ung*. Das derzeit bei weitem produktivste Wortbildungsmuster sind die substantivischen Determinativkomposita.

Analogie: Bezeichnet i.d.R. eine irreguläre Ausweitung einer Wortbildungsregel, etwa bei der Bildung von Adjektiven mit dem Suffix *-bar*: zunächst nur von transitiven Verben, dann auch von intransitiven, schließlich auch von Nichtverben (*unkaputtbar*). Dieses »Erklärungsmuster« ist methodisch sehr problematisch, da es kaum argumentative Restriktionen für seine Anwendung gibt: Es ist kaum nachzuweisen, dass eine reguläre Wortbildungsweise (nicht) Muster für eine irreguläre Wortbildung ist.

Fehlsegmentierung: einer der Fälle, bei denen das Erklärungsmuster der analogischen Bildung angewendet wird. Sie beruht auf der Spannung zwischen den Strukturierungen auf unterschiedlichen hierarchischen Ebenen; z.B. setzt sich häufig die Silbengliederung gegen die morphologische Gliederung durch, d.h. der kompetente Sprecher passt die morphologische Gliederung der Silbengliederung an: *Kegl-er* → *Keg-ler*. Oder es wird eine häufig am Stammende auftretende Lautfolge als Wortbildungssuffix interpretiert, z.B. *-el* bei Substantiven, das bei Verben, die durch lexikalische Konversion gebildet werden, als Verbalisierungssuffix uminterpretiert und auf andere Fälle angewendet wird: *Kugel – kug-eln – läch-eln*.

Zur Vertiefung:

Basboll, H. (2000): Word boundaries. – In: Booij, G./Lehmann, Chr./Mugdan, J. (Hgg.), Morphologie. Ein internationales Handbuch zur Flexion und Wortbildung, 1. Halbbd. (Berlin etc.: de Gruyter), S. 377-388.

Becker, Th. (1990): Analogie und morphologische Theorie. – München: Fink (= Studien zur Theoretischen Linguistik 11).

1.3 Wortbildungsmittel

Diese Darstellung geht im Unterschied zu vielen Gesamtdarstellungen der Wortbildung, die primär bedeutungsbezogen orientiert sind, streng formbezogen vor, und zwar aus folgenden Gründen:

- Die derzeit vorhandenen Beschreibungsmittel im semantischen Bereich, insbesondere für die Beschreibung der Strukturbedeutungen der einzelnen Wortbildungstypen, scheinen uns nicht ausreichend/zufriedenstellend.
- Man gerät bei primär bedeutungsbezogenem Vorgehen in Gefahr, eine sprachfremde Strukturierung über Sprachdaten zu legen, etwa nach der Ordnung der realen Welt, nach bestimmten logischen Prinzipien usw.
- Die Formseite ist relativ gut beschreibbar und bildet eine solide Basis für die in Prüfungen meist geforderte Wortbildungsanalyse.
- Eine solide Formanalyse zwingt uns zu einer sprachadäquaten Bedeutungsbeschreibung, basierend auf der Überzeugung, dass sich alle wesentlichen kommunikativen Bedürfnisse in der sprachlichen Form ausprägen, so dass wir also mit einem Verständnis der Formseite zu einem sprachadäquaten Verständnis der Funktionsseite gelangen.

Als Denkmodell für die Beschreibung der Formseite verwenden wir das System der Wortbildungsmittel, das analog zum Ansatz der syntaktischen Mittel aufgebaut ist (vgl. Altmann/Hahnemann ^{4}2010, Kap. 2., S. 25-114). Danach werden komplexe Wortbildungsstrukturen mit Hilfe weniger Gruppen von »Baumitteln« aufgebaut:

- Kategorie der einzelnen Bestandteile.
- Art und Lage der Wortbildungsakzente.
- Morphologische Markierung der Bestandteile.
- Reihenfolge, in der diese Bestandteile angeordnet sind.

Spezifische Konstellationen von Wortbildungsmitteln kennzeichnen sowohl die einzelnen Wortbildungstypen vollständig als auch einzelne Produkte von Wortbildungsprozessen. Sie sind allerdings von sehr unterschiedlichem Gewicht: So ist die Reihenfolge der Elemente meist ziemlich trivial, etwa bei der Suffigierung: Suffix nach Basis. Ebenso ist die morphologische Markierung nur bei wenigen Wortbildungstypen relevant, so die Fugenelemente bei den Determinativkomposita, die Binnenflexion bei Zusammenrückungen. In jedem Fall wichtig ist die Kategorie der Bestandteile und die Position des Wortbildungsakzents. Für die Anordnung der Wortbildungsmittel gibt es unterschiedliche Ansätze, z.B. die Voraussetzungsstruktur; so setzt die Zuordnung eines Akzentes eine vollständige segmentale Struktur voraus; die Reihenfolgeregel setzt eine kategorial und morphologisch markierte Kette von Ausdrücken voraus usw. Die Zuordnung der einzelnen Wortbildungsmittel darf man sich auch nicht statisch denken. In manchen Fällen »versagen« einzelne Markierungsebenen, andere »springen dafür ein« (»trading relations«).

1.3.1 Kategorie der Bestandteile

Die Kategorie der Bestandteile ist vielleicht das wichtigste formseitige Merkmal in der Wortbildung. Alle Wortbildungsregeln und damit auch alle Sortierungen nach Wortbildungsmitteln nehmen darauf Bezug. Es geht hier zunächst um die Kategorie der Grundbestandteile, also der Simplizia, danach um das kategoriale Merkmal der Wortbildungsmorpheme (Prä- und Suffixe). Die Kategorie von Wortbildungsprodukten ergibt sich aus den Kategorien der Bestandteile und/oder dem Wortbildungstyp.

In einer ersten Gruppe sind zunächst die **lexikalischen Kategorien** zu behandeln, innerhalb dieser die flektierbaren (Altmann/Hahnemann [4]2010, 2.2.3f., S. 33-36): Sie lassen sich aufgrund ihrer flexionsmorphologischen Eigenschaften in Gruppen ordnen, doch können auch syntaktische Kriterien hilfsweise herangezogen werden. Dabei ist zu beachten, dass die substantivischen, verbalen und adjektivischen Simplizia zu unterscheiden sind von den Substantivierungen, Verbalisierungen und Adjektivierungen, die zwar wie Simplizia aussehen, die aber ihr kategoriales Merkmal einem grammatischen Prozess (grammatische Transposition) oder einem Wortbildungsprozess (lexikalische Konversion) verdanken.

- **Substantiv/Nomen (N):**
  - morphologisch: Deklination nach Kasus und Numerus, normalerweise in einer festen Flexionsklasse.
  - syntaktisch: Kern einer NP.
  - **Beachte: Genus** ist normalerweise keine flexivische Kategorie von Substantiven, sondern eine lexikalische. Das Genus wird mit dem Substantiv mitgelernt. An dialektalen/regionalen Genusschwankungen ohne Folgen in der Flexion ist dies ersichtlich: *der/das Teller, der/das Teil, die/der Butter*. Sichtbar wird das Genus bei Hinzufügung eines Artikels (früher »Geschlechtswort«). Nominalisierungssuffixe haben allerdings i.d.R. eine feste Genuszuordnung, z.B. *-ung* (fem.), oder dienen ausschließlich der Zuordnung eines neuen Genus, z.B. *-in* (fem.) (Movierungssuffixe).
- **Verb (V):**
  - morphologisch: Konjugation (Ps., Num., Mod., Temp., Genus Verbi).
  - syntaktisch: Kern eines Verbalkomplexes.
- **Adjektiv (Adj.):**
  - morphologisch: deklinierbar in den Kategorien Kasus, Numerus, Genus; Flexionsklassenflexibilität, d.h. starke/schwache/gemischte Deklination je nach syntaktischer Umgebung; komparierbar (abgesehen von den absoluten Adjektiven) (→ Altmann/Hahnemann ^{4}2010, 2.2.4.2.).
  - syntaktisch: attributiv, prädikativ, (modal)adverbial und als prädikatives Attribut verwendbar. Syntaktisch: Kopf einer Adjektivphrase.
- **Adverb (Adv.):**
  - morphologisch: nicht flektierbar, selten komparierbar (*oft/öfter/am öftesten*).
  - syntaktisch: attributiv, prädikativ, adverbial verwendbar.
  - **Beachte**: Die Adverbien stehen an der Grenze zu den Unflektierbaren; die meisten sind tatsächlich morphologisch unveränderlich.

Da bei den morphologisch unveränderlichen Simplizia für die Klassifikation keine morphologischen Merkmale zur Verfügung stehen, ist man auf syntaktische Kriterien, v.a. Merkmale der Verwendung, angewiesen. Die Klassifikation ist dadurch sehr viel schwieriger, und in einigen Bereichen hat sich noch kein Forschungskonsens herausgebildet. In der Wortbildung wird jedoch zumeist nur die globale Klassifizierung »Partikel« gebraucht, so dass das hier nicht weiter problematisch ist

- **Partikeln**:
  - morphologisch: unveränderlich (→ Altmann/Hahnemann ^{4}2010, 2.2.4.7 S. 38 und 3.5 S. 100-114).

– syntaktisch: typische Partikelfunktionen (Konjunktion, Präposition, Interjektion, Modalpartikel, Gradpartikel, Intensivierungspartikel etc.).

Beachte:

– Nicht immer sind Stammmorpheme, insbesondere Verb- und Substantivstämme, kategorial eindeutig: *fisch-, lieb-, kauf-, scherz-, acker-, trän-, zügel-, gärtner-, frühstück-, handlanger-* usw. (vgl. die Auflistung in Kienpointner 1985, S. 3ff).

– Die Wortbildung bietet oft sekundäre Hinweise auf das kategoriale Merkmal des Stammmorphems: Suffigierungen mit *-er* verlangen i.d.R. eine verbale Basis, also *fisch*-$_{V}$-*er*$_{V\rightarrow N}$; Suffigierungen mit *-eln* verlangen i.d.R. eine substantivische Basis, also *fisch*-$_{N}$-*eln*$_{N\rightarrow V}$. Das in der Wortbildungslehre beliebte **Paraphrasen**kriterium als Mittel der Bedeutungsexplikation liefert keine verlässlichen Hinweise auf die kategoriale Zuordnung der Wortbildungsbestandteile, etwa für *Fischer*: ›jmd., der Fische$_{N}$ fängt/der fischt$_{V}$‹. Zuverlässiger ist in solchen Fällen die Kenntnis der kategorialen Bedingung für ein Wortbildungsaffix (s.o.!).

– Stammformen mit **Umlaut** sind als Ableitungen von den parallelen Formen ohne Umlaut zu betrachten. Die Erstkonstituente in *Bräustüberl* ist damit abgeleitet von *brauen*. Synchron könnte man Stammformen mit Umlaut allerdings auch als reine Allomorphe behandeln.

– **Nichtnative** Stämme v.a. in neologistischen Bildungen sind oft nicht eindeutig kategorial bestimmt, z.B. *top, super, ultra*. Sie kommen sowohl als selbstständige Lexeme wie auch gebunden in Wortbildungskonstruktionen vor: *Du bist/spielst top, du toppst alle, du bist in Topform, das geile Top.*

– Für Ausdrücke wie *poly-, multi-, hydro-, thermo-, nutri-,* die nichtnativen Ursprungs (meist Gräzismen und Latinismen) sind, wurde in der Forschungsliteratur der (sehr umstrittene) Terminus »**Konfix**« geprägt. Begründet wird ihre Sonderstellung damit, dass Konfixe eine Zwischenstellung zwischen Affixen und Lexemen einnehmen, da sie wie Affixe nur in Morphemkombinationen vorkommen (was auch auf native unikale Lexeme wie *Him-* in *Himbeere* und *-gam* in *Bräutigam* zutreffen würde), aber wie Lexeme eine lexikalisch-begriffliche Bedeutung aufweisen, z.B. *poly-* ›viel, mehrfach‹, *mikro-* ›klein‹. Zumeist treten sie als Erstkonstituente von Determinativkomposita auf, z.B. *Hydro-Balance, Hydro-Gel,* z.T. auch in Steigerungsbildungen und in Suffigierungen. Nach unserer Klassifizierung gelten diese Kriterien jedoch auch für alle nativen Wortstämme mit Ausnahme der Partikeln (vgl. 1.2), so dass wir der Begründung für diese (terminologische) Absonderung kritisch gegenüberstehen. – Sinnvoll erscheint uns der Konfixbegriff hingegen, wenn er die Tatsache beschreiben soll, dass vielen nichtnativen Basen keine Kategorie zugeordnet werden kann, weil sie im Deutschen nicht selbstständig auftreten (weil also z.B. nur eine suffigierte Form übernommen wurde).

In einer zweiten Gruppe sind die **kategorialen Merkmale** der Wortbildungsmorpheme zu behandeln.

- Auch **Suffixe** haben ein kategoriales Merkmal, d.h. sie weisen einem Wortbildungsprodukt als Letztelement eine bestimmte Kategorie zu: *-heit*$_{N}$, *-keit*$_{N}$, *-er*$_{N}$, *-ung*$_{N}$, *-lich*$_{Adj.}$, *-bar*$_{Adj.}$, *-er(n)*$_{V}$, *-ier(en)*$_{V}$; und sie haben normalerweise eine **kategoriale Bedingung**, d.h. sie können i.d.R. nur mit Basen einer bestimmten Kategorie verbunden werden. Diese kategoriale Bedingung wird jedoch in einigen Fällen durchbrochen. So verbindet sich *-ung* normalerweise mit verbalen Basen, in Fällen wie *Waldung* aber mit einer nominalen Basis.
- **Präfixe** haben i.d.R. kein **kategoriales Merkmal**, sie weisen auch keines zu. Sie stellen aber eine »kategoriale Bedingung«, d.h. sie können nur mit Basen einer bestimmten Kategorie verbunden werden; z.B. verbindet sich *zer-* nur mit verbalen Basen. In einigen Fällen ist ein Präfix so spezifisch für eine Kategorie, dass damit auch ein kategoriales Merkmal zugewiesen werden kann, z.B. *ver-gesellschaft-en*. Die Basis ist hier das Substantiv *Gesellschaft*. Aus diesem wird durch Präfigierung mit *ver-* ein Verb.

Achtung! Es liegt keine Verbbildung durch Suffigierung mit *-en* vor. Aus unserer Sicht handelt es sich nicht um ein Wortbildungssuffix, sondern um ein verbales Flexiv, da es in der Konjugation durch andere Verbalflexive ersetzt wird. Allerdings ist zu berücksichtigen, dass bei Nominalisierung die nominalen Flexive angehängt werden, was für den Status als Wortbildungssuffix zur Bildung deverbaler Nomina spricht (vgl. 2.3).

Zur Vertiefung:

Donalies, E. (2005): Das Konfix. Zur Definition einer zentralen Einheit der deutschen Wortbildung. – In: Müller, P. O. (Hg.), Fremdwortbildung (Frankfurt etc.: P. Lang), S. 179-198.

Eins, W. (2009): Alter Wein in neuen Schläuchen? Zum Konfix. – In: Germanistische Linguistik 197-198, S. 65-90

Kienpointner, A. M. (1985): Wortstrukturen mit Verbalstamm als Bestimmungsglied in der deutschen Sprache. – Innsbruck: Universität (= Innsbrucker Beiträge zur Kulturwissenschaft. Germanistische Reihe 26).

Michel, S. (2009): Das Konfix zwischen ›Langue‹ und ›Parole‹. Ansätze zu einer sprachgebrauchsbezogenen Definition und Typologie. – In: Germanistische Linguistik 197-198, S. 91-140. [hier weitere Literaturhinweise zum Begriff »Konfix«]

1.3.1.1 Übung zur Kategoriebestimmung

Geben Sie die Kategorie der unterstrichenen Konstituenten und die Kategorie der Wortbildungskonstruktionen an. Gehen Sie gezielt auf Schwierigkeiten bei der Bestimmung ein: *glücklich, Raspelschokolade, Tropical-Geschmack, Bio-Erzeugung, Hochzeitsmahl, Knusperjogurt, Taugenichts.*

1.3.2 Wortbildungsakzent

Wenn wir davon sprechen, dass eine Silbe akzentuiert ist, dann meinen wir, dass sie durch unterschiedliche lautliche Merkmale gegenüber den nichtakzentuierten Silben hervorgehoben ist: durch eine deutliche Tonhöhenänderung, durch eine Dehnung der Silbe, durch größere Lautstärke, durch präzisere Artikulation (vgl. Altmann/Ziegenhain ³2010, 3.6.1). Wir unterscheiden:

- **lexikalischer Akzent**: Er wird üblicherweise realisiert, wenn ein Wort in Isolation ausgesprochen wird.
- **Gebrauchsakzent:** Er kann vom lexikalischen Akzent abweichen und ergibt sich durch Einbettung in einen bestimmten Verwendungskontext aufgrund von metrischen Gesetzen (*Börsenaufsichtsbehörde, Fernmeldezentralamt)*, aufgrund der syntaktischen Merkmale (*brunzdumm – ein brunzdummer Mensch)* oder von Merkmalen der Kommunikationsgewichtung, z.B. Kontrastierung bei Negierung mit Präfixen durch Antonymenbildung *(heimlich – unheimlich; Harmonie – Disharmonie, akzeptabel – inakzeptabel).* Wenn solche Akzentverschiebungen bei einem Lexem sehr häufig auftreten, dann können sie zu einer Verschiebung des lexikalischen Akzents führen. So z.B. erhalten Kurzwörter wie *PKW, LKW* (als Silbenwörter ausgesprochen) ihren lexikalischen Akzent eigentlich auf der letzten Silbe, also *Elkawe, Pekawe*. Da die beiden Ausdrücke aber häufig im Kontrast gebraucht werden, wobei der Kontrastakzent auf die kontrastierenden Anfangssilben gelegt wird, also *Elkawe/Pekawe,* hat sich inzwischen wohl der lexikalische Akzent auf die Anfangssilbe verschoben.

Das Beobachten von Lage und relativer Stärke des Wort(bildungs)akzents macht vielen Menschen beträchtliche Probleme. Mit einiger Übung und mit der Kenntnis der wichtigsten Akzentuierungsregeln lässt sich dies aber bewältigen; ferner durch Rückfrage bei kompetenten Sprechern, durch Einbettung in einige typische Kontexte, durch Nachsehen im Aussprache-Duden (aber Vorsicht, auch dort sind Irrtümer nicht gerade selten). Die Lage des Hauptakzents wird in diesem Buch durch **Unterstreichung des Vokals** der akzentuierten Silbe angedeutet, Nebenakzente werden aus Vereinfachungsgründen i.d.R. nicht angegeben.

Die wichtigsten **Akzentuierungsregeln** lauten:

- **Simplizia** (nativ): Stamm-Anfangsakzent mit wenigen Ausnahmen: *Hornisse, Forelle, Holunder, Wacholder.* Bei nichtnativen Lexemen: oft (lat.) (Ante-)Pänultimaakzent nach dem Prinzip der ursprünglichen Akzentuierung, soweit diese bekannt ist: *Mediziner, Neapel, Diskette.* Wir bleiben bei dieser historisch wohlbegründeten Zuordnung und schließen uns nicht der neueren Richtung an, die für Simplizia eine einheitliche Regel der (Pän-)Ultimaakzentuierung vorschlägt. Dass dieser Ansatz nicht von vornherein scheitert, liegt v.a. daran, dass die meisten nativen deutschen Wörter gerade durch die Nebensilbenabschwächung aufgrund des festen Stammanfangsakzents ein- oder zweisilbig sind. In diesem Bereich sind die beiden Regeln deckungsgleich. Die Regel der Pänultimaakzentuierung scheitert aber unseres Erachtens beim Wortbildungsakzent (Bsp. *Verantwortlichkeiten,* nicht *Verantwortlichkeiten*). Nur am Rande sei vermerkt, dass Spracherwerbsdaten ebenfalls gegen diesen Ansatz sprechen.

- **Wortbildungsprodukte**: Der Akzent liegt tendenziell so weit links wie möglich auf einer Stammanfangssilbe. Für jeden Wortbildungstyp gibt es eine spezifische Akzentuierungsregel, doch ist der Akzent i.d.R. nicht das einzige Unterscheidungskriterium. Er unterscheidet aber z.B. zwischen dem Partikelverb *(umfahren)* und dem Partikelpräfixverb *(umfahren).*
- **syntaktischer Akzent**: Der Normalakzent liegt auf der syntaktischen Ebene, abgesehen von der VP, möglichst weit rechts: *das neue Haus, das neue Haus des Bruders, das neue Haus des Bruders im Zentrum.* Zusammenrückungen erben meist den syntaktischen Akzent der Basis.

Zur Vertiefung:

Benware, W. A. (1987): Accent variation in German nominal compounds of the type (A(BC)). – In: Linguistische Berichte 108, S. 102-127.

Duden (2005): Das Aussprachewörterbuch. 5. Auflage. – Mannheim etc.: Dudenverlag.

1.3.2.1 Übung zum Wortbildungsakzent

a) Geben Sie den Wortbildungsakzent der folgenden Wortbildungskonstruktionen an: *CDU, spindeldürr, zugunsten, ticktack, cremig-fruchtig, Immergrün, durchwandern, faschistoid.* Begründen Sie Ihre Zuordnung. Hinweis: Alle Beispiele finden sich in diesem Buch.
b) Zeigen Sie kurz am Beispiel einer Steigerungsbildung (→2.7 S. 80f.; 3.7 S. 110ff.), wann sich Wortbildungsakzent und Gebrauchsakzent unterscheiden.

1.3.3 Reihenfolgemarkierung

Im Fall der Wortbildung sind die Reihenfolgeregeln recht einfach, fast trivial. Sie tragen nur an wenigen Stellen zur Unterscheidung der Wortbildungstypen bei.

- vorausgehend:
  - Determinativkompositum: Determinans vor Determinatum *(Holzkiste).*
  - Steigerungsbildungen: steigerndes Element vor Basis *(sündteuer).*
  - Präfigierung: Präfix vor Basis *(bezahlen).*

- nachfolgend:
  - Suffigierung: Suffix nach Basis *(Achtung)*.
- vertauschbar, jedoch oft durch Lexikalisierung festgelegt:
  - Kopulativkompositum *(weißblau – blauweiß)*.
- fest wie in der parallelen syntaktischen Struktur:
  - Zusammenrückung (*Das Blümchen Rührmichnichtan*).
  - Zusammenbildung, soweit eine Art Zusammenrückung beteiligt ist *(Altweibersommer)*.

1.3.3.1 Übung zur Reihenfolgemarkierung

Erläutern Sie kurz die Reihenfolgemarkierung bei Determinativkomposita (vgl. 2.6/3.6), Zusammenbildungen (vgl. 2.4/3.4) und Zusammenrückungen (vgl. 2.3/3.3) an je einem Beispiel. Trifft die Aussage, dass die Abfolge der Konstituenten von Kopulativ-Komposita frei wählbar ist, immer zu? Nennen Sie Beispiele.

1.3.4 Morphologische Markierung

Auch die morphologische Markierung erlaubt nur wenige Unterscheidungen:

- **Fugenelemente:** Unter diesem Terminus versteht man die lautliche Verbindung zwischen den Gliedern eines Determinativkompositums, z.T. auch bei Zusammenbildungen und substantivischen Steigerungsbildungen. Determinativkomposita entwickelten sich z.T. aus Zusammenrückungen von NP mit pränominalem Genitivattribut. Aus der Flexionsform, die das jeweilige Erstglied in der entsprechenden Nominalphrase hatte, bzw. aus deren analogischer Ausdehnung entstanden die jeweiligen Fugenelemente. Im Kompositum hat die Flexionsform ihre morphosyntaktische Funktion eingebüßt. Sie kann allenfalls als erstarrte Flexionsendung des Determinans angesehen werden. Teilweise ging das Fugenelement auch verloren. Eine mögliche Funktion der Fugenelemente ist die Ausspracheerleichterung über eine Verbesserung der Silbenstruktur. Dies förderte die reihenhafte Verwendung unparadigmatischer Fugenelemente, die in Analogie zu anderen festen Kompositionsmustern entstanden sind. Teilweise können Fugenelemente aber auch Bedeutungen unterscheiden: *Geistseele, Geisterfahrer, Geistesblitz*. – Da nach unserem Ansatz Kopulativkomposita keine Fugenelemente aufweisen können, dient dieses Merkmal auch zur Unterscheidung von Determinativkomposita. – Wann welche Fugenelemente verwendet werden, wird durch komplexe Regeln gesteuert. Man unterscheidet somit:

- **paradigmatische Fugen**, d.h. Laute bzw. Lautverbindungen, die dem Flexionsparadigma des Erstglieds entsprechen, z.B. Genitiv-/Plural-Morphologie: *Geistesblitz, Geisterfahrer.*
- **unparadigmatische Fugen**, die nicht zum Flexionsparadigma des Erstglieds gehören, z.B. *Liebesbrief, Beobachtungssatellit.*
- **Binnenflexion**: Sie tritt ausschließlich bei Zusammenrückungen auf und ist ein Reflex der zugrunde liegenden syntaktischen Struktur: nach alter Schreibung: *der Hohepriester, des Hohenpriesters, dem Hohenpriester;* nach neuer Schreibung auch: *Hoher Priester.* Es stellt sich die Frage, ob »Binnenflexion« nicht ein Indiz dafür ist, dass die Univerbierung (noch) nicht abgeschlossen ist.
- **Umlaut**: v.a. bei umlautenden Suffixen, d.h. (ursprünglich) *i*-haltigen Suffixen. Der Umlaut ist ursprünglich eine Form der Assimilation des Stammvokals an das *i/j/u* der Folgesilbe (Bsp. ahd. *gastis* → mhd. *gesti*); später wird der Umlaut morphologisiert, z.B. zur Pluralmarkierung verwendet: *Gänse, Wünsche.* Der Umlaut gilt als Hinweis darauf, dass die umgelautete Form von der nicht umgelauteten abgeleitet ist. Man kann aber synchron auch beide Varianten als Allomorphe betrachten und muss dann keine Ableitungsbeziehung annehmen.
- **Ablaut**: v.a. bei deverbalen Bildungen, z.B. *bruchfest (brechen), sangesfroh (singen), schubstark (schieben), unbedarft (dürfen).* Der Ablaut ist in idg. Zeit eine Form der Assimilation des Stammvokals starker Verben an die im Konjugationsparadigma wechselnde Wortakzentposition; später wurde er morphologisiert und diente der Markierung der Tempusstufen. Die von den verschiedenen verbalen Tempusstufen abgeleiteten Nomina und Adjektiva weisen den entsprechenden Vokal auf. Formen mit Ablaut gelten üblicherweise als abgeleitet von ablautenden Verben. In streng synchroner Sicht können abgelautete und nicht abgelautete Formen auch als Allomorphe betrachtet werden, so dass dann keine Ableitungsbeziehung angenommen werden muss.

Hinweis: Viele Wortbildungsprodukte weisen keine spezifische morphologische Markierung auf.

Zur Vertiefung:

Fuhrhop, N. (2000): Zeigen Fugenelemente die Morphologisierung von Komposita an? – In: Fuhrhop, N. e.a. (Hgg.): Deutsche Grammatik in Theorie und Praxis: FS P. Eisenberg (Tübingen: Niemeyer), S. 201-214.

Gallmann, P. (1998): Fugenmorpheme als Nicht-Kasus-Suffixe. – In: Germanistische Linguistik 141-142, S. 177-190.

Ramers, K.-H. (1997): Die Kunst der Fuge: Zum morphologischen Status von Verbindungselementen in Nominalkomposita. – In: Dürscheid, Ch. e.a. (Hgg.), Sprache im Fokus. FS für H. Vater (Tübingen: Niemeyer), S. 33-46.

Ribeiro, O./Tarcisia, M. (1996): Bemerkungen zu Semantisierungsmöglichkeiten der Fugenelemente. – In: Zielsprache Deutsch 27, S. 14-20.

Taino, P. (2007): Flexible Fugenelemente der Substantivkomposita in der deutschen Wirtschaftssprache unter besonderer Berücksichtigung des [e]n-Zeichens. – In: Heller, D./Taino, P. (Hgg.), Italienisch-deutsche Studien zur fachlichen Kommunikation (Frankfurt a. M. usw.: Peter Lang), S. 131-142.

Wegener, H. (2003): Entstehung und Funktion der Fugenelemente im Deutschen, oder: warum wir keine *Autosbahn haben. – In: Ling. Berichte 196, S. 425-458.

1.3.4.1 Übung zur morphologischen Markierung

Bestimmen Sie die morphologische Markierung: *den Hohenpriester, säuerlich, Riesenappetitsuppe, Hoheitsgebiet, Klebestift, semanto-pragmatisch, Kirschlikör, unbedarft.*

1.3.4.2 Übung zu den Wortbildungsmitteln

Geben Sie die Kategorie der Bestandteile, den Wortbildungsakzent, die Reihenfolgeregel und die morphologische Markierung der folgenden Wortbildungsprodukte an: *Hoffnungsträger, Muttergottes, bergsteigen, hinlegen, bewundern, bauernschlau, bitter-süß, Grufti, knallhart.*

1.3.5 Hinweis zur Schreibung

Die frühere deutsche Orthographie folgte tendenziell dem Prinzip, Produkte von Wortbildungsprozessen (also komplexe Wörter) zusammenzuschreiben, wenn man von der Tatsache absieht, dass trennbare Verben bei Verb-Erst und Verb-Zweit gar nicht zusammengeschrieben werden können, und wenn man gewisse Inkonsequenzen ignoriert, z.B. *radfahren*, aber *Auto fahren*. Die jüngste Rechtschreibreform hat dieses Prinzip in einigen Bereichen aufgegeben, z.B. bei den Partikelverben (→ 4.5 S. 148-162), wo es eine klare Tendenz zum Zusammenschreiben ehemaliger syntaktischer Strukturen gab, wo aber die neue Orthographie aus Gründen der Einfachheit der Regeln die Getrenntschreibung bevorzugt. Daraus folgt, dass die Zusammenschreibung nicht mehr als Indiz für die Wertung als Wortbildungsprodukt, die Getrenntschreibung nicht mehr als Indiz für eine syntaktische Struktur gewertet werden kann (was aus logischen Gründen ohnehin problematisch ist, man denke an Irrtümer der Orthographen oder an Schreibfehler). – Dieses Buch folgt den Festlegungen des Rechtschreibduden in der Ausgabe von 2009; an allen Stellen, an denen das notwendig erscheint, werden vom Rechtschreibduden zugelassene Alternativen bei der Getrennt- und Zusammenschreibung angegeben.

Zur Vertiefung:

Fuhrhop, Nanna (2007): Zwischen Wort und Syntagma. Zur grammatischen Fundierung der Getrennt- und Zusammenschreibung. – Tübingen: Niemeyer (= Ling. Arbeiten 513).

Jacobs, J. (2005): Spatien. Zum System der Getrennt- und Zusammenschreibung im heutigen Deutsch. Berlin etc.: de Gruyter (= Linguistik – Impulse und Tendenzen 8).

1.4 Wortbildungstypen im Überblick

1.4.1 Vorklärungen

Wortbildungstypen sind jeweils gekennzeichnet durch eine typische Kombination von Wortbildungsmitteln sowie durch eine bestimmte Strukturbedeutung. Die Bezeichnungen der einzelnen Wortbildungstypen variieren je nach Forscher und Forschungsrichtung sehr stark und erschweren die Orientierung und Einarbeitung. Als Hilfe bieten wir folgende Strategien an:

- Unsere eigene Terminologie orientiert sich an den jeweils üblichen Termini, soweit diese uns sinnvoll erscheinen.
- Dazu geben wir die parallelen Termini in anderen Veröffentlichungen an.
- Wir empfehlen den Lesern, sich jeweils an den formalen Wortbildungsmitteln und den typischen Beispielen zu orientieren.

Außerdem verwenden wir entsprechend unserem formorientierten Vorgehen eine relativ feinteilige Formklassifikation und verzichten weitgehend auf Zusammenfassungen von Wortbildungstypen, die uns wenig plausibel erscheinen, z.B. die Zusammenfassung von Präfigierung und Suffigierung als Derivation, da sie die erheblichen Unterschiede zwischen den beiden Wortbildungstypen verdeckt.

Der folgende Katalog von Wortbildungstypen ist geordnet nach zunehmendem Abstand von einer syntaktischen Struktur und zunehmender Nähe zur Bildung von Simplizia. Nur bei den Substantiva treten alle diese Wortbildungstypen auf, bei allen übrigen Wortarten tritt jeweils nur eine Auswahl der Wortbildungstypen in kategoriespezifischen Abwandlungen auf.

1.4.2 Zusammenrückung

Zusammenrückungen (auch Amalgamierung, Inkorporation, Phrasenkomposita, Univerbierung) befinden sich im Übergang von syntaktischen Strukturen zu Wortbildungsstrukturen. Daraus wird manchmal der Schluss gezogen, dass es sich um eine irreguläre Bildungsweise handelt. Die Überschreitung einer Grenze zwischen zwei Beschreibungsebenen ist dafür aber keine Rechtfertigung. Gegen die Argumentationsweise eines Teils der Literatur (z.B. Heinle 1993) halten wir an einem Wortbildungstyp »Zusammenrückung« fest, da er sich aufgrund der Formmerkmale synchron eindeutig fixieren lässt. Die Einstufung als bloß diachrone Erscheinung und die Zuordnung zu exozentrischen Determinativkomposita oder lexikalischen Konversionen halten wir aufgrund der Datenlage für verfehlt.

Die eindeutigen Beispiele für diesen Bildungstyp sind nicht allzu häufig. Sie tendieren dazu, in andere Bildungstypen, z.B. Komposita und Zusammenbildungen, überzugehen. Häufig sind sie auch in komplexeren Wortbildungen enthalten.

Achtung! Bei der Analyse muss immer eine syntaktische Struktur als plausible Basis angegeben werden.

- Kategoriale Füllung: Die Kategoriezuweisung basiert nicht auf der Kategorie eines der Bestandteile, sondern meist auf der ursprünglichen syntaktischen Funktion der zugrunde liegenden syntaktischen Struktur, z.B. adverbialer Genitiv *derart* (Det+N) → Adverb. In Einzelfällen kann aber die Kategorie der Zusammenrückung identisch sein mit der Kategorie des Letztelements, z.B. bei nominalen NP-Zusammenrückungen wie *Muttergottes* (NP + postnominales Gen.Attr. → N). Die folgende Übersicht ist geordnet nach der jeweils zugrunde liegenden syntaktischen Struktur; im Index steht die Kategorie des Wortbildungsprodukts:
  - Satz (S): *Rührmichnichtan*$_{N}$, *Stelldichein*$_{N}$.
  - NP: *seinerzeit*$_{Adv.}$, *Muttergottes* [auch *Mutter Gottes*$_{N}$].
  - AdjP: *schnellstmöglich*$_{Adj.}$.
  - PP: *zugunsten*$_{Präp.}$ [auch *zu Gunsten*], *imstande*$_{Kopräd.}$ [auch *im Stande*], *kopfüber*$_{Adv.}$.
  - V + Ergänzungen: *stattfinden*$_{V}$, *Rad fahren*$_{V}$ (Objektinkorporation).
- Wortbildungsakzent: zumindest anfänglich wie der Normalakzent in der parallelen syntaktischen Struktur, also auf dem letzten Lexem; man beachte aber, dass in der VP auch der syntaktische Akzent wie bei einem Determinativkompositum links liegen kann: *Zeitvertreib.* Tendenz zur Verlagerung nach links: *Geratewohl – Geratewohl.* (vgl. Altmann/Ziegenhain [3]2010, 3.6.1.4 S. 112ff.).
- Morphologische Markierung: in den eindeutigen Fällen Binnenflexion: *der Hohepriester, des Hohenpriesters*; nur syntaktische Markierung nach der ursprünglichen Verwendung, z.B. (adverbialer) Genitiv: *derart;* (präpositionaler) Dativ: *zuende;* imperativisches Verb: *Rührmichnichtan;* keine Fugenelemente.
- Reihenfolge der beteiligten Elemente: wie in der parallelen syntaktischen Struktur, z.B. PP: Präp. + N.

Zur Vertiefung:

Heinle, E.-M. (1993): Die Zusammenrückung. – In: Wellmann, H. (Hg.), Synchrone und diachrone Aspekte der Wortbildung im Deutschen (Heidelberg: Winter), S. 65-78.

Meibauer, J. (2003): Phrasenkomposita zwischen Wortsyntax und Lexikon. – In: ZS f. Sprachwissenschaft. 22:2, S. 153-188.

Mithun, M. (2000): Incorporation. – In: Booij, G. e.a. (Hgg.), Morphologie: Ein internationales Handbuch zur Flexion und Wortbildung, 1. Halbband (Berlin etc.: de Gruyter), S. 916-929.

1.4.3 Zusammenbildung (synthetische Komposita)

Bei den Zusammenbildungen handelt es sich um eine in der Forschung umstrittene Klasse von Bildungen, die sehr unterschiedlich abgegrenzt wird. Unter »Zusammenbildung« versteht man zwei Arten von Wortbildungsprozessen:

- Beispiele des Typs 1 (*Grundsteinlegung*) sind der Form nach Suffigierungen mit zweiteiliger Basis; weder die Konstituenten a+b (**Grundstein-leg-*) noch b+c (**Legung*) kommen frei vor. Die Erstelemente können oft als Ergänzung des Zweitelementes interpretiert werden (*einen Grundstein legen*); a+b zeigt also Merkmale einer Zusammenrückung.
- Beispiele des Typs 2 sind der Form nach entweder Strukturen aus N + V + N (*Zahnputzglas*), wobei die ersten beiden Glieder wie Zusammenrückungen wirken, oder aber wie dreigliedrige Determinativkomposita (*Altweibersommer*), wobei allerdings weder a+b noch b+c frei vorkommen. a+b erinnern oft an Zusammenrückungen aus einer NP (*Altweibersommer*) oder PP (*Infragestellung*).

Das Kriterium, dass weder die ersten zwei Konstituenten noch die letzten zwei in der betreffenden Lesart usualisiert oder lexikalisiert sind (z.B. **Grünauge/ *äugig* zu *grünäugig*), ist in vielen Fällen problematisch, etwa bei Beispielen wie *Weichpfleger: Pfleger* kommt zwar lexikalisiert vor, aber nur als nomen agentis, nicht wie in *Weichpfleger* als nomen instrumenti.

Zumeist werden Zusammenbildungen als Determinativkomposita oder als Kombination von Zusammenrückung und Suffigierung klassifiziert. So kann z.B. *Energiespender* formal als ein Kompositum aus dem Determinans *Energie* und dem Determinatum *Spender* gewertet werden. Es kann aber auch in die Zusammenrückung **Energiespend-* und das Nominalisierungssuffix *-er* zerlegt werden. Aufgrund der spezifischen Wortbildungsmittel konstatieren wir einen eigenen Wortbildungstyp. Die eindeutigen Beispiele sind nicht allzu häufig. Belegt sind zumeist Substantiva, aber auch einige Adjektiva.

- Kategoriale Füllung:
  - VP + Suffix: *Appetithemmer, Energieaktivator, Grundsteinlegung, handgreiflich, Weichpfleger.*
  - NP/PP + Suffix: *grünäugig, breitkrempig, überjährig.*
  - NP + Lexem: *Altweibersommer, Mehrkornbrot.*
  - VP + Lexem: *Minenräumboot, Zahnputzglas.*

  Kategoriebestimmend: das Letztelement.
- Wortbildungsakzent: Wenn sich a+b wie ein Determinativkompositum (*Mehrkornbrot*) oder wie eine VP-Zusammenrückung (*Weichpfleger*) verhalten, dann auf dem Erstelement; wenn a+b die Merkmale einer NP-Zusammenrückung zeigen, dann auf b: *Altweibersommer, Fünfjahresplan.*

- Morphologische Markierung: relativ klare Hinweise auf paradigmatische Fugenelemente wie in einem Determinativkompositum: bei *Minenräumboot* kann *-n* als paradigmatische *n*-Fuge (wenn als Determinativkompositum gewertet) oder Akkusativ-Plural-Markierung (Binnenflexion, wenn als Zusammenrückung gewertet: *die Minen räumen*) interpretiert werden.
- Reihenfolge der beteiligten Elemente: bei Teilstrukturen, die wie Zusammenrückungen wirken, so wie in der parallelen syntaktischen Struktur; bei Teilstrukturen, die wie Determinativkomposita wirken, Determinans vor Determinatum; bei Suffigierung Suffix nach Basis.

Zur Vertiefung:

Donalies, E. (2001): Zur Entrümpelung vorgeschlagen: Die Wortbildungsarten Rückbildung, Zusammenbildung, Zusammenrückung, Klammerform und Pseudomotivierung. – In: Studia Germanica Universitatis Vesprimiensis 5, S. 129-145.

Leser, M. (1990): Das Problem der Zusammenbildungen: eine lexikalistische Studie. – Trier: Wissenschaftlicher Verlag Trier, v.a. Kap. 1, 4, 5 (= Fokus 3) [Beachte: Leser argumentiert im letzten Abschnitt gegen einen Wortbildungstyp »Zusammenbildung«].

1.4.4 Kopulativkomposition

Auch bei den Kopulativkomposita (additive/konjunktive Komposita, Dvandva-Komposita) handelt es sich um einen sehr umstrittenen Wortbildungstyp, wobei die einschlägige Literatur mit kritischer Distanz zu betrachten ist. Die Produktivität ist allenfalls in Randbereichen des Wortschatzes wie bei den Warenbezeichnungen (*Dinkel-Hafer-Sesam-Brot*) hoch. Die meisten und klarsten Beispiele finden sich bei den Adjektiven, einige wenige bei den Substantiven, gar keine bei den Verben und Adverbien. Insbesondere die Abgrenzung zu Determinativkomposita, z.B. bei Wortbildungskonstruktionen wie *Hosenrock,* fällt nicht leicht. Während in der einschlägigen Literatur eine Zuordnung meist nach vagen semantischen Kriterien (koordinative Relation) vorgenommen wird, ziehen wir Formmerkmale zur Unterscheidung heran: Liegt der Akzent auf dem Erstelement und ist ein Fugenelement vorhanden, präferieren wir in jedem Fall eine Klassifikation als **Determinativkompositum**.

- Kategoriale Füllung: immer Konstituenten der gleichen Kategorie.
  - N + N → N: *Dichterkomponist, Arztkosmonaut, Marxismus-Leninismus* (mit Kontrastierung: *Marxismus-Leninismus*).
  - Adj. + Adj. → Adj.: *schwarzweiß, luftig-leicht.*

  Kategoriebestimmend: die Kategorie der Bestandteile.
- Wortbildungsakzent: Hauptakzent auf dem letzten, Nebenakzent auf dem ersten Element. Tendenz zum Anfangsakzent und damit Übergang zum Determinativkompositum.
- Morphologische Markierung: keine.

- Reihenfolge der beteiligten Elemente: prinzipiell vertauschbar (symmetrisch), aber durch Lexikalisierung ist die Abfolge häufig festgelegt, z.B. *süßsauer/*sauersüß*.

Zur Vertiefung:

Breindl, E./Thurmair, M. (1992): Der Fürstbischof im Hosenrock. Eine Studie zu den nominalen Kopulativkomposita des Deutschen. – In: Deutsche Sprache 20, S. 32-61. [entspricht nicht der hier vertretenen Position]

Donalies, E. (1996): Da keuchgrinste sie süßsäuerlich. Über kopulative Verb- und Adjektivkomposita. – In: ZS f. Germanist. Ling. (ZGL) 24, S. 273-286.

Pittner, R. J. (1991): Der Wortbildungstyp Kopulativkompositum im heutigen Deutsch. – In: Feldbusch, E. e.a. (Hgg.), Neue Fragen der Linguistik. Akten des 25. Ling. Koll. (Tübingen: Niemeyer), S. 267-272 (= Ling. Arbeiten 270). [entspricht der hier vertretenen Position].

1.4.5 Determinativkomposition (Zusammensetzung)

Determinativkomposita bilden den am häufigsten belegten und produktivsten Wortbildungstyp. Strukturell am differenziertesten ist die Determinativkomposition bei den Substantiven und Adjektiven. Verbale und adverbielle Determinativkomposita existieren nach unserem Ansatz nicht. Der weitaus größte Teil der jüngeren Wortbildungsliteratur dürfte diesem Typ gewidmet sein.

- Kategoriale Füllung: Das Letztelement (möglich sind Substantiva und Adjektiva) ist kategoriebestimmend. Als nicht-letzte Konstituenten kommen alle Kategorien vor. Bei drei- und mehrgliedrigen Determinativkomposita treten teilweise komplexe Binnenstrukturen auf.
  - N/V/Adj./Adv./Partik./ProNP + N → N: *Blutbomber, Fahrkunst, Direktsaft, Sofort-Wirkung, Nur-Techniker, Ich-Ideal.*
  - N/V/Adj./Adv./Partik./ProNP + Adj. → Adj.: *krisensicher, bruchfest, rosarot, selbstsicher, ebensogut, vorschnell.*
- Wortbildungsakzent: Der Hauptakzent liegt auf dem Determinans, das Determinatum weist Nebenakzent auf. Bei Mehrgliedrigkeit erfolgt entweder rhythmische Akzentverlagerung oder Akzentposition je nach Klammerung oder Kontrastierung (Bsp.: *Bundesausbildungsförderungsgesetz*).
- Morphologische Markierung: Paradigmatische und unparadigmatische Fugenelemente in der Kompositionsfuge *(-(e)s, -(e)n, -er, -e, -ens))* sind sehr typisch, aber nicht obligatorisch; teilweise wirken sie bedeutungsunterscheidend: *Geisterfahrer, Geistesblitz, Geistseele*; keine Binnenflexion. In den Bestandteilen kann Umlaut und Ablaut auftreten, diese sind jedoch nicht typisch für die Bildungsweise, z.B. *bruchfest, sangesfroh, schubstark.*
- Reihenfolge der beteiligten Elemente: Determinans vor Determinatum (iterierbar). Die Veränderung der Konstituentenabfolge bewirkt die Umkehrung des Determinationsverhältnisses: *Schrankwand* ›Wand, die von einem Schrank gebildet wird‹ (konstitutive Relation) vs. *Wandschrank* ›Schrank,

der sich in der Wand befindet‹ (lokale Relation). Die Zweigliedrigkeit wird als Haupt- und Grundtypus des Determinativkompositums betrachtet, da Zusammensetzungen aus mindestens zwei Lexemen gebildet sind und ihre Struktur binär ist, mit Ausnahme von Unterkonstituenten (UK), die selbst wieder Kopulativkomposita (*Dinkel-Hafer-Sesam-Brot*) oder Zusammenrückungen (*Muttergottesstatue*) sind. Sind die UK ihrerseits wieder in Lexeme zerlegbar, so spricht man von **Dekomposita** (*Naturschutzgebiet*). Indiz für die Binnengrenze bei drei- und mehrgliedrigen Bildungen ist die Usualisierung bzw. Lexikalisierung von zwei Konstituenten und die Akzentposition des Dekompositums, die die interne Struktur wiederspiegelt: *Naturschutzgebiet.* Bei diesem Beispiel wären sowohl *Naturschutz* als auch *Schutzgebiet* mögliche Untereinheiten, *Naturschutz* ist aber bereits usualisiert und lexikalisiert, so dass die Binnengrenze zwischen zweitem und drittem Lexem angesetzt werden muss. Dem folgt auch die (Akzent-)Gliederung des komplexen Ausdrucks.

Zur **Schreibung** von Determinativkomposita: Zumeist wird die Einheit von Komposita auch graphisch durch Zusammenschreibung ausgedrückt. Abweichungen (von allen geltenden Rechtschreibregeln) wie Bindestrich- und Getrenntschreibung sowie Binnengroßschreibung, d.h. die Zusammenschreibung von Lexemen mit Großbuchstaben am Beginn der zweiten Konstituente (z.B. *BahnCard*), werden aus den folgenden Gründen eingesetzt:

- Die interne Strukturierung längerer Wortbildungskonstruktionen wird durch die Kennzeichnung der Hauptsegmentgrenze mit einem Bindestrich erleichtert (*Umsatzsteuer-Tabelle*; orthographisch korrekt).
- Mehrdeutigkeiten werden aufgelöst (*Druck-Erzeugnis* vs. *Drucker-Zeugnis*; orthographisch korrekt).
- Einzelne Bestandteile sollen hervorgehoben werden (*Bio Vollkornmüsli,* orthographisch nicht korrekt; *Ich-Sucht*).
- Das Zusammentreffen von drei gleichen Vokalbuchstaben wird vermieden (*Kaffee-Ersatz*; orthographisch korrekt).
- Es sollen expressive Wirkungen, z.B. in der Werbesprache, erzielt werden (*BahnCard, BioGold, FinnenSnack*; orthographisch nicht korrekt).
- nichtnative Bestandteile werden markiert (*Bahn-Card*; orthographisch korrekt).

Zur Vertiefung:

Bauer, L. (2001): Compounding. – In: Haspelmath, M. e.a. (Hgg.), Sprachtypologie und sprachliche Universalien. Ein internationales Handbuch. 1. Halbbd. (Berlin: de Gruyter), S. 695-708.

Hansen, S./Hartmann, P. (1991): Zur Abgrenzung von Komposition und Derivation. – Trier: Wissenschaftlicher Verlag Trier (= Fokus 4).

Marschall, G. R. (2008): Komposita: Betonungsstruktur als Indikator für syntaktisch-semantische Verhältnisse. – In: Valentin, J.-M. (Hg.), Akten des XI. Internationalen Germanistenkongresses Paris 2005, Band 4 (Bern usw.: Peter Lang), S. 291-296.

Meineke, E. (1991): Springlebendige Tradition. Kern und Grenzen des Kompositums. – In: Sprachwissenschaft 16, S. 27-88.

Olsen, S. (2000): Composition. – In: Booij, G. e.a. (Hgg.), Morphologie: Ein internationales Handbuch zur Flexion und Wortbildung, 1. Halbband (Berlin etc.: de Gruyter), S. 897-916.

ten Hacken, P. (2000): 37. Derivation and compounding. – In: Booij, G./Lehmann, Chr./Mugdan, J. (Hgg.), Morphologie. Ein internationales Handbuch zur Flexion und Wortbildung, 1. Halbbd. (Berlin etc.: de Gruyter), S. 349-360.

1.4.6 Steigerungsbildung

Obwohl Steigerungsbildungen (Augmentativkomposita/-bildungen, verstärkende Zusammensetzungen) schon relativ lang existieren, sind sie nicht sehr häufig belegt und nur in Grenzen produktiv. Die Literatur zu diesem Wortbildungstyp beginnt bereits ca. 1850 und ist disparat. Insbesondere in älteren Arbeiten werden Steigerungsbildungen als »verstärkende Komposita« klassifiziert und damit als Untergruppe der Determinativkomposita betrachtet. Daneben ist seit ca. 1980 auch eine Einordnung unter die Präfixoid- (→ 2.6.2 S. 75f.) bzw. Präfixbildungen verbreitet. Aber obwohl einige Erstelemente ansatzweise reihenbildend (→ 1.5.7f. S. 59f.) auftreten, gibt es keine Hinweise, dass diese Bildungen dazu tendieren, Präfigierungen zu werden. Insofern erscheint uns die Bezeichnung **»Präfixoidbildung«** wenig plausibel. Da sich Steigerungsbildungen durch eine spezifische Kombination der Wortbildungsmittel auszeichnen und dadurch auch von anderen Wortbildungstypen abgrenzbar sind, nehmen wir wie Pittner (1991) und Klara (2009) einen eigenen Wortbildungstyp an.

- Kategoriale Füllung:
  - N + Adj. → Adj.: *sturzblau, steinreich, blutarm, arschkalt.*
  - Adj. + Adj. → Adj.: *sattgrün, tiefblau, hochaktuell, bitterböse.*
  - V + Adj. → Adj.: *brunzdumm, kotzlangweilig, klapperdürr.*
  - Adv. (?) + Adj. → Adj.: *topaktuell, ultraleicht.*

    top, super und *ultra* gehören zu einer neuen Gruppe von Elementen, die keine spezifischen kategorialen Merkmale haben.

    Beachte! Bildungen wie *Topmodell, Superbenzin* sind keine Steigerungsbildungen, sondern Determinativkomposita (Erstelement mit normaler Bedeutung und mit Wortbildungsakzent!)
  - Präp. + Adj. → Adj.: *überglücklich.*
  - N + N → N: *Bombenrausch, Mordsglück, Affenhitze.*
  - V + N → N: *Stinkwut, Stinklaune.*

    Kategoriebestimmend ist das Letztelement. Es liegen nahezu ausschließlich Belege für Adjektiva und Nomina vor; teilweise iterierbar: *splitterfasernackt, sternhagelvoll.*

- Wortbildungsakzent: Doppelakzent oder Hauptakzent auf dem letzten Lexem (Nebenakzent ggf. auf dem Steigerungselement); bei attributivem Gebrauch Akzentverschiebung auf das Erstelement: *ein saublöder Film.*
- Morphologische Markierung: teilweise Fugenelemente, z.B. *hundsgemein, hundeelend.*
- Reihenfolge der beteiligten Elemente: Steigerungselement vor gesteigertem Ausdruck. Die Erhöhung der Anzahl der Steigerungsglieder ist möglich, es existieren viele Alliterationen und Reduplikationen: *mucksmäuschenstill, stinkestinkesauer.* Die Konstituenten sind nicht vertauschbar.

Zur Vertiefung:

Kammerer, M. (2001): Verstärkungsbildungen im Deutschen. Versuch einer phänomenologischen Bestimmung. – In: Lehr, A. e.a. (Hgg.), Sprache im Alltag. Beiträge zu neuen Perspektiven in der Linguistik (Berlin etc.: de Gruyter), S. 293-319.

Klara, L. (2009): Ist *stein**reich*** auch ***stein**reich*? Adjektivische Steigerungskomposita im Gegenwartsdeutschen und ihre Akzentuierung. – München: phil.Diss. [mit umfangreichen Literaturhinweisen]. <http://edoc.ub.uni-muenchen.de/12328/>

Ruf, B. (1996): Augmentativbildungen mit Lehnpräfixen. Eine Untersuchung zur Wortbildung in der deutschen Gegenwartssprache. – Heidelberg: Winter. [Abweichender, vorwiegend semantischer Begriff von Augmentativbildung].

1.4.7 Präfigierung (Präfixbildung)

Präfixe sind gebundene Morpheme, die vor ein Stammmorphem oder eine Morphemkombination gesetzt werden. In vielen Wortbildungslehren wird Präfigierung zusammen mit der Suffigierung wegen des gemeinsamen Affixstatus von Präfix und Suffix zur Derivation zusammengefasst. Präfigierungen werden hier wegen ihrer deutlich abweichenden Eigenschaften als eigener Wortbildungstyp geführt. Sie sind relativ häufig und in Teilen noch produktiv, v.a. bei den Verben, weniger bei Nomina und Adjektiven, nicht bei den Adverbien. Es existiert reichlich Forschungsliteratur.

- Kategoriale Füllung:
  - V → V: *ge-, er-, ver-, be-, ent-, zer-; miss-; über-, unter-, hinter-, durch-, um-, wider-/wieder-, voll-.*
  - N → N: *Un-, Ge-, Be-.*
  - Adj. → Adj.: *un-, ge-.*
    Kategoriebestimmend: die Basis der Präfigierung. In einigen Fällen bewirkt die Präfigierung aber auch einen Wortartwechsel: *ver-beamten, vergesellschaften* (N → V) (siehe 4.4.1 S. 137-142).
- Wortbildungsakzent: auf der Basis, auch bei nichtnativen Wörtern; bei Negationspräfixen besteht die Tendenz zur Lexikalisierung des Kontrastakzents auf dem Präfix: *sicher - unsicher.*

- Morphologische Markierung: kein Fugenelement; Umlaut und Ablaut sind untypisch für diesen Wortbildungstyp.
- Reihenfolge der beteiligten Elemente: Präfix vor Basis; Präfixe (einer Wortart/Kategorie) sind nicht untereinander kombinierbar. Scheinbare Gegenbeispiele wie *vergesellschaften* beruhen tatsächlich auf einer nominalen Basis (*Gesellschaft*).

Zur Vertiefung:

Hall, Ch. (2000): Prefixation, suffixation and circumfixation. – In: Booij, G. e.a. (Hgg.), Morphologie: Ein internationales Handbuch zur Flexion und Wortbildung, 1. Halbband (Berlin etc.: de Gruyter), S. 535-545.

1.4.8 Suffigierung (Suffixbildung)

Suffigierung ist ein ziemlich häufiger, sehr produktiver Wortbildungstyp, bei dem komplexe Lexeme durch Anfügen eines Suffixes an ein Stammmorphem bzw. eine Morphemkombination erzeugt werden. Suffigierung ist typisch für die Bildung von Substantiven und Adjektiven, kaum hingegen für Verben und Adverbien. Suffixe sind keineswegs nur kategorieändernd.

- Kategoriale Füllung:
  kategorieändernd:
  - N/V/Adj. → V: *-er-(n), -el-(n), -ig-(en), -ier-(en), -isier-(en), -ifizier-(en).* Das **Infinitivflexiv** wird von uns nicht zu den Verbalisierungsaffixen gerechnet, auch wenn es bei kategorial unbestimmten Stämmen so erscheinen mag: *fisch-en.* Dass es sich um ein Flexiv handelt, erkennt man daran, dass die Konjugationsaffixe nicht an *-en* angehängt werden, sondern an seine Stelle treten (vgl. 2.3). – Allenfalls kann man die Infinitivendung als ein Suffix zur Bildung der nominalen Form Inf. I betrachten, zumal dann auch N-Flexive angehängt werden: *das Lesen/des Lesens.*
  - V → N: *-e, -ei, -el, -er/-ler/-ner, -schaft, -sal, -t, -ung;* z.B. *Leistung.*
  - Adj. → N: *-heit /-keit/ -igkeit, -nis, -ling;* z.B. *Wüstling.*
  - N → Adj.: *-haft, -ig, -isch, -en/-ern;* z.B. *bleiern.*
  - Adv. → Adj.: *-ig, -isch;* z.B. *heutig.*
  - V → Adj.: *-bar, -lich, -sam.* **Partizip-I**-Formen werden in der Standardsprache nicht verbal verwendet. Es wäre also konsequenter, sie unter die Adjektivierungssuffixe zu rechnen. Eine lange grammatische Beschreibungstradition steht allerdings dagegen (vgl. 4.11). Die **Partizip-II**-Form tritt dagegen als verbale Form auf, weshalb wir den »Wortbildungstyp« grammatische Transposition ansetzen. Zahlreiche Partizip-II-Formen haben sich jedoch semantisch vom Basisverb gelöst und sind in dieser Bedeutung nur noch adjektivisch/substantivisch verwendbar *(gefragt, abge-*

brüht). Daneben gibt es auch zahlreiche isolierte Partizipien, d.h. solche, zu denen es keine verbale Basis (mehr) gibt *(bescheuert, benachbart).*
  - Adj. → Adv.: *-ens, -lings, -weise, -s,* z.B. *meistens, jählings.*
  - N → Adv.: *-weise, -wärts;* z.B. *scharenweise, talwärts.*

nicht kategorieändernd:
  - V → V: *-el-(n), -er-(n),* z.B. *funkeln, folgern.*
  - Adj. → Adj.: *-haft, -lich, -ig, -isch, -sam,* z.B. *bräunlich, genialisch.*
  - N → N: *-chen, -lein; -in, -er/-ler/-ner, -ling, -schaft, -tum;* z.B. *Kindchen, Fräulein, Lehrerin, Gewerkschaftler, Günstling, Mönchtum.*

  Kategoriebestimmend: das Suffix (manchmal zusammen mit dem Präfix). Suffixe sind untereinander kombinierbar, allerdings nur nach strengen Regeln. Beispiele: *-ifizier-ung, -lich-keit, -bar-keit, *-keit-bar.*
- Wortbildungsakzent: auf der Basis, nicht auf dem nativen Suffix, auch wenn mehrere Suffixe vorhanden sind. Dies spricht u.a. gegen die Pänultima-Regel der Wortakzentuierung. Ausnahme: *-erei* und seine Varianten wie in *Bäckerei, Liebelei, Schweinerei.* Nichtnative Suffixe tragen oft den Hauptakzent: *kafkaesk, Fressalien.*
- Morphologische Markierung: Umlaut bei ehemals umlautenden, also *i*-haltigen Suffixen: *lächeln, Bäcker, bräunlich.* Ablaut bei deverbalen Wortbildungen: *gangbar, sanglich.*
- Reihenfolge der beteiligten Elemente: Suffix nach Basis. Bei Suffixhäufung gibt es strenge Abfolgeregeln (siehe dazu die Behandlung der einzelnen Suffixe).

Zur Vertiefung:

Booij, G. e.a. (Hgg.) (2000): Morphologie. Ein internationales Handbuch zur Flexion und Wortbildung, 1. Halbbd. – Berlin etc.: de Gruyter. – Siehe darin die Beiträge von G. Booij, 38. Inflection and derivation, S. 360-370. – Hall, Ch., Prefixation, suffixation and circumfixation, S. 535-545. – Naumann, B./Vogel, P. M., Derivation, S. 929-943. – ten Hacken, P., 37. Derivation and compounding, S. 349-360.

Dittmer, E. (2005): Form und Distribution der Fremdwortsuffixe im Neuhochdeutschen. – In: Müller, Peter O. (Hg.), Fremdwortbildung (Frankfurt a. M. usw.: Peter Lang), S. 77-90.

Eisenberg, P./Sayatz, U. (2002): Kategorienhierarchie und Genus. Zur Abfolge der Derivationssuffixe im Deutschen. – In: Jahrbuch der Ungarischen Germanistik, S. 137-156.

Murjasov, R. Z. (2005): Zur Wortbildungsstruktur der Ableitungen mit Fremdsuffixen. – In: Müller, P. O. (Hg.), Fremdwortbildung (Frankfurt a. M. usw.: Peter Lang), S. 55-62.

1.4.9 Lexikalische Konversion (implizite Derivation)

Unter lexikalischer Konversion (Nullableitung, implizite Derivation) versteht man den Übertritt von Wörtern (bzw. Wortgruppen) in eine andere Wortart ohne Hilfe eines Derivationsmorphems und ohne Mitnahme bestimmter syntagmatisch motivierter Flexionsmorpheme. Den neueren Ansatz, dass morphologisch einfache Stämme mehreren Kategorien angehören können, halten wir in einigen Fällen für plausibler. Hierbei geht es darum, dass ein bestimmer semantischer Aspekt sowohl als Entität (N) als auch als Handlung/Geschehen/Zustand (V), Eigenschaft (Adj.) oder räumlicher/zeitlicher/modaler etc. Umstand (Adv.) dargestellt werden kann. Diese Konstellation kann statisch (ein Lexem hat mehrere Kategorien) und dynamisch (Wortartänderung) gesehen werden. Auch wenn wir die synchrone, statische Sichtweise vorziehen, bleiben wir wegen der Forschungslage bei der dynamischen Perspektive.

Konversionen sind mit wenigen Ausnahmen (z.B. nomina agentis *dienern* ← *Diener, schneidern* ← *Schneider*) auf einfache Basen beschränkt. Die Bestimmung der **Ableitungsrichtung** ist in einer streng synchronen Analyse schwierig bzw. nicht durchführbar. Paraphrasierungen oder Generalisierung von analogen Fällen führen oft zu falschen Ergebnissen.

Die Konversion V → N ist beschränkt produktiv. Einige deverbale Nomina werden noch regelmäßig als Maskulina der s-Pluralklasse gebildet (*Treff(s)*). Kaum noch produktiv sind Konversionsmuster Adj. → V.

- Kategoriale Füllung:
  - V → N: *Raub, Entscheid, Abwasch, Opfer, Stau, Treff.*
  - N → V: *wehklag-(en), geig-(en), wallfahrt-(en), ohrfeig-(en), dampf-(en)*
  - Adj. → V: *bang-(en), eign-(en), lahm-(en), gleich-(en), kühl-(en).*
    Kein kategoriebestimmendes Element.
- Wortbildungsakzent: keine Änderung des Simplexakzents.

Der Wortbildungsprozess der Konversion ist streng zu unterscheiden von der grammatischen Transposition. Wegen der verbreiteten terminologischen Unsicherheit in diesem Bereich erscheint es uns besonders wichtig, die sachlichen Unterschiede hervorzuheben. Bei der Konversion handelt es sich tendenziell um eine punktuelle Erscheinung, die nur ganz bestimmte Wörter betrifft, während bei der grammatischen Transposition prinzipiell eine ganze Kategorie bzw. eine bestimmte morphologische Form betroffen ist. – Wir verzichten ausdrücklich darauf, bei **jeder** Kategorienänderung von Konversion zu sprechen.

Zur Vertiefung:

Don, J./Trommelen, M./Zonneveld, W. (2000): Conversion and category indeterminacy. – In: Booij, G. e.a. (Hgg.), Morphologie: Ein internationales Handbuch zur Flexion und Wortbildung. 1. Halbband (Berlin etc.: de Gruyter), S. 943-952.

Naumann, B. (1985): Konversion. Zu einem Wortbildungstyp in der deutschen Gegenwartssprache und dessen Benennung. – In: Zeitschrift für deutsches Altertum und deutsche Literatur 114, S. 277-288.

Vogel, P. M. (2005): Conversion and derivation in different part-of-speech systems. – In: Knobloch, C./Schaeder, B. (Hgg.), Wortarten und Grammatikalisierung. Perspektiven in System und Erwerb (Berlin etc.: de Gruyter), S. 67-78.

Wiese, R. (2002): A model of conversion in German. – In: Kaufmann, I./Stiebels, B. (Hgg.), More than words: A Festschrift for D. Wunderlich (Berlin: Akademie-Verlag), S. 47-67.

1.4.10 Grammatische Transposition (syntaktische Konversion)

Es handelt sich um ein globales Verfahren für (nahezu) alle Elemente einer syntaktischen Kategorie, um die Wortartzugehörigkeit zu wechseln. Konstitutiv ist dabei das Einsetzen in eine charakteristische syntaktische Umgebung, z.B. die Kombination mit einem Artikel beim Übergang vom Infinitiv I zum Substantiv. Nach unserem Ansatz handelt es sich dabei nicht um einen Wortbildungsprozess im engeren Sinn, sondern um einen **syntaktischen Prozess**, der auf der kategorialen Mehrfachmarkierung bestimmter Formen beruht.

Produktivität: Es besteht eine große Diskrepanz zwischen universeller Bildbarkeit und tatsächlichem Gebrauch.

- Kategoriale Füllung:
  - $V_{\text{Part. I/II}} \rightarrow$ Adj.: *lachend, gestrichen, geschlagen* (vgl. 3.11 S. 128).
  - $V_{\text{Inf. I}} \rightarrow$ N: *das Gurren, das Lachen.*
  - Adj. → N: *der/die/das Schöne.*
  - Adv. → N: *das Jetzt, das Hier und Heute.*
- Der Wortakzent ändert sich durch die grammatische Transposition nicht.
- Eine spezifische morphologische Markierung der grammatischen Transposition gibt es nicht. Das transponierte Wort zeigt aber die flexionsmorphologischen Eigenschaften der Zielkategorie.

1.4.11 Ablautbildung (innere/implizite Ableitung, Mutierung)

Der Wechsel des Stammvokals ist ein historisch sehr wichtiges, in der Gegenwart aber wohl nicht mehr produktives Wortbildungsverfahren, bei dem überwiegend aus starken Verben – und zwar nicht aus dem Infinitiv-I-Stamm, sondern aus dem Präterital- oder Partizipstamm – Substantiva, und zwar zumeist Abstrakta, gebildet wurden. Aus den Abstrakta entwickelten sich oft wieder Konkreta: *werfen – Wurf, trinken – Trank – Trunk, finden – Fund.* Die zugrunde liegenden verbalen Formen können synchron durch Analogieausgleich wie bei *Wurf* (z.B. zwischen Sg. und Pl. Prät.) fehlen. Der Bildungstyp ist synchron nicht mehr produktiv, wenn man von eher bair.-ugs. Beispielen wie *der Schwumm* (zu *schwimmen*) absieht; die Beispiele sind nicht sehr häufig.

- Kategoriale Füllung: Die Basis bilden neben starken Verben auch Wurzelverben (*gehen/Gang*) und rückumlautende Verben (*brennen/Brand*).
  - V → N: *brennen – Brand, finden – Fund, trinken – Trunk, heben – Hub.*
- Wortbildungsakzent: keine Änderung des Simplexakzents.
- Reihenfolge: nicht anwendbar, da keine Komplexitätsvermehrung gegenüber der Basis (keine Wortbildungsaffixe oder -lexeme).

– Morphologische Markierung: Ablaut; im weiteren Sinn gehören zur Mutierung auch (Rück-)Umlaut (*Brand, Lände*) und Konsonantenwechsel (*ziehen – Zug*; *schneiden – Schnitt;* sog. »grammatischer Wechsel«).

1.4.12 Wortkürzung

»Wortkürzung« bezeichnet hier den Prozess der Kürzung längerer Vollformen (einfache und komplexe Lexeme, Syntagmen) sowie das Resultat dieses Prozesses. Wortkürzungen sind sehr produktiv: in der Gemeinsprache (*Bus; Radar,* auch *Radar*), in Fachsprachen, z.B. der Linguistik (*NP, Wobi*) und in Sondersprachen, z.B. der Werbesprache (*Fewa*). Wortkürzungen können ihrerseits wieder Konstituenten von Wortbildungskonstruktionen bilden (*U-Bahn, Schokoflocken*). Von einem Teil der Wortbildungsliteratur wird die Wortkürzung nicht zur Wortbildung gerechnet, weil sie gegenüber den Vollformen nur einen sekundären Status habe. Wir ordnen sie aber hier ein, weil die Relation zwischen Vollform und Kurzform sehr variabel ist und weil sich Kurzformen ganz wie selbstständige Wortbildungsprodukte, v.a. im Hinblick auf Lexikalisierung und Univerbierung, verhalten. So kann das Kurzwort *BMW* im Gegensatz zur Vollform *Bayerische Motorenwerke* auch ein Produkt der Firma, also ein Auto (mask.), ein Motorrad (fem.), einen Motor (mask.) oder eine Turbine (fem.) bezeichnen. Häufig kennen Sprecher nur die Kurzform, nicht aber die Langform, z.B. bei *ISDN* (*integrated services digital network*) und *Fewa* (*Feinwaschmittel*)

– Kategoriale Füllung: fast ausschließlich Substantive, nur wenige Adjektive; kategorienbestimmend ist i.d.R. die Kategorie des letzten Elements der Wortkürzung in der entsprechenden Ausgangsform; Ausnahme: *Pop* (N) aus *pop(ular) music* weist die Kategorie des Kerns der NP auf.
– Wortbildungsakzent: bei Akronymen mit alphabetischer Aussprache auffällige Tendenz zur Akzentuierung auf der letzten Silbe (*CSU*); sonst i.d.R. Akzentuierung auf der ersten Silbe (*Stabi*).
– Morphologische Markierung: keine. Häufig von der Langform abweichend: *s*-Plural, Genus.

Subtypen:

Akronyme (Initialwörter): werden aus den graphischen und/oder lautlichen Anfängen der Konstituenten der Vollform (oder einer Auswahl aus diesen) gebildet. Beachte, dass nur hier Binnengroßschreibung erlaubt ist.

– Akronyme mit alphabetischer Aussprache, die als Folge von separaten Buchstaben gelesen werden, z.B. *DM* [deːˌˈɛm], *UKW* [uːˌkaːˌˈveː]; Wortakzent auf der letzten Silbe, bisweilen Betonung auf der ersten Silbe wie in: *PKW* [ˈpʰeːˌkaːˌveː] wegen Kontrast zu *LKW* [ˈɛlˌkaːˌveː].

- Akronyme mit orthoepischer Aussprache: Die Buchstabenkette wird wie ein Wort nach den normalen Ausspracheregeln einer Sprache gelesen, z.B. *DIN* [diːn], *IGA, NATO, OPEC;* Wortakzent auf der ersten Silbe.
- Selten treten auch Mischungen syllabisierter und nicht-syllabisierter Aussprache innerhalb derselben Akronyme auf, z.B. *Debis (Daimler Benz, Interservices).* »De« ist dabei der Buchstabenname von »D«.

Kurzwörter (clippings): Aus der Ausgangsform wird ohne Rücksicht auf ihre syntaktische/morphologische Struktur und die Schreibung ein Teil entnommen und als Wort verwendet.

- **Schwanzwort** (foreclipping): Kürzung am Wortanfang: *(Coca) Cola, (Tele)Fax,* das fertige Kurzwort *Bus* ist aus dem Englischen *(omni)bus* entlehnt worden.
- **Kopfwort** (backclipping): Kürzung am Wortende: *Limo(nade), Uni(versität), Abi(tur).* Bei nichtnativen Wörtern werden also auch Akzentsilben getilgt; Wortakzent auf der ersten Silbe.
- **Kopf-Schwanz-Wort** (medial clipping): Kürzung in der Wortmitte: *Fern(melde)amt, Ku(rfürsten)damm, Deo(dorant)spray.*
- Kürzung am Wortanfang und Wortende: *(Se)basti(an), (E)lisa(beth).*
- Kurzwörter, die aus einem diskontinuierlichen Stück ihrer Ausgangsform bestehen: *Kino* ← *Kinematograph, Kripo* ← *Kriminalpolizei, Kumi* ← *Kultusministerium.* Es wäre auch plausibel, die letzten beiden Bildungen als Akronyme zu analysieren, da die Anfangsbuchstaben der Konstituenten einer Wortbildungskonstruktion betroffen sind.

Abkürzungen: Sie gehören nicht zum Bereich der Wortbildung, denn sie existieren i.d.R. nur graphisch, werden also nicht als solche ausgesprochen: *Dr., Abb., Hgg., i.A.* Beachte aber Beispiele wie *Prof., mfG,* die immer häufiger auch als [prɔf] und [ɛmˌɛfˌˈgeː] ausgesprochen werden.

Wortkürzungen auf *-i* wie *Abi(tur), bi(sexuell), Chauvi(nist), Krimi(nal-), Nazi (Nationalsozialist), Plexi(glas), Promi(nenter), Sozi(alist), Uni(versität)* bilden den Kern einer größeren Gruppe von Bildungen auf *-i,* bei denen einzelne Beispiele nicht mehr als Wortkürzungen zu interpretieren sind: *Ami, Fundi, Grufti, Hirni, Knacki, Knasti, Profi, Pulli, Schwuli, Softi, Spasti, Sponti, Taxi.* Wir sehen darin den Ansatz eines neologistischen *i*-Suffixes (vgl. 2.9.2.5 S. 91). Parallel dazu existieren **Wortkürzungen auf *-o*** wie *Auto(mobil), bio(logisch), Demo(nstration), Disco(thek), hetero(sexuell), homo(sexuell), Info(rmation), Kilo(gramm), Klo(sett), Makro(skop), Mikro(phon), öko(logisch), Repro(graphie) Photo(graphie), Tacho(meter), Velo(ziped),* aber auch Ausweitungen des Musters, die nur die Interpretation als neologistische Suffigierung zulassen: *Realo, Prolo, logo* (→ 2.9.2.6 S. 91).

Lückenbildung: Folgen in einer Wortbildungskonstruktion zwei identische Elemente unmittelbar aufeinander, wird die Bildung um eine dieser Konstituenten gekürzt: *S-Bahn-Bahnsteig* → *S-Bahnsteig, Obsttorten-Tortenboden* → *Obsttortenboden.*

Zur Vertiefung:

Greule, A. (1996): Reduktion als Wortbildungsprozeß der deutschen Sprache. – In: Muttersprache 3, S. 193-203.

Kreidler, Ch. W. (2000): Clipping and acronymy. – In: Booij, G. e.a. (Hgg.), Morphologie: Ein internationales Handbuch zur Flexion und Wortbildung, 1. Halbband (Berlin etc.: de Gruyter), S. 956-963.

Michel, S. (2006): Kurzwortgebrauch. Plädoyer für eine pragmatische Definition und Typologie von Kurzwörtern. – In: Germanistische Mitteilungen 64, S. 69-84.

Ronneberger-Sibold, E. (2007): Zur Grammatik von Kurzwörtern. – In: Bär, J. A. e.a. (Hgg.), Sprachliche Kürze. Konzeptuelle, strukturelle und pragmatische Aspekte (Berlin etc.: de Gruyter), S. 276-291.

Schröder, M. (1985): Zur Verwendung von Kurzformen. – In: Beiträge zur Erforschung der deutschen Sprache 5, S. 199-209.

Steinhauer, A. (2000): Sprachökonomie durch Kurzwörter. Bildung und Verwendung in der Fachkommunikation. – Tübingen: Narr (= Forum für Fachsprachenforschung 56).

1.4.13 Wortkreuzung (-kontamination,-mischung, -verschmelzung)

Bei der Wortkreuzung (Wortverschmelzung, Blend(ing), hybrid, telescoped word) vertreten wir eine weite Auffassung, die primär formal orientiert ist. Wortkreuzung bezeichnet die Kombination von i.d.R. zwei (beliebigen) Wortsegmenten oder einem Wortsegment und einer Wortvollform zu einem neuen Lexem. Von den Wortkürzungen unterscheidet sich dieser Wortbildungstyp dadurch, dass keine usuelle/lexikalisierte Ausgangsform vorliegt, die lediglich gekürzt worden ist wie in *Fewa (Feinwaschmittel).* Wortkreuzungen sind sog. attention getting devices, die insbesondere in der Werbe- und Pressesprache produktiv sind; ihr Anteil an den Wortneubildungen ist insgesamt sehr gering. Die Durchsichtigkeit vieler Wortkreuzungen bleibt erhalten, so dass sie mit Hilfe des Sprach- und Weltwissens in die Vollformen ihrer Bestandteile zerlegt werden können. Andere verlieren ihre Durchsichtigkeit und unterliegen der Univerbierung (siehe etwa *Persil* aus *Perborat* und *Silikat*). – Zugrunde liegende Strukturen sind:

- Kopulative Strukturen, z.B. *Milka* ›Milch und Kakao‹.
- Determinativkomposita, z.B: *Cybernaut* ›Astronaut, der sich im Cyberspace befindet‹. Zu beachten ist, dass die Reihenfolge der Konstituenten nicht immer dem Normaltyp entspricht.
- Einige Bildungen lassen sowohl eine kopulative als auch eine determinative Interpretation zu, z.B. *Kurlaub* ›Kur und Urlaub‹ vs. ›Urlaub, der (eigentlich) eine Kur ist‹.
- syntaktische Strukturen, z.B. *Indiskretin* ›indiskreter Kretin‹ (NP).

Selten erfolgt eine Institutionalisierung und Lexikalisierung wie bei *Smog (smoke + fog), Brunch (breakfast + lunch).* Wortkreuzungen imitieren häufig in der Absicht, witzig zu sein, Versprecher in der Art von »Freud'schen Fehlleistungen«.

- Kategoriale Füllung: Die Ausgangslexeme der Konstituenten können gleicher oder verschiedener Kategorie sein; nicht immer ist die Kategorie eindeutig bestimmbar, z.B. in *Phall-Obst* ›Banane‹. Kategoriebestimmend ist i.d.R. das letzte Element, meist Nomina oder Adjektiva:
- N: *Kur*$_{N}$ + *Urlaub*$_{N}$ → *Kurlaub*$_{N}$; *indiskret*$_{Adj.}$ + *Kretin*$_{N}$ ›Idiot‹ → *Indiskretin*$_{N}$.
- Adj.: *alternativ*$_{Adj.}$ + *tief*$_{Adj.}$ → *alternatief*$_{Adj.}$ (auch: *alter-naiv*); *(to) peep*$_{V}$ + *egal*$_{Adj.}$ → *peepegal*$_{Adj.}$.
- Reihenfolge der Elemente: Ein beliebiges Segment des ersten Wortes (oder dieses selbst) wird mit einem beliebigen Segment des zweiten Wortes (oder mit diesem selbst) gekreuzt. Prototypischer Fall ist Anfangssegment/-lexem + Endsegment/-lexem. Wir unterscheiden vier Typen:
  - Die Vollformen der Konstituenten überlappen sich nicht: *Milka* ← *Milch/Kakao, Nescafé* ← *Nestle/Café*. In diesem Fall könnte man auch von einem Kopf-Kopf-Kurzwort sprechen.
  - Die Vollformen der Konstituenten überlappen sich in einem oder mehreren Lauten: *Indiskretin* ← *indiskret/Kretin; Sandwicheese* ← *Sandwich/Cheese; Schwabylon* ← *Schwabing/Babylon.*
  - Ein Lexem oder dessen Segment wird in ein zweites Lexem eingesetzt: *Hotelverführer* ← *Hotelführer/Verführer; Orienterpresszug* ← *Orientexpresszug/erpressen.*
  - Die Lautform bleibt (nahezu) identisch mit einem Ausgangslexem; nur graphische Wortkreuzungen sind: *Phall-Obst* ← *Phallus/phallisch/Fallobst; Litera-Tour* ← *Literatur/Tour.*
- Wortbildungsakzent: i.d.R. wie in den zugrundeliegenden Strukturen: syntaktische Strukturen (*Indiskretin*), determinative Strukturen (*Hotelverführer*). Gelegentlich greift wohl eher die Akzentregel für Wortkürzungen, wie bei *Milka,* das als kopulative Struktur eigentlich einen Akzent auf der letzten Silbe aufweisen müsste.
- Morphologische Markierung: keine.

Zur Vertiefung:

Cannon, G. (2000): Blending. – In: Booij, G. e.a. (Hgg.), Morphologie: Ein internationales Handbuch zur Flexion und Wortbildung 1. Halbband (Berlin etc.: de Gruyter), S. 952-956.

Elsen, H. (2008): Kontaminationen im Randbereich der deutschen Grammatik. – In: Deutsche Sprache 2008:2, S. 1-13.

Hansen, K. (1963): Wortverschmelzungen. – In: Zeitschrift für Anglistik und Amerikanistik 11:2, S. 117-142.

1.4.14 Reduplikation

Unter dem Terminus Reduplikation verstehen wir die Bildung von Wörtern durch Doppelung eines Lexems. Es wird zwischen einfachen Doppelungen (*Wauwau*), Reimdoppelungen (*Schicki-Micki*) und Ablautdoppelungen (*Ticktack, tipptopp*) unterschieden. Reduplikationen sind auf substantivische und adjektivische Bildungen beschränkt. In der Forschungsliteratur werden sie vereinzelt zu den Komposita mit morphologischer Besonderheit gerechnet (Ortner/Ortner 1984, S. 92f). Wir setzen jedoch einen eigenen Wortbildungstyp an, da Reduplikationen eine spezifische Kombination formaler Wortbildungsmittel aufweisen, auch wenn sie trotz ihrer Doppelstruktur semantisch nur ein einfaches Lexem darstellen.

- Kategoriale Füllung: N und Adj.
- Wortbildungsakzent: wohl überwiegend auf dem letzten Element in der Art von Silbenwörtern (Nebenakzent auf dem jeweils anderen).
- Morphologische Markierung: entweder mit ablautähnlichem Vokalwechsel oder mit Konsonantenwechsel (oder beides).

Zur Vertiefung:

Groß, M. (2000): Reduplikation im Deutschen. Ein paar systematische und ein paar unsystematische Bemerkungen. – In: Heß-Lüttich, E./Schmitz, W. (Hgg.), Botschaften verstehen. FS f. H. Richter (Frankfurt/M.: P. Lang), S. 101-116.

Ortner, H./Ortner, L. (1984): Zur Theorie und Praxis der Kompositaforschung. Mit einer ausführlichen Bibliographie. – Tübingen: G. Narr Verlag.

Schindler, W. (1991): Reduplizierende Wortbildung des Deutschen. – In: ZS für Phonetik 44, S. 597-613.

1.4.15 Rückbildung

Unter Rückbildung verstehen wir die Bildung neuer Lexeme aus älteren komplexen Lexemen anderer Wortart durch Tilgung bzw. Austausch des Suffixes, wobei die normalen Ableitungsbeziehungen umgekehrt werden. So gibt es Substantiva, die aussehen wie deverbale Suffigierungen, z.B. **Notland*$_V$-*ung*$_{V\rightarrow N}$. Tatsächlich aber ist *Notlandung* durch Komposition aus *Not* + *Landung* entstanden, *notlanden* ist von *Notlandung* durch Suffixtilgung abgeleitet. Ein Kennzeichen der meisten verbalen Rückbildungen ist ihr defektives Flexionsparadigma. So können z.B. zahlreiche rückgebildete Verben nur in den infiniten Formen verwendet werden: **er landete not/*er notlandete;* aber: *er musste notlanden.*

- Kategoriale Füllung:
  - N → V: *Notlandung → notlanden, Staubsauger → staubsaugen, Prämiensparer → prämiensparen.*
  - Adj. → N: *sanftmütig → Sanftmut, hämisch → Häme.*
- Morphologische Markierung: Suffixverlust/-austausch.
- Reihenfolgemarkierung: entsprechend dem Ausgangslexem.
- Wortbildungsakzent: wie beim Ausgangslexem auf dem Erstelement.

Die Einordnung in eine synchronische Wortbildungsbeschreibung ist gerechtfertigt, da Rückbildungen von suffigierten Lexemen anderer Wortklassen morphologisch und semantisch motiviert sind, nicht weil die Ableitung aus einem älteren komplexen Ausdruck historisch belegt werden kann.

Zur Vertiefung:

Donalies, E. (2001): Zur Entrümpelung vorgeschlagen: Die Wortbildungsarten Rückbildung, Zusammenbildung, Zusammenrückung, Klammerform und Pseudomotivierung. – In: Studia Germanica Universitatis Vesprimiensis 5, S. 129-145.

Erben, J. (2003): Zur Frage der »Rückbildung« (retrograden Ableitung) als Möglichkeit der Wortbildung. – In: Zeitschrift für deutsche Philologie 122:1, S. 93-100.

Fuhrhop, N. (2007): Zwischen Wort und Syntagma. Zur grammatischen Fundierung der Getrennt- und Zusammenschreibung. – Tübingen: Niemeyer (= Ling. Arbeiten 513).

Jacobs, J. (2005): Spatien. Zum System der Getrennt- und Zusammenschreibung im heutigen Deutsch. – Berlin etc.: de Gruyter (= Linguistik – Impulse und Tendenzen 8).

1.4.16 Übung zur formbezogenen Wortbildungsanalyse

Erarbeiten Sie eine rein formbezogene Wortbildungsanalyse der folgenden Wörter: *benachbart, sprachwissenschaftlichste, (das) Abkühlen, mfG, missbrauchen, Messerstecherei, Schokonüsschen, umfahren.* Geben Sie die Kategorie der Bestandteile, den Wortbildungsakzent, die morphologische Markierung und die Reihenfolge der Konstituenten an. Ermitteln Sie den Wortbildungstyp:

1.4.17 Übung zu »Grenzgängern«

Erläutern Sie anhand von Beispielen die Übergangsbereiche zwischen syntaktischer Struktur und Wortbildungsprodukt (1), Komposition und Suffigierung (2) sowie komplexem Wort und Simplex (3).

1.5 Semantische Bezeichnungstypen von Wortbildungsprodukten

1.5.1 Vorbemerkungen

In der konkreten Kommunikation treten oft Benennungsbedürfnisse für neue Gegenstände/Produkte, Eigenschaften, Vorgänge und Sachverhalte auf. Diese werden u.a. auch durch Wortneubildungen befriedigt, die kurzlebig sein, sich aber auch auf Dauer etablieren können. Für diesen Bereich haben sich konkurrierende Terminologien etabliert; wir versuchen hier wie üblich dem häufigsten und plausibelsten Gebrauch in Spezialuntersuchungen zu folgen, auf abweichende Terminologien aber in geeigneter Weise hinzuweisen. – Zunächst eine tabellarische Übersicht:

Wortneubildungen			
	Ad-hoc-Bildung	**Okkasionalismus Augenblicksbildung Neuprägung**	**Neologismus**
Auftreten	punktuell, aus momentaner Notwendigkeit heraus	situativ, starke Kontextbezogenheit	situationsübergreifend
Bekanntheitsgrad	minimal	einer bestimmten Zielgruppe bekannt	relativ hoch
Integration in Standardsprache	nein	wiederholtes Auftreten innerhalb eines Themenbereichs	Auftreten in einem übergreifenden Sprachausschnitt
Vorkommensdauer	kurzlebig	kurz- oder langlebig (an Erfolg gebunden)	oft als Bestandteil der Standardsprache anerkannt
Beispiele	*Märchenland-Entdecker-Spiel, Butterkeks-Biskuit-Milchbrei*	*Probier-Gutschein, Pre-Nahrung, Muschel-Nudeln, Still-Tee*	*Obergläschen, Vanille-Geschmack, Knabberspaß, Bio-Rindfleisch*

Der Begriff »Wortneubildung« bezeichnet üblicherweise den Gesamtbereich, während »Neologismus« nur diejenigen Wortneubildungen bezeichnet, die sich dauerhaft etablieren können. – Über jedes der obigen Beispiele kann man übrigens trefflich streiten (unterschiedliche Bewertungen je nach Alter, sozialer Gruppe usw.).

Bei den neugebildeten Wörtern werden meist sehr kurzlebige Ad-hoc-Bildungen und stark kontextbezogene okkasionelle Bildungen unterschieden. Sie zeigen i.d.R. mehrere Interpretationsmöglichkeiten, wenn sie ohne Kontext verwendet werden, da die Strukturbedeutung meist relativ vage ist, werden aber durch den Gebrauchskontext disambiguiert. Ein Beispiel: In einer Tageszeitung steht unter dem Foto eines Verkehrsflugzeugs die Bezeichnung *Blutbomber*. Ohne weiteren Kontext könnte dieses nominale Determinativkompositum als ›Bomber = Flugzeug, das Blut(konserven) transportiert‹, als ›Flugzeug, das mit

Bomben Blut erzeugt‹, als ›Bombenflugzeug, das rot wie Blut angestrichen ist‹ usw. interpretiert werden.

Wird eine Wortbildungskonstruktion allmählich **usualisiert** und damit **lexikalisiert**, so verliert sie ihre potentielle Vieldeutigkeit zugunsten einer festen, meist im Wörterbuch fixierten Bedeutung; die anderen Möglichkeiten werden ausgeschlossen. Man nennt diesen Prozess auch **Begriffskonsolidierung.** Z.B. wird aus den vielen möglichen Bedeutungen von *Holzkiste,* nämlich ›Kiste, die aus Holz besteht‹, ›Kiste, die für (Brenn)Holz verwendet wird‹, ›Kiste, die sich im Holz befindet‹, die Bedeutung auf ›Kiste, die aus Holz besteht‹ festgelegt. In der weiteren Entwicklung kann allmählich das Frege-Prinzip unwirksam werden und das Wortbildungsprodukt wird zunehmend **demotiviert**, so dass es bezüglich seiner Einzelbausteine immer weniger durchsichtig wirkt. Da somit nicht jede komplexe Bildung in gleicher Weise durchsichtig ist, muss von einer Abstufung oder von Graden der Motiviertheit gesprochen werden. Verbreitet ist eine **Dreistufenskala** mit den Fixpunkten **vollmotiviert, teilmotiviert** und **idiomatisch**.

Bei **Idiomatisierungen** sind wiederum Grade feststellbar:

- **leicht idiomatisiert** (fast völlig motiviert), z.B.: *gewaltig*; desubstantivisches Adjektiv: *Gewalt* + Suffix *-ig*. Die Bildungsweise ist eindeutig, die Gesamtbedeutung der Suffigierung ist jedoch semantisch durch die Kombination der Einzelkomponenten nicht genau bestimmbar.
- **stark idiomatisiert**: z.B. morphologisch komplexe Bildungen wie *Zeitschrift,* bei denen semantisch kein Zusammenhang mehr zwischen der Gesamtbedeutung und den Bedeutungen der Konstituenten besteht. Es kann folglich keine Paraphrase für die Bedeutung der Wortbildungskonstruktion angegeben werden.

Schließlich entwickelt sich, v.a. wenn die Bestandteile auch lautlich verschmolzen sind, eine Bedeutung, wie sie für Simplizia typisch ist. Bei dieser Entwicklung handelt es sich um ein unidirektionales Kontinuum. Gelegentlich kann die Entwicklung allerdings auch gegenläufig sein. So war bei *Holzkiste* früher die Bedeutung ›Kiste, die für (Brenn)Holz verwendet wird‹ lexikalisiert, die Interpretation ›Kiste, die aus Holz besteht‹ war als tautologisch ausgeschlossen, denn Kisten waren immer aus Holz. Durch die Entwicklung neuer Kisten-Materialien wie Styropor und Pappe wurde die Lesart ›Kiste, die aus Holz besteht‹ möglich, während gleichzeitig die Lesart ›Kiste, die für (Brenn)Holz verwendet wird‹ durch den Rückgang der Ofenheizung nahezu verschwand. Gegenwärtig kann man wieder eine Umkehrung der Entwicklung beobachten (›Kiste, die aus Holz besteht‹ → ›Kiste, die für (Brenn)Holz verwendet wird‹).

Zur Vertiefung:
Altmann, H. (2008): Formale Aspekte bei Wortneubildungen und Probleme ihrer Beschreibung. – In: Eichinger, L. M. e.a. (Hgg.), Wortbildung heute (Tübingen: Narr), S. 17-37 (= Studien zur Deutschen Sprache 44). [in diesem Sammelband weitere Aufsätze zum Thema]
Elsen, H. (2004): Neologismen. Formen und Funktionen neuer Wörter in verschiedenen Varietäten des Deutschen. – Tübingen: Narr (= Tübinger Beiträge zur Linguistik 477).
Kemmerling, S. (2001): Produktive Wortbildungstypen in der Werbesprache. Eine Untersuchung substantivischer Neuprägungen in der Verbrauchsgüterwerbung. – München: phil. Diss.
Koefoed, G./van Marle, J. (2000): 33. Productivity. –In: Booij, G. e.a. (Hgg.), Morphologie. Ein internationales Handbuch zur Flexion und Wortbildung, 1. Halbbd. (Berlin etc.: de Gruyter), S. 303-312.
Quasthoff, U. (Hgg.) (2007): Deutsches Neologismenwörterbuch. Neue Wörter und Wortbedeutungen in der Gegenwartssprache. – Berlin etc.: de Gruyter.

1.5.1.1 Die semantische Analyse von Wortbildungsprodukten

Bei den hier verwendeten/diskutierten Beispiele müsste man eigentlich jeweils angeben, über welche der möglichen Lesarten man spricht, welche Bedeutungen man für die Bestandteile jeweils unterstellt, in welchen Kontexten es gebraucht wird, welchen Lexikalisierungs- und Verbreitungsgrad es aufweist usw. Das ist bei der wünschenswerten Zahl von Beispielen nicht in einem vernünftigen Umfang zu realisieren. Man muss sich also wohl darauf verlassen, dass die Leser ähnliche Intuitionen wie die Autoren haben; doch haben wir an einigen Stellen missverständliche Beispiele aufgrund von Hinweisen von Lesern durch hoffentlich klarere Beispiele ersetzt.

Bei der semantischen Analyse (von Wortbildungsprodukten) geht man nach dem **»Frege-Prinzip«** vor: Die Bedeutung eines Wortbildungsprodukts ergibt sich aus der Bedeutung der Bestandteile und der Bedeutung der Relation zwischen den Bestandteilen.

Bei der Bedeutungsangabe bedient man sich nach dem Vorbild der einschlägigen Wortbildungsliteratur des Mittels der **Paraphrase**. Diese Paraphrase sollte die Teile des Wortbildungsprodukts sowie eine Kennzeichnung der Strukturbedeutung enthalten. Bei der Paraphrasierung von Determinativkomposita z.B. sollte immer erst das Grundwort (Determinatum) und dann in einem darauf bezüglichen Relativsatz das Determinans zusammen mit einer Bezeichnung der Relationsbedeutung genannt werden: ›Kiste, die aus Holz besteht‹. Die materiale Relation wird dabei durch *bestehen aus* wiedergegeben. Die Bedeutungsangabe wird i.d.R. in einfache Anführungszeichen gesetzt und nicht kursiviert. Als Mittel der Bedeutungsangabe ist dieses verbreitete Verfahren relativ vage und ungenau, als Mittel der Bedeutungsanalyse problematisch: Das komplexe Wort ist zwar mit einer äquivalenten, annähernd bezeichnungsgleichen syntaktischen Kette vergleichbar, aber keineswegs bedeutungsgleich, sondern eine sprachliche Alternativform eigener Struktur, die weder unmittelbar und eindeutig syntaktische Beziehungen wiederspiegelt, noch allein durch Beachtung syntaktischer Verbindungsregeln aufzubauen ist. Paraphrasen können zwar zur Explikation von Bedeutungsintuitionen verwendet werden, keinesfalls sind sie aber dazu geeignet, die interne Struktur und Bedeutung von Wortbildungsprodukten exakt wiederzugeben. Um eine willkürliche »Paraphrasenakrobatik« zu vermeiden, müssen drei Forderungen an eine Paraphrase gestellt werden: die Forderungen nach festen Regeln (sog. »geordnete Paraphrasen«), nach Explizitheit und Sprachnähe. – Folgende Punkte müssen daher berücksichtigt werden:

- Für jeden Wortbildungstyp ist wegen der Vergleichbarkeit möglichst ein festes Paraphrasenschema zu wählen. Dabei sind Strukturen zu wählen, die möglichst eindeutig sind, und Strukturen zu meiden, die vieldeutig oder semantisch vage sind. So sind z.B. Genitivattribute semantisch vieldeutig (genitivus subjectivus/objectivus/qualitatis usw.), und auch Präpositionen in PP-Attributen sind meist polysem.
- Die Paraphrase soll die Lexeme des Wortbildungsprodukts sowie eine Kennzeichnung der Wortbildungssemantik enthalten.
- Statt einer Paraphrase kann man auch einfach eine eingeführte metasprachliche Bezeichnung des semantischen Typs wählen, z.B. *Lehrer*: nomen agentis; *Ledertasche:* materiale Relation.

An Beispielen werden hier zunächst die einzelnen **Stationen der semantischen Analyse** illustriert.

- Analyseschritte von der komplexen Bildung bis zum Simplex (»top-down-Analyse«).
- Ermittlung des Bezeichnungstyps der UK, Formulierung der entsprechenden Paraphrasen.
- Angabe des Motiviertheitsgrades und ob eine Ad-hoc-, eine usuelle oder eine lexikalisierte Bildung vorliegt.
- Die Bedeutung der Simplizia wird in Wortbildungsanalysen nicht (durch Paraphrasen etc.) angegeben, außer es handelt sich um eine spezifische Lesart.

Allgemeine Prinzipien zur Strategie der morphologischen und semantischen Analyse sind in Kap. 1.6 erläutert.

Vollmotivierte Bildungen:

Leserin: *-in*-Movierung von *Leser* ›weiblicher Leser‹; *Leser*: Nomen agentis zum Verb *lesen* durch *-er*-Suffigierung. Paraphrase: ›eine Frau, die liest‹; vollmotiviert, lexikalisiert.

Verzweiflungstat: Determinativkompositum aus dem Determinans *Verzweiflung* + Fugenelement *s* + Determinatum *Tat;* semantischer Typ: kausal ›Tat, die aus Verzweiflung geschieht‹; vollmotiviert, lexikalisiert.

Verzweiflung: Zustandsbezeichnung aus dem Verb *verzweifeln* durch *-ung*-Suffigierung. Abstraktum: ›Zustand, in dem man verzweifelt ist‹.

Tat: nomen facti durch Ablautbildung aus dem Verbstamm des starken Verbs *tun*. Paraphrase ›etwas, das getan wird‹.

Teilmotivierte Bildungen:

saustark: Steigerungsbildung aus *stark* und desemantisiertem Erstglied *Sau*. Das Erstglied enthält eine steigernde Komponente in Bezug auf das Zweitglied, wodurch semantisch eine Bewertung ausgedrückt wird. Paraphrase: ›sehr stark‹ bzw. ›sehr gut‹ bei übertragenem Gebrauch von *stark*.

***Lakritzschnecke*:** Determinativkompositum aus Determinans *Lakritz* und Determinatum *Schnecke*. Semantischer Typ: substantiell (oder: material). Paraphrase: ›Schnecke, die Lakritz enthält‹/›die aus Lakritz besteht‹. Usuelle Bildung, teilmotiviert: metaphorischer Gebrauch von *Schnecke* aufgrund einer Ähnlichkeitsbeziehung: ›etwas, das wie eine Schnecke geformt ist‹.

Idiomatisierte Bildungen:

***Grundstock*:** Die Wortbildungskonstruktion ist lediglich formativ-strukturell als komplexe Bildung zu erkennen, semantisch ist sie nicht zu analysieren: Es besteht kein Zusammenhang (mehr) zwischen der lexikalisierten Bedeutung der Wortbildungskonstruktion und der Bedeutung der Bestandteile sowie der Bedeutung der Relation zwischen den Bestandteilen.

Ein Wortbildungsprodukt kann auch **mehrere Lesarten mit unterschiedlichem Motiviertheitsgrad** haben, von denen in einem bestimmten Kontext meist nur eine realisiert wird. Bei einer semantischen Analyse müssen normalerweise alle möglichen Lesarten berücksichtigt werden, außer es wird ausdrücklich darauf verwiesen, dass nur die im Text realisierte Bedeutung analysiert werden soll.

frischgebacken (auch: *frisch gebacken*): in Verbindung mit *Ehemann/Ehefrau* idiomatisiert im Sinne von ›gerade verheiratet‹; eine motivierte Verwendung liegt in Verbindung mit *Backwaren* vor; semantischer Typ: temporal ›vor kurzer Zeit durch Backen hergestellt‹.

Weiterführende Literatur:

Altmann, H. (2011): Probleme der Bedeutungsexplikation von Wortbildungsprodukten, gezeigt an komplexen Wortneubildungen. – Erscheint in: Michel, S./Tóth, J. (Hgg.), Wortbildungssemantik zwischen Langue und Parole (Hannover: ibidem) (= Perspektiven Germanist. Linguistik).

Putschke, W. (1988): Skizze eines semantischen Wortbildungsmodells. – In: Munske, H.-H. e.a. (Hgg.), Deutscher Wortschatz. Lexikologische Studien. L. E. Schmitt zum 80. Geburtstag (Berlin etc.: de Gruyter), S. 75– 92. [gute Problemskizze; zur Kritik siehe Altmann 2011].

1.5.1.2 Übung zur Motiviertheit von Wortbildungsprodukten

Geben Sie den Lexikalisierungs- und Motiviertheitsgrad der folgenden Wortbildungskonstruktionen (nur auf der hierarchisch höchsten Ebene) an. Begründen Sie kurz Ihre Entscheidung: *Erbinformation, Vokalungeheuer, Vorstellung, Menschentraube, nur, Jägersalami, Katzenzungen, sogar.*

1.5.1.3 Semantische Funktionen der Wortbildungstypen im Überblick

Wie der Umgang mit den einzelnen Bezeichnungstypen zeigen wird, ist die Zuordnung der Typen von Strukturbedeutungen zu Wortbildungsprodukten, insbesondere bei nicht-lexikalisierten Bildungen, selten eindeutig, kaum überprüfbar durch Tests, die Typen von Strukturbedeutungen sind selbst sehr unterschiedlich in ihrer Plausiblität und häufig resistent gegen eine hierarchische oder logische Anordnung. Wir beschränken uns vorwiegend auf die Darbietung der plausiblen und damit in der konkreten Analyse auch wirklich nützlichen semantischen Typen, so dass Übersichtlichkeit und gute Lernbarkeit bestehen bleiben. Sie werden nach Wortarten und Bildungstypen getrennt untersucht. – Wenn wir trotz begründeter Einwände die semantische Analyse in den späteren Kapiteln zur Wortbildung in den einzelnen Wortarten überwiegend in Tabellenform darbieten, dann geschieht dies wegen des Mangels an Alternativen in Anbetracht der meist großen Zahl von möglichen Strukturbedeutungen bei jedem Wortbildungstyp.
Hinweis: Die Literaturhinweise zu den Wortbildungstypen in 1.4 werden hier nicht wiederholt.

1.5.2 Zusammenrückung

Da sich die Konstituenten von Zusammenrückungen vor ihrer Univerbierung in einem unmittelbaren syntaktischen Kontext befanden, also in syntagmatischer Relation zueinander stehen, ist die Ermittlung eines einheitlichen semantischen Typs nicht möglich. In der Forschungsliteratur wird deshalb auch von **Nullrelation** gesprochen. Der Unterschied zum freien Syntagma liegt insbesondere in der Begriffskonsolidierung, z.B. *eine handvoll* ›einige‹ vs. *eine Hand voll,* sowie in der Änderung des semantischen Typs, z.B. von Handlungsaufforderung zu Entität bei *Rühr mich nicht an!* → *Rührmichnichtan.*

Zur Vertiefung:

Ortner, L./Müller-Bollhagen, E. e.a. (1991): Deutsche Wortbildung. Typen und Tendenzen in der Gegenwartssprache. Vierter Hauptteil. Substantivkomposita. – Berlin, etc.: de Gruyter, S. 123.
Pavlov, V (2009): Deutsche Wortbildung im Spannungsfeld zwischen Lexikon und Syntax. – Frankfurt etc.: P. Lang.

1.5.3 Zusammenbildung

Die Darstellung der semantischen Analyse und die Formulierung der Paraphrase bei Zusammenbildungen ist problematisch. Unklar ist, wie die binäre Zerlegung der Wortbildungskonstruktionen in unmittelbare Konstituenten vorgenommen werden soll, da weder Lexem$_{1/2}$ noch Lexem$_{2/3}$ bzw. Lexem$_2$+ Suffix usualisiert oder lexikalisiert sind. Häufig werden Zusammenbildungen semantisch wie Determinativkomposita analysiert, z.B. *Machthaber* aus dem Determinans *Macht* und dem Determinatum **Haber*. Unseres Erachtens liegt jedoch weder eine Spezifizierung des Determinatum vor noch kann eine (für Determinativkomposita typische) Bezeichnungsrelation zwischen den UK ermittelt werden. Wir schlagen daher vor, diesen Typ der Zusammenbildungen in VP/NP + Suffix zu gliedern, z.B. *Machthaber* als komplexes Nomen agentis aus der VP *Macht haben* und dem Suffix *-er*: ›jemand, der Macht hat‹. Zwischen den Elementen in der Phrase liegt eine syntagmatische Relation und damit eine Nullrelation vor: *Macht* hat Objektfunktion zum Verb *haben*.

Wortbildungskonstruktionen aus drei Lexemen sind auf der obersten Ebene als Determinativkomposita, der Komplex aus den UK a+b ist als Syntagma (NP aus Attribut + N, VP) zu analysieren, z.B. *Fünfjahresplan* aus dem Determinans *Fünfjahre* + Fugenelement *-s* + Determinatum *Plan*. Semantischer Typ: temporal-durativ ›Plan, der sich auf einen Zeitraum von fünf Jahren bezieht‹. Wortbildungskonstruktionen aus zwei Lexemen und einem Suffix sind als Syntagma (meist eine NP aus Attr. + N) mit dem Bedeutungsbeitrag des Suffixes zu analysieren: *grünäugig* ›grüne Augen habend‹, *breitkrempig* ›breite Krempen habend‹.

1.5.4 Kopulativkomposition

Die Konstituenten von Kopulativkomposita sind gleichgeordnet, d.h. ihrer Beziehung entspricht im weitesten Sinne eine additive Konstruktion mit *und*, z.B. *blaugrün* ›blau und grün (zweifarbig)‹ vs. Determinativkompositum *blaugrün* ›bläuliches Grün, türkis‹.

Kopulativkomposita bilden oft das Erstglied von Determinativkomposita. Wird in diesem Fall die Bezugsgröße genannt, dann liegt ein endozentrisches Determinativkompositum vor, (→ 1.5.5) d.h. dass der Referenzbereich des Wortbildungsprodukts innerhalb des Referenzbereichs des Determinatums *Schokolade* liegt, z.B. *Sahne-Nuss-Schokolade* ›Schokolade, die Sahne und Nuss enthält‹ (semantischer Typ: substantiell). – Wenn die Bezugsgröße in der Bildung nicht genannt wird, dann handelt es sich um **exozentrische Komposita**, d.h. dass der Referenzbereich des Wortbildungsprodukts außerhalb des Referenzbereichs der Bestandteile liegt. Das Determinatum ist meist kontextuell leicht erschließbar. Beispiele hierfür finden sich häufig in der Werbung, z.B. *Milka Sahne-Nuss* ›(Schokolade, die) Sahne und Nuss (enthält)‹ (zu den einzelnen Typen der exozentrischen Beziehung siehe Ortner e.a. 1991, 147f.).

Die Grenze zwischen Determinativkompositum und Kopulativkompositum ist nicht immer eindeutig festlegbar. Bei einem strikt bedeutungsorientierten Verfahren kann es oft zu Fehlzuordnungen kommen, z.B. kann *Kleiderschürze* semantisch sowohl exozentrisch-kopulativ als ›Kleidungsstück, das Kleid und Schürze zugleich ist‹ als auch determinativ ›Schürze, die wie ein Kleid aussieht‹ (semantischer Typ: komparational) interpretiert werden; die formalen Merkmale wie Akzent auf dem Erstelement und die Verwendung von Fugenelementen sprechen jedoch eindeutig für eine Klassifikation als Determinativkompositum. Auch kann die Interpretation einer Bildung veralten, z.B. wird *Mannweib* heute i.d.R. determinativ gebraucht i.S.v. ›Frau, die wie ein Mann wirkt‹, früher hingegen wurde es kopulativ interpretiert (›Mann und Weib‹) und zur Bezeichnung eines Zwitters verwendet.

1.5.5 Determinativkomposition

Kennzeichen der Determinativkomposita ist die Subordination der ersten UK unter die zweite UK. Das Determinatum (Grundwort) ist der wortsyntaktische und semantische Kern der Konstruktion, der die Bezeichnungsleistung erbringt, das Determinans (Bestimmungswort) ist morphosyntaktisch und semantisch untergeordnet. Aus diesem Grund gilt die Formel: ›ein ab ist ein b‹, z.B. ›Brautschuhe sind Schuhe‹. Die Spezifizierung des Determinatum erfolgt durch das Determinans, z.B. bei *Brautschuhe*: ›Schuhe, die eine Braut trägt‹. Im Normalfall wird das Abhängigkeitsverhältnis durch die Reihenfolge der Konstituenten ausgedrückt, wobei das determinierende Kompositionsglied stets vor dem determinierten steht. Die Vertauschung der Konstituenten führt zur Umkehrung der Determinationsverhältnisse, z.B. *Wandschrank – Schrankwand*.

Bei der Determinationsrelation handelt es sich um eine sehr vage semantische Beziehung, die in vielfältiger Weise konkretisiert werden kann. Welche Relation gewählt wird, hängt von der semantischen Füllung der Bestandteile und vom häufigsten Verwendungskontext ab. Für die Klassifikation der Bedeutungsbeziehungen verwendet man die bekannten Kasusrollen (wie Agens, Patiens), aber auch die adverbialen Subtypen wie instrumental, lokal, temporal etc., dazu noch Relationen wie material, referentiell. Die Zuordnung ist sehr schwierig, im Einzelnen wirkt sie oft beliebig, gerade bei Relationen wie »referentiell«. Bis heute hat sich in der Forschung kein einheitlicher Typenkatalog herausgebildet. Unser Klassifikationssystem stellt eine Synopse verschiedener Klassifikationsversuche dar, wobei wir uns vorwiegend an drei Aufstellungen orientiert haben (vgl. Ortner e.a. 1991; Ortner/Ortner 1984, 135ff.; Fleischer/Barz ^{3}2007, 89ff.) (siehe die jeweiligen, nach Wortarten unterteilten Kapitel).

Zur Explikation verwendet man üblicherweise Paraphrasen, in denen zuerst das Determinatum genannt wird, dann in einem attributiven Relativsatz das Determinans und die semantische Relation zwischen beiden, also z.B. *Stadthaus* ›Haus, das sich in der Stadt befindet‹ (lokal). In der Regel sind die Bedeutungen der (meist polysemen) UK von Determinativkomposita semantisch und sachlogisch kompatibel und die gemeinten Lesarten können durch das Weltwissen erschlossen werden. Insbesondere in der Werbe- und Pressesprache sowie in der Dichtung werden expressive Wirkungen durch die Verletzung von Kompatibilitäts- und Kontiguitätsbeziehungen zwischen den UK erzielt, z.B. bei Komposita mit metaphorischen oder metonymischen Bestandteilen *(Aktenhengst, Jägerbraten)* oder durch **elliptische Komposita** *(Freilandeier* statt *Freilandhühnereier).*

Sonderfälle:

- **Inversionskomposita**: *Jahrhundert* ›hundert Jahre‹ [entstanden aus einem pränominalen Genitivattribut: *der Jahre hundert*]
- **exozentrische Komposita** (Bahuvrihi-/Possessivkomposita): *Rotkehlchen, Eierkopf, Stinkstiefel* ›jmd., der einen stinkenden Stiefel hat‹, nicht ›stinkender Stiefel‹. Das Determinatum bezeichnet hier nicht den (ganzen) Referenten, sondern nur einen Teil davon.
- In einigen Fällen wird die Reihenfolge vertauscht: *Kirschlorbeer* (Kirschstrauch mit lorbeerähnlichen Blättern, also nicht: ›Lorbeer, der wie ein Kirschstrauch aussieht‹), *Textilleder* (Stoff mit lederähnlichem Aussehen)

Zur Vertiefung:

Donalies, E. (2009): Eine Mandeltorte ist eine Torte mit Mandeln. Was ist eine Herrentorte? Bedeutung nominaler Komposita. – In: Sprachreport. Informationen und Meinungen zur deutschen Sprache 4, S. 15-17.

Fandrych, Ch./Thurmair, M. (1994): Ein Interpretationsmodell für Nominalkomposita: linguistische und didaktische Überlegungen. – DaF 31, H. 1, S. 34-44.

Fleischer, W./Barz, I. (^{3}2007): Wortbildung der deutschen Gegenwartssprache. 3., unveränd. Aufl. Tübingen: Niemeyer.

Knobloch, C. (1997): Über Possessivkomposita im Deutschen. – In: Barz, I./Schröder, M. (Hgg.), Nominationsforschung im Deutschen. Festschrift für W. Fleischer zum 75. Geburtstag (Frankfurt am Main etc.: Lang), S. 249-263.

Lewizkij, V./Matskulyak, Y. (2009): Semantische Kombinierbarkeit von Komponenten in der Struktur der deutschen Komposita. – In: Glottometrics 19, S. 11-41.

Ortner, L./Müller-Bollhagen, E. e.a. (1991): Deutsche Wortbildung. Typen und Tendenzen in der Gegenwartssprache. Vierter Hauptteil. Substantivkomposita. – Berlin etc.: de Gruyter.

Ortner, H./Ortner, L. (1984): Zur Theorie und Praxis der Kompositaforschung. – Tübingen: Narr.

Wiese, H. (2008): Der Beitrag psycholinguistischer Evidenz zur Analyse grammatischer Phänomene: Eine Studie zur endo- vs. exozentrischen Struktur von Komposita. – In: Valentin, J.-M. (Hg.), Akten des XI. Internationalen Germanistenkongresses Paris 2005. ›Germanistik im Konflikt der Kulturen‹. Band 4 (Bern usw.: Peter Lang), S. 71-82.

1.5.6 Steigerungsbildung

Bei Steigerungsbildungen unterscheidet man sinnvollerweise durchsichtige/motivierte Bildungen (v.a. Vergleichsbildungen wie *eiskalt, aalglatt, bildhübsch, bitterarm, gallenbitter*, konsekutive Bildungen wie *blitzblank, triefnass* und Dimensionsadjektiva wie *himmelhoch*, dazu referentielle wie *herzensgut, grundböse* und modifikative wie *tieftraurig* und *überreich*), und demotivierte Bildungen. Die motivierten Bildungen bilden wohl die Mehrheit und rechtfertigen eine Einordnung als (Steigerungs-)Komposita. In vielen Fällen weisen die Erstelemente von demotivierten Steigerungsbildungen keine referentielle Bedeutung mehr auf. Sie stammen häufig aus dem konnotativ stark belasteten Tabuwortschatz (bestimmte Tierbezeichnungen, die auch als Schimpfwörter gebraucht werden: *Hund, Affe, Schwein, Sau;* Körperteilbezeichnungen: *Arsch;* Exkrementbezeichnungen: *Scheiß, brunzen, kotzen*); Lautnachahmungen (*pitsch-, knall-*), Flüche und tabuisierte Wörter etc. (*Gotts-, Heiden-, Kreuz-, Himmel-, Tod-, Blut-*), Pseudoentlehnungen (*ratze-, Grotten-, Hacke-*), Bezeichnungen von Rohstoffen und Werkzeugen (*Stein-, Stroh-, Staub-, Stock-*), Bezeichnungen von Kampfmitteln (*Bomben-, Granaten-, Kanonen-, Knüppel-*), isolierte/unikale Lexeme (*klitze-, Piek-, Pott-, Zappen-).* Es bleibt die emotiv-konnotative Komponente, die zu einer Steigerung des Basiswortes dient, oft als »Volkssuperlativ« bezeichnet. Die Erstkonstituenten lassen sich durch ›sehr, in hohem Grade‹ paraphrasieren, z.B. *blutjung* ›sehr jung‹. Obwohl alle Erstkonstituenten von Steigerungsbildungen ein intensivierendes Bedeutungsmerkmal haben, sind sie trotzdem nicht völlig synonym, wie die folgenden Akzeptabilitätsunterschiede zeigen: *Jetzt wäre ein *arsch-/*bitter-/eis-/?saukaltes Bier genau das Richtige*. Manche Steigerungsbildungen scheinen somit ein Bedeutungsmerkmal aufzuweisen, das mit positiver oder negativer Haltung des Sprechers zu der durch das Zweitglied bezeichneten Entität/Eigenschaft beschrieben werden kann (emotiver Aspekt). Einige Erstglieder können auch in Abhängigkeit von der Wahl des Zweitglieds beide Haltungen ausdrücken, z.B. *blitzgescheit, blitzdumm*. Die Erstglieder sind auf eine kleine Anzahl zumeist reihenbildender Wörter beschränkt. Die möglichen Kombinationen mit Zweitelementen sind oft eng beschränkt.

Einige Wortbildungskonstruktionen lassen semantisch sowohl eine Interpretation als Determinativkomposita wie auch als Steigerungsbildungen zu, z.B. *blutarm* ›arm an Blut‹ vs. *blutarm* ›sehr arm‹. Eine Abgrenzung kann durch die spezifischen formalen Wortbildungsmittel (Akzentposition) vorgenommen werden.

Zur Vertiefung:

Klara, L. (2009): Ist *stein**reich*** auch ***stein**reich*? Adjektivische Steigerungskomposita im Gegenwartsdeutschen und ihre Akzentuierung. – München: phil. Diss. [mit umfangreichen Literaturhinweisen] <http://edoc.ub.uni-muenchen.de/12328/>

1.5.7 Präfigierung

Präfigierung dient normalerweise nicht der Wortartänderung. Ihre semantische Funktion wird üblicherweise sehr vage mit »Modifikation« (innerhalb der gleichen Wortart) angegeben: Typisch dafür ist die Negierung durch die Negationspräfixe *un-* und *miss-*, wobei man sich aber davor hüten muss, diese Funktion zu nahe an die der syntaktischen Negation zu rücken. Das zeigt schon die Tatsache, dass sich sehr bald Bedeutungsvarianten im Sinne von ›nicht normgerecht‹, ›schlecht‹ entwickeln. Bei den verbalen Präfixen treten häufig Bedeutungsfunktionen im Bereich der Aktionsartendifferenzierung auf, z.B. *blühen* ›durativ‹, *erblühen* ›perfektiv-ingressiv‹, *verblühen* ›perfektiv-egressiv‹. Ferner erfolgt oft Transitivierung intransitiver Verben (*labern – be-labern*), verbunden mit einem Übergang von Zustands- oder Geschehensbeschreibungen zu Handlungsbeschreibungen mit einer Neuverteilung der Kasusrollen (Agens statt Experiencer, Patiens statt Adverbiale). Ein anderer Typ liegt vor bei substantivischen *Ge*-Präfigierungen, die Kollektiva wie bei *Gebirge* ›Gesamtheit der Berge‹, *Gebälk* ›Gesamtheit der Balken‹ erzeugen.

Für Bildungen wie *Hauptstadt, Hauptabteilung, Hauptgrund* findet sich in der Literatur der Begriff des **Präfixoids**, unter Hinweis auf die semantische Trennung der ersten UK vom Lexem *Haupt* und die semantische Entleerung bzw. Abstrahierung (nicht konkrete Referenz, sondern klassifikatorische Bedeutung wie bei den Affixen üblich; man kann das aber auch oft schon bei den polysemen Simplizia beobachten) sowie auf die **Reihenbildung.** Dieser Begriff ist aus unserer Sicht sehr problematisch, insofern er nicht näher bestimmt wird. So müsste man wohl von Reihenbildung in all jenen zahllosen Fällen sprechen, in denen ein bestimmtes Lexem mehrfach mit gleicher Bedeutung als Erstelement in einem Determinativkompositum vorkommt. Historisch gesehen gibt es unseres Wissens keinen Fall, in dem ein akzentuiertes Erstelement zum (nicht akzentuierten, lautlich abgeschwächten) Präfix geworden wäre. Das ist auch in den vorliegenden Fällen nicht zu erwarten. Aus der Sicht der Formanalyse, und diese ist für uns leitend, ist kein Grund zu erkennen, warum man entsprechende Bildungen nicht als Determinativkomposita, allerdings idiomatisiert, allenfalls teilmotiviert, mit Tendenz zur semantischen Nischenbildung analysieren sollte (vgl. 2.6.2; dort auch Literaturhinweise).

1.5.8 Suffigierung

Dieser Wortbildungstyp dient überwiegend der Wortartänderung und damit der Darstellung z.B. eines Geschehens oder einer Handlung (Verb) als Eigenschaft (Adjektiv), z.B. *tragen – tragbar*; einer Eigenschaft als Geschehen oder Handlung: *schön – verschönern, blöd – blödeln, zart – zärteln;* einer Eigenschaft als Entität: *schön – Schönheit;* einer Entität als Zustand oder Geschehen: *Fisch – fischeln,* usw. Er kann aber auch der Modifikation innerhalb einer Wortart (also ähnlich wie bei der Präfigierung) dienen, vgl. *braun – bräunlich.*

In der Literatur findet sich für Letztelemente wie in *Werkzeug, Nähzeug, Ölzeug* oder *Bahnhof, Bauhof, Werkhof* der Begriff des **Suffixoids** (vgl. 2.6.1 S. 74). Dass man UKs wie *-zeug* und *-hof* in die Nähe von Suffixen rückt, liegt an der semantischen Entleerung dieser Elemente und an der angeblichen **Reihenbildung**. Nun kann man nicht abstreiten, dass historisch gesehen Suffixe wie *-lich* aus ursprünglich selbstständigen Lexemen in Determinativkomposita durch lautliche und semantische Abschwächung entstanden sind. Etwas Vergleichbares ist aber bei *-zeug* und *-hof* synchron nicht erkennbar. Zum Argument der Reihenbildung siehe den vorausgehenden Abschnitt! Wie dort sehen wir keinen Grund, warum entsprechende Wortbildungsprodukte nicht als semantisch hochgradig idiomatisierte, allenfalls teilmotivierte Determinativkomposita mit Tendenz zur Bildung semantischer Nischen klassifiziert werden sollten.

1.5.9 Lexikalische Konversion

Wie schon oben festgestellt kann dieser Wortbildungstyp auch wegerklärt werden, wenn man synchron kategoriale Mehrfachmarkierung eines Wortes/Wortstamms zulässt. In beiden Fällen geht es darum, dass ein semantischer Kern sowohl als Entität (Substantiv) als auch als Handlung/Geschehen/Zustand (Verb), Eigenschaft (Adjektiv) oder räumlicher/zeitlicher/modaler/kausaler etc. Umstand (Adverb) dargestellt werden kann. Diese Konstellation kann statisch (Mehrfachmarkierung) und dynamisch (Wortartänderung) gesehen werden.

1.5.10 Grammatische Transposition

Die semantische Funktion ist dieselbe wie bei der lexikalischen Konversion. Entscheidend ist die Einsicht, dass das grammatische System regelhafte Möglichkeiten zur Wortartänderung vorsieht. Die Richtung verläuft dabei vom Verb über das Adjektiv zum Substantiv, interessanterweise nicht umgekehrt.

1.5.11 Ablautbildung (implizite Ableitung, Mutierung)

Für diesen historischen Wortbildungstyp gilt im Prinzip das Gleiche wie für die Suffigierung/Konversion/Transposition, allerdings mit einem sehr schmalen Anwendungsbereich, nämlich der Bildung von substantivischen Abstrakta, aus denen sich oft wieder Konkreta entwickelten: *werfen – Wurf, trinken – Trunk, brennen – Brand, finden – Fund.*

1.5.12 Wortkürzung

Bei der semantischen Analyse von Wortkürzungen muss man i.d.R. auf die Strukturen, die den Kürzungen zugrunde liegen, zurückgreifen. Z.B. ist *Kripo* ← *Kriminalpolizei* zu behandeln wie ein zweigliedriges Determinativkompositum. *mfG* ›mit freundlichen Grüßen‹ ist zu behandeln wie eine PP, also wie eine syntaktische Struktur. Viele Beispiele sind allerdings hochgradig idiomatisiert, z.B. *Pop*$_{\text{N}}$, eine Kürzung aus *popular*$_{\text{Adj}}$ *music*$_{\text{N}}$. Dieser Sachverhalt veranlasst uns auch, die Wortkürzung als selbstständigen Wortbildungstyp zu integrieren und ihr nicht einen sekundären Status gegenüber der »Vollform« oder einen Platz bei den Wortschöpfungen zuzuweisen (vgl. 1.4.12 S. 43).

1.5.13 Wortkreuzung

Wortkreuzungen können nur dann semantisch analysiert werden, wenn sie ihre Durchsichtigkeit behalten haben und in ihre Ausgangslexeme dekomponiert werden können. Da es sich fast ausschließlich um nichtusuelle Bildungen handelt, die strukturell ambig sind, ist die semantische Interpretation selten eindeutig. Ein einheitlicher Bedeutungstyp ist nicht auszumachen. Zunächst einmal muss unterschieden werden zwischen Wortkreuzungen, denen ein regulärer Wortbildungstyp zugrunde liegt, und denjenigen, für die das nicht gilt. Im ersten Fall muss der entsprechende semantische Typ herangezogen werden, also z.B. bei *Hotelverführer* ein Determinativkompositum ›Verführer, der sich in einem Hotel befindet‹ (lokal), oder ›jemand, der zu(r Übernachtung in) Hotels verführt‹ (final) (wobei allerdings die Assoziation mit *Hotelführer* verlorengeht). Bei *Indiskretin* könnte eine NP *indiskreter Kretin* [fr. ›jmd., dessen Handeln/Benehmen für unvorstellbar dumm gehalten wird‹] zugrunde liegen, so dass also die Bedeutungsrelationen innerhalb einer NP heranzuziehen wären. Bei rein graphischen Blends wie *Phallobst* ist zunächst *Fallobst* ›Obst, das herabgefallen ist‹ (Eigenschaftszuweisung) zu berücksichtigen, ferner *Phall-*, also etwa ›Obst, das herabgefallen ist, mit der Form eines Phallus‹ (→ ›Banane‹).

Bei Kopf-Kopf-Bildungen wie *Milka* würde man am ehesten eine kopulative Struktur [›Milch und Kakao‹] zugrunde legen, doch verursacht hier der Wortbildungsakzent Probleme.

1.5.14 Reduplikation

Anders als Ortner/Ortner (1984, 92f.) nehmen wir nicht an, dass Reduplikationen Komposita sind: Dagegen spricht, dass die Bestandteile i.d.R. keine selbstständigen Lexeme sind, sondern Lautimitationen wie *wau* ohne identifizierbare Bedeutung, oder allenfalls an Lexeme erinnern wie *Schicki* an *schick.* Damit ist eine kompositionale Semantik unmöglich. Übrigens spricht auch der Akzent auf dem Zweitbestandteil gegen diese Einordnung. Wir schließen uns vielmehr Fleischer/Barz ([3]2007, S. 48) an, die einen eigenständigen Wortbildungstyp annehmen, da Reduplikationen trotz ihrer Doppelstruktur semantisch nur ein einfaches Lexem darstellen: So verweist *Wauwau* einfach auf den Hund, *tipptopp* bedeutet ›fehlerlos‹, *Ticktack* ›Uhr‹.

1.5.15 Rückbildung

Da hier nicht die normalen Ableitungsbeziehungen vorliegen, können auch nicht die für die jeweiligen Wortbildungstypen üblichen Bedeutungsexplikationen verwendet werden, also im Fall von *Fernseher* nicht ›jmd., der fern sieht‹, ›Instrument, um fernzusehen‹, sondern: ›Gerät für Television‹, → *fernsehen* nicht ›in die Ferne sehen‹, sondern ›Benutzung eines Gerätes für Television‹. Die Tatsache, dass die rückgebildeten Verben meist defektiv sind, erschwert zusätzlich die Paraphrasenbildung. Dies zeigt sich an den weiteren Beispielen: *Notlandung* ›Landung, die aus Not geschieht‹ (kausal), *notlanden* ›eine Notlandung machen‹; *Ehebruch* ›Bruch der Ehe‹; *ehebrechen* ›x begeht Ehebruch‹; *Staubsauger* ›Instrument, um Staub aufzusaugen‹; *staubsaugen* ›einen Staubsauger benutzen‹.

1.5.16 Übung zu semantischen Typen

Was verstehen Sie unter Wortbildungsbedeutung? Nennen Sie die semantischen Typen der folgenden Wortbildungsprodukte. Geben Sie die Paraphrase an, die Sie zur Verdeutlichung der Relationsbedeutung herangezogen haben. *Bananenschale, bleistiftmäßig, schulmeistern, Klarspüler, fällen, ausnüchtern, arschkalt, Fund, tipptopp.*

1.6 Strategie der Wortbildungsanalyse

1.6.1 Allgemeine Prinzipien

Die Analyse eines komplexen Wortbildungsprodukts sollte immer »von oben nach unten« erfolgen, d.h. die hierarchisch höchste Segmentation wird zuerst behandelt, erst dann die hierarchisch tieferen Segmentationen.

Bei jedem Analyseschritt sollten auch alternative Analysen berücksichtigt werden, z.B. alternative Gliederungen wie *Naturschutz-Gebiet* oder *Natur-Schutzgebiet.* Dabei sollte aufgrund von Argumenten (Wortbildungsmittel, Usualität der Segmente, direkter Weg von der Semantik der Bestandteile zur Semantik des komplexen Wortbildungsprodukts usw.) gezeigt werden, welche der möglichen Segmentationen die plausiblere ist.

Es ist sinnvoll, sich ein bestimmtes **Darstellungsschema** zurechtzulegen, also z.B. das verbreitete Baumdiagramm, das aber leider wenig geeignet ist für die Angabe des Wortbildungstyps, der Wortbildungsmittel usw. Dagegen ist es sehr übersichtlich. Flexibler ist das Tabellenschema (etwa so, wie für syntaktische Analysen üblich). Dabei wird das Wortbildungsprodukt (in seine morphologisch kleinsten Bestandteile zerlegt) in einer Spalte untereinander geschrieben. Die Schritte der Wortbildung bzw. umgekehrt der Wortbildungsanalyse werden i.d.R. durch geschweifte Klammern angegeben. Die Wortbildungsmittel Kategorie, Reihenfolge, morphologische Markierung, Wortbildungsakzent können in einzelnen Spalten vermerkt werden, ebenso die Wortbildungstypen und die Standardparaphrasen auf allen Wortbildungsebenen. Nachteile: relativ unübersichtlich, teilweise redundant; die hierarchische Strukturierung ist nicht unmittelbar sichtbar. Keines der Darstellungsverfahren kommt ohne Erläuterungen aus, in denen die problematischen Konstellationen erfasst und argumentativ behandelt werden.

Eine **Wortbildungsanalyse** sollte folgende Punkte enthalten:

- eine schrittweise hierarchische Analyse des Wortbildungsprozesses.
- auf allen Ebenen der Analyse die Wortbildungsmittel, also:
  - die Kategorie der beteiligten Elemente bzw. die kategoriale Regel.
  - die Reihenfolgeregel.
  - den Simplexakzent sowie den typischen Wortbildungsakzent.
  - die morphologische Markierung, also Binnenflexion, Fugenelemente, Umlaut, Ablaut.
- den Wortbildungstyp; alle Formmerkmale müssen unmittelbar damit in Beziehung gesetzt werden, und alle denkbaren Alternativen müssen hier diskutiert werden.
- auf allen Ebenen die Bedeutung der Bestandteile (nicht aber die der Simplizia), die durch den Bildungstyp induzierte Verknüpfungssemantik und

die Semantik des Wortbildungsprodukts. Geeignete Mittel der Bedeutungsangabe sind Paraphrase und Angabe des semantischen Typs (Relationstyp).

– den Grad der Lexikalisierung oder Idiomatisierung.

Achtung! Man sollte zwischen Formanalyse und semantischer Analyse trennen, v.a. dort, wo zwischen beiden Ebenen gravierende Divergenzen bestehen (z.B. *geheim*: Semantisch ein Simplex, aber formal ist die Präfigierung gut erkennbar).

1.6.2 Beispielanalyse des Wortes *Wortbildungslehre*

1) Komplexität: Es handelt sich um ein dreiteiliges Determinativkompositum, bei dem die Bestandteile b und c durch Suffigierung nominalisierte Verben sind.

2) Schematische Analyse

Wortbildungstyp	***Wort-***	***bild-***	***-ung***	*s*	***lehr-***	***-e***
Determinativkompositum N	***Wortbildung*** Determinans N			FE	***Lehre*** Determinatum N	
Determinativkompositum N	***Wort*** Determinans N	***Bildung*** Determinatum N				
Suffigierung N		***bild-*** V Basis	***-ung*** Suffix V→N		***lehr-*** V Basis	***-e*** Suffix V→N

3) Semantische Analyse

Wortbildungslehre: semantischer Typ: referentiell; Paraphrase: ›Lehre, die Wortbildung betrifft/zum Gegenstand hat‹.

Wortbildung: semantischer Typ: effiziertes Objekt (Rektionskompositum); Paraphrase: ›Bildung, die Wörter erzeugt‹. Bei deverbalen Abstrakta ist eine Paraphrase, die die Ebenen b) und c) zusammenfasst, plausibler: ›das, was Wörter bildet‹

Bildung: Abstraktbildung, nomen actionis zu *bild(en);* Paraphrase ›das, was gebildet wird‹ [+ andere Bedeutungen].

bild(en): Dieses Verb ist, wie etymologische Wörterbücher ausweisen, denominal, also von *Bild* abgeleitet. Eine rein synchrone Analyse hat nur ein mögliches Indiz dafür, nämlich die Tatsache, dass *bild(en)* ein schwaches Verb ist. Ansonsten könnte man hier auch von einem Stamm mit zwei kategorialen Merkmalen ausgehen: *bild-*$_{N,V}$

Lehre: Abstraktbildung, nomen actionis zu *lehr(en);* Paraphrase: ›das, was gelehrt wird‹.

4) Kommentare und Anmerkungen

a) Die Segmentation *Wortbildung-s-lehre* ist gegenüber der Segmentation *Wort-Bildungslehre* vorzuziehen, da das Kompositum *Wortbildung* lexikalisiert ist; *Bildungslehre* ist allenfalls als Ad-hoc-Bildung denkbar. Außerdem scheint die Paraphrase: ›Lehre, die Wortbildung zum Gegenstand hat‹ plausibler und in Richtung auf die vorgeschlagene Segmentation zu deuten.

b) *-s-* ist unparadigmatisches Fugenelement. Eine entsprechende Endung kommt im Paradigma von *Bildung* nicht vor.

c) Die kategoriale Markierung von *bild-* als Verb beruht auf der Suffigierung mit *-ung*, die regelmäßig von Verbstämmen ausgeht. Denkbar wäre sonst auch eine Kategorisierung als Substantiv aufgrund des möglichen Deklinationsparadigmas.

d) Die Zuweisung der kategorialen Markierung »Verb« zu *lehr-* beruht auf der Suffigierung mit *-e*, die regelmäßig von Verbstämmen ausgeht. Außerdem sprechen andere Ableitungen wie *Lehrer, lehrbar* etc. für eine verbale Basis.

e) Die Zuweisung der kategorialen Markierung »Substantiv« zu *Wort* erfolgt aufgrund des Deklinationsparadigmas von *Wort.*

1.6.3 Alternative Darstellung in einem Baumdiagramm

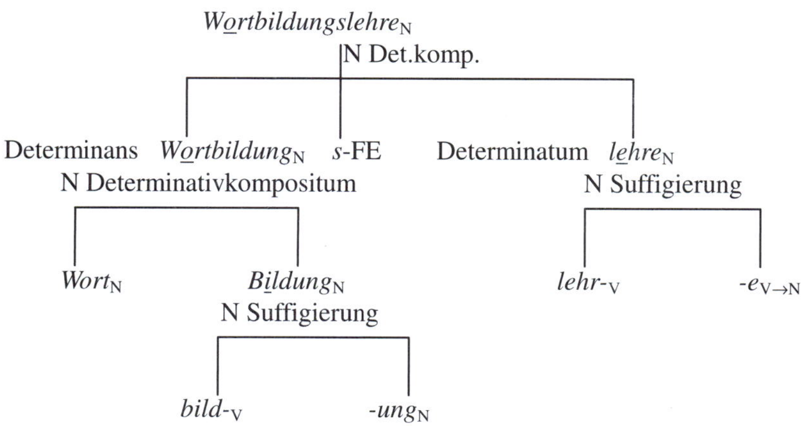

Diese Darstellung ist insgesamt übersichtlicher, wird aber in diesem Buch nicht verwendet, da sie drucktechnisch zu komplex und zu raumintensiv ist. – Man darf nicht vergessen, den Ausdrücken kategoriale Indices hinzuzufügen und auf jeder Stufe den Wortbildungstyp anzugeben. Ferner sollte die Lage des Wort(bildungs)akzents in geeigneter Weise angegeben werden.

1.7 Zur Gestaltung der Kapitel 2. bis 5.

In den folgenden Kapiteln werden die Besonderheiten der substantivischen, adjektivischen, verbalen und adverbialen Wortbildung behandelt. Diese Darstellungen setzen eine solide Kenntnis von Kapitel 1 voraus. Um Redundanzen zu vermeiden, werden Inhalte von Kapitel 1 möglichst nicht wiederholt, sondern es werden Querverweise auf die entsprechenden Abschnitte eingefügt. Die Darstellung folgt zwar weitgehend den in Kapitel 1 entwickelten Prinzipien, doch werden primär auffällige Erscheinungen und Besonderheiten explizit vermerkt.

Es war zunächst unsere Absicht, uns auf die nativen Wortbildungsmittel und -typen zu beschränken, und zwar aufgrund unserer Erfahrung, dass die Einbeziehung der **nichtnativen** Wortbildungsmittel und -typen einen unverhältnismäßigen Darstellungsaufwand verlangt und dass die Analyseaufgaben ungleich schwieriger sind. Die zahlenmäßige Bedeutung, insbesondere bei den Neubildungen, und die Tatsache, dass entsprechende Beispiele immer wieder in Prüfungen analysiert werden müssen, führte uns dann doch zu der Einsicht, dass wir darauf nicht verzichten können. Die Darstellung ist aber auf das Notwendigste beschränkt.

Zur Vertiefung:

Altmann, H./Ziegenhain, U. (^{3}2010): Prüfungswissen Phonetik, Phonologie und Graphemik. – Göttingen: Vandenhoeck & Ruprecht (= UTB 3323). [siehe im Stichwortregister unter »nativ« und »nichtnativ«]

Barz, I. (2008): Englisches in der deutschen Wortbildung. – In: Eichinger, L. M. e.a. (Hgg.), Wortbildung heute (Tübingen: Narr Francke Attempto), S. 39-60 (= Studien zur Deutschen Sprache 44).

Kastovsky, D. (2002): Einheimische und entlehnte Morphophonemik in der deutschen Wortbildung. – In: Habermann, M. e.a. (Hgg.), Historische Wortbildung des Deutschen (Tübingen: Niemeyer), S. 439-455 (= Reihe Germanist. Linguistik 232).

Lutz, A. (2002): Sprachmischung in der deutschen und englischen Wortbildung. – In: Habermann, M. e.a. (Hgg.), Historische Wortbildung des Deutschen (Tübingen: Niemeyer), S. 407-439 (= Reihe Germanist. Linguistik 232).

Müller, P. O. (2005): Deutsche Fremdwortbildung. Probleme der Analyse und der Kategorisierung. In: Müller, P. O. (Hg.), Fremdwortbildung. Theorie und Praxis in Geschichte und Gegenwart (Frankfurt a. M. usw.: Peter Lang), S. 199-218 (= Dokumentation Germanist. Forschung 6)

Ähnlich verhält es sich mit der Einstellung zu sprachgeschichtlichen Informationen. Wollten wir zunächst unsere Darstellung strikt synchron halten, so hat uns v.a. die besondere Problematik der adverbiellen Wortbildung, wo ein Verständnis vieler Konstellationen ohne sprachgeschichtliche Informationen nicht denkbar ist, zu Kompromissen gezwungen. Heute würden wir, wenn es keine Umfangsbeschränkung gäbe, die wenigen gesicherten sprachgeschichtlichen Untersuchungen zur Wortbildung systematisch einbeziehen.

Zur Vertiefung: [siehe auch 5.11 S. 182f.]
Habermann, M./Müller, P. O./Munske, H. H. (Hgg.) (2002): Historische Wortbildung des Deutschen. Tübingen: Niemeyer (= Reihe Germanist. Linguistik 232). – Siehe darin v.a. folgende Beiträge: Barz, I., Phraseologisch gebundene Wortbildungen, S. 455-459; Bergmann, R., Wortbildung in einem historischen Neuhochdeutschen Wörterbuch, S. 365-379; Eichinger, L. M., Nominale Wortbildung in Sachtexten des 18. Jahrhunderts, S. 341-365; Munske, H. H., Wortbildungswandel, S. 23-40; Panagl, O., Verbalabstrakta. Onomasiologische Vielfalt und semantischer Wandel, S. 59-74; Pavlov, V., Deverbale Nominalisierung im Frühneuhochdeutschen im Vergleich mit dem Neuhochdeutschen, S. 227-244; Pimenova, N., Die semantische Stellung von deverbalen *î(n)*-Nomina im althochdeutschen Wortbildungssystem, S. 137-158; Polenz, P. von, Historische Wortbildung und Sprachbewusstseinsgeschichte, S. 459-465; Reichmann, O., Wortbildungsfelder des Frühneuhochdeutschen. Aufbau, Probleme ihrer lexikographischen Behandlung, sprachgeschichtliche Perspektiven, S. 245-269; Seebold, E., Was ist synchronische Wortbildungslehre? Was ist diachronische Wortbildungslehre?, S. 13-22; Simmler, F., Pseudomorpheme. Ermittlungsmethoden, Typologie und Sprachgeschichte, S. 75-104; Wegera, K.-P./Solms, H.-J., Wortbildung des Mittelhochdeutschen. Zur Methode und zum Stand ihrer Erforschung, dargestellt am Beispiel der Diminutive, S. 159-170.
Scherer, C. (2006): Was ist Wortbildungswandel? – In: Ling. Berichte 205, S. 3-29.

Leider gibt es, jedenfalls nach unserer Kenntnis, derzeit kein Wörterbuch, das Wortbildungsaspekte explizit und systematisch in seine Darstellung einbeziehen würde. Eine reine Nennung und Aufzählung von Beispielen hat auch wenig Nutzen, da jedes einzelne Wort Kommentare zu den gemeinten Lesarten, zum Idiomatisierungsgrad usw. erfordern würde – und das gilt auch für dieses Buch. Beinahe zu jedem Beispiel wären Hinweise zu weiteren Lesarten und weiteren möglichen Strukturanalysen usw. nötig, aber dann wäre das Buch kaum mehr für die Prüfungsvorbereitung geeignet.

Die vorliegende Darstellung kann nicht auf Vollständigkeit ausgerichtet sein. Ihr Ziel ist es, zur Analysefähigkeit zu führen, indem sie die dazu notwendigen Prinzipien und Darstellungstechniken vermittelt.

1.8 Allgemeine Literaturhinweise zur Wortbildung

Lexika

Bußmann, H. ([4]2008): Lexikon der Sprachwissenschaft. 4., durchgesehene und bibliographisch ergänzte Auflage unter Mitarbeit von H. Lauffer. – Stuttgart: Kröner.
Glück, H. (Hg.) ([3]2005): Metzler Lexikon Sprache. 3., neu bearb. Aufl. – Stuttgart: Metzler.

Bibliographien zur Morphologie und zur Wortbildung

Eichinger, L. M. (1994): Deutsche Wortbildung. – Heidelberg: Groos. (= Studienbibliographien Sprachwissenschaft 10).
Eisenberg, P./Gusovius, A. (1985): Bibliographie zur deutschen Grammatik. 1965-1983. – Tübingen: Narr.
Eisenberg, P./Wiese, B. (1995): Bibliographie zur deutschen Grammatik 1984-1994. 3. aktual. und erw. Aufl. – Tübingen: Stauffenburg (= Studien zur deutschen Grammatik 26).
Frosch, H./Schneider, R./Strecker, B./Eisenberg, P. (2004): Bibliographie zur deutschen Grammatik. 1994-2002. – Tübingen: Stauffenburg (= Studien zur deutschen Grammatik 68).

Frosch, H./Schneider, R./Strecker, B. (2008): Bibliographie zur deutschen Grammatik. 2003-2007. Tübingen: Stauffenburg (= Studien zur deutschen Grammatik 76).

Der Inhalt der letzten vier Bände ist auch bequem verfügbar über die Bibliographische Datenbank des Informationssystems GRAMMIS am Institut für deutsche Sprache in Mannheim (IdS): <http://www.ids-mannheim.de> [Startseite des IdS; dort unter »laufende Projekte«] Dieses Informationssystem bietet mit seinem Glossar weitere sehr nützliche Hilfsmittel.

Wörterbücher

Augst, G. (1975): Lexikon zur Wortbildung. Morpheminventar Bd. 1-3. – Tübingen: Narr.

Duden. Deutsches Universalwörterbuch (2006). 6., überarbeitete und erweiterte Auflage. – Mannheim: Dudenverlag.

Dudenredaktion (Hg.) (2009): Duden. Die deutsche Rechtschreibung. 25., völlig neu bearb. u. erweiterte Aufl. – Mannheim: Dudenverlag (= Der Duden 1).

Kluge, F./Seebold, E. (2002): Etymologisches Wörterbuch. 24., erw. Auflage. – Berlin: de Gruyter.

Einführungen, Gesamtdarstellungen, Sammelbände

Barz, I./Schröder, M./Hämmer, K./Poethe, H. (2007): Wortbildung – praktisch und integrativ. Ein Arbeitsbuch. 4., überarb. Aufl. – Frankfurt a. M.: P. Lang (= Leipziger Skripten).

Barz, I. (2005): Die Wortbildung. – In: Duden. Die Grammatik. 7., völlig neu erarb. u. erw. Aufl., hg. von der Duden-Redaktion (Mannheim etc.: Dudenverlag), S. 641-772.

Booij, G. E./Lehmann, Ch./Mugdan, J. (Hgg.) (2000/2004): Morphologie. Ein internationales Handbuch zur Flexion und Wortbildung. 1. Tlbd. 2000/2. Tlbd. 2004. – Berlin etc.: de Gruyter (= Handbücher der Sprach- und Kommunikationswissenschaft). [Die hier einschlägigen Beiträge sind bei den entsprechenden Kapiteln zitiert]

Deutsche Wortbildung. Typen und Tendenzen in der Gegenwartssprache. – Düsseldorf: Schwann 1973-1978. Berlin etc.: de Gruyter 1991-1992.
1. Hauptteil: Das Verb. Kühnhold, I./Wellmann, H. (1973).
2. Hauptteil: Das Substantiv. Wellmann, H. (1975).
3. Hauptteil: Das Adjektiv. Kühnhold, I./Putzer, O./Wellmann, H. (1978).
4. Hauptteil: Substantivkomposita. Ortner, L./Müller-Bollhagen, E. e.a. (1991).
5. Hauptteil: Adjektivkomposita und Partizipialbildungen. Pümpel-Mader, M. e.a. (1992).

Donalies, E. (2005): Die Wortbildung des Deutschen. Ein Überblick. 2., überarb. Aufl. – Tübingen: Narr (= Studien zur deutschen Sprache 27).

Donalies, E. (2007): Basiswissen Deutsche Wortbildung. – München: Francke (= UTB 2876 M)

Eichinger, L. M. (2000): Deutsche Wortbildung. Eine Einführung. – Tübingen: Narr.

Eichinger, L. M. (2006): 78. Dependenz in der Wortbildung. – In: Agel, Vilmos e.a. (Hgg.), Dependenz und Valenz, 2. Halbband (Berlin etc.: de Gruyter), S. 1064-1080.

Eisenberg, P. (1998): Grundriß der deutschen Grammatik. Bd. 1 Das Wort. – Stuttgart. Weimar: Metzler. (v.a. Kap. 6, 7). – Motsch, Wolfgang (2000): Rez. Peter Eisenberg, Grundriß der deutschen Grammatik. Bd. 1: das Wort. – In: ZS f. Sprwsch. 19:2, S. 304-307.

Erben, J. (2006): Einführung in die deutsche Wortbildungslehre. 5., durchgesehene u. erg. Aufl. – Berlin: E. Schmidt (= Grundlagen der Germanistik 17).

Fleischer, W./Barz, I. (^{3}2007): Wortbildung der deutschen Gegenwartssprache. 3., unveränd. Aufl. Tübingen: Niemeyer.

Gersbach, B./Graf, R. (1984): Wortbildung in gesprochener Sprache: die Substantiv-, Verb- und Adjektivzusammensetzungen und Ableitungen in »Häufigkeitswörterbuch gesprochener Sprache«. Bd. 1. – Tübingen: Niemeyer.

Gersbach, B./Graf, R. (1985): Wortbildung in gesprochener Sprache: die Substantiv-, Verb- und Adjektivzusammensetzungen und Ableitungen in »Häufigkeitswörterbuch gesprochener Sprache«. Bd. 2. – Tübingen: Niemeyer.

Heringer, H. J. (1984): Wortbildung: Sinn aus den Chaos. – In: Deutsche Sprache 12, S. 1-13.

Lohde, M. (2006): Wortbildung des modernen Deutschen. Ein Lehr- und Übungsbuch. – Tübingen: Narr (= Narr Studienbücher).

Motsch, W. (2004): Deutsche Wortbildung in Grundzügen. 2., überarb. Aufl. – Berlin etc.: de Gruyter (= Schriften des Instituts f. dt. Sprache 8).

Naumann, B. (2000): Einführung in die Wortbildungslehre des Deutschen. 3., neubearb. Aufl. – Tübingen: Niemeyer (= Germanistische Arbeitshefte 4).

Olsen, S. (1986): Wortbildung im Deutschen. Eine Einführung in die Theorie der Wortstruktur. – Stuttgart: Kröner.

Pavlov, V. (2009): Deutsche Wortbildung im Spannungsfeld zwischen Lexikon und Syntax. – Frankfurt/Main etc.: P. Lang.

Rickheit, M. (1993): Wortbildung. Grundlagen einer kognitiven Wortsemantik. – Opladen: Westdeutscher Verlag.

Römer, Ch. (2006): Morphologie der deutschen Sprache. – Tübingen: Narr (= UTB 2811 M).

Simmler, F. (1998): Morphologie des Deutschen. – Berlin.

Wortbildung im Spracherwerb

Guttropf, A./Meibauer, J. (2003): Konzeptuelle Entwicklung und Wortbildungserwerb. Eine empirische Studie zum PERSON- und OBJEKT-Konzept. – In: Haberzettl, S./Wegener, H. (Hgg.), Spracherwerb und Konzeptualisierung (Frankfurt: P. Lang), S. 139-159.

Meibauer, J./Guttropf, A./Scherer, C. (2004): Dynamic aspects of German *-er*-nominals: a probe into the interrelation of language change and language acquisition. – In: Linguistics 42:1, S. 155-193.

Theoretische Ansätze

Elsen, H./Michel, S. (2007): Wortbildung im Sprachgebrauch. Desiderate und Perspektiven einer etablierten Forschungsrichtung. – In: Muttersprache 2007:1, S. 1-16.

Elsen, H./Michel, S. (2009): Beispiel Wortbildung – Die Erhebung und Interpretation von Daten. – In: ZS für Sprachwissenschaft 28:1, S. 163-168.

Lipka, L. (1994): Wortbildung, Metapher und Metonymie. Prozesse, Resultate und ihre Beschreibung. – In: Münstersches Logbuch zur Linguistik 5, S. 1-5.

Meibauer, J. (2003): Phrasenkomposita zwischen Wortsyntax und Lexikon. – ZS f. Sprachwissenschaft 22:2, S. 153-188.

Michel, S. (Hg.) (2011): Randphänomene der Wortbildung im Deutschen. Diachrone und synchrone Untersuchungen. – Hannover: ibidem. (= PGL 2)

Toman, J. (1987): Wortsyntax. Eine Diskussion ausgewählter Probleme deutscher Wortbildung. 2. Aufl. – Tübingen: Niemeyer (= Linguistische Arbeiten 137).

Wolf, N. R. (2002): Wörter bilden. Grundzüge der Wortbildungslehre. – In: Dittmann, J./Schmidt, C. M. (Hgg.), Über Wörter. Grundkurs Linguistik (Freiburg: Rombach), S. 59-86.

Wunderlich, D. (1986): Probleme der Wortstruktur. – In: Zeitschrift für Sprachwissenschaft 5, S. 209-252.

Wortbildung und Literatur:

Handler, P. (1993): Wortbildung und Literatur. Panorama einer Stilistik des komplexen Wortes. – Frankfurt a. M.

Peschel, C. (2002): Zum Zusammenhang von Wortneubildung und Textkonstitution. – Tübingen: Niemeyer (= Reihe Germ. Ling. 237).

2. Substantivische Wortbildung

2.1 Merkmale der Kategorie Substantiv

Substantiva sind morphologisch dadurch ausgezeichnet, dass sie deklinierbar sind, d.h. dass sie nach den Kategorien Numerus und Kasus flektiert werden können. Dabei ist die Kasusflexion, v.a. bei der sog. schwachen Deklination, hochgradig ambig. Substantiva sind i.d.R. nicht genusmarkiert: Genus ist normalerweise eine lexikalische Kategorie, die man einfach mit dem betreffenden Substantiv lernen muss, keine morphologische Kategorie, die man an den Flexionsendungen des Substantivs erkennen würde, vergleiche etwa die Variabilität bei *der/das Teil, der/die Butter*. Die meisten Nominalisierungssuffixe weisen allerdings ein bestimmtes Genus zu, z.B. *-ung* und das Movierungssuffix *-in* das Merkmal [+fem.].

Die Einteilung der Substantiva in Flexionsklassen ist umstritten. Meist werden starke, schwache und gemischte Deklination unterschieden. Die Zuordnung zu einem Flexionstyp ist im Unterschied zu den Adjektiven stabil, außer bei deutlich verschiedenen Lesarten wie *der/das Gehalt, der/das Schild*, *der/das Band*. – Syntaktisch gesehen bilden Substantiva den Kern von Nominalphrasen und können von einem Artikel begleitet werden.

2.2 Verteilung der substantivischen Wortbildungstypen

An der substantivischen Wortbildung orientiert sich die Darstellung der Wortbildungstypen in Abschnitt 1.4: Alle dort behandelten Wortbildungstypen sind auch in der substantivischen Wortbildung vorhanden, und deshalb wird sie als erste dargestellt. Dabei sind **Zusammenrückungen** und **Zusammenbildungen** relativ selten und von begrenzter Produktivität, doch im Wortartenvergleich kommen hier – abgesehen von den Adverbien – die meisten Beispiele vor. Auch die **Kopulativkomposita** sind relativ selten, die diskutierten Beispiele sehr umstritten, die Produktivität hält sich in engen Grenzen. Im Gegensatz dazu sind die **Determinativkomposita** bei den Substantiva am stärksten entwickelt: Ihre Zahl ist schier unüberschaubar, ebenso die praktisch unbegrenzte Iterierbarkeit; die Produktivität ist unbegrenzt. **Steigerungsbildungen** nehmen einen relativ wichtigen Rang ein, doch ist ihre Produktivität begrenzt.

Die **Präfigierung**, der in den meisten Darstellungen ein vergleichsweise bedeutender Platz eingeräumt wird, spielt in unserem Ansatz eine eher marginale

Rolle, während die **Suffigierung** einen relativ breiten Raum einnimmt. Allerdings konzentriert sich die Produktivität auf einige wenige Suffixe. **Umlaut-** und v.a. **Ablautbildungen** sind von historischem Interesse. Die **lexikalische Konversion** kann eher als Nische gekennzeichnet werden, während fast alle Prozesse der **grammatischen Transposition** auf das Substantiv zu laufen. **Kurzwortbildung, Kontamination** und **Reduplikation** sind fast ausschließlich eine Erscheinung der substantivischen Wortbildung und nehmen hier einen sehr breiten Raum ein. **Rückbildungen** nehmen eher von Substantiven ihren Ausgang als dass sie darauf zu führen. Wortartspezifische Muster wie etwa die Partikelverben bei den Verben kommen hier nicht vor.

2.3 Substantivische Zusammenrückungen (vgl. 1.4.2/1.5.2)

- Kategoriale Füllung:
  - NP: Adj. + N: *Hoherpriester/Hoher Priester, Hoheslied/Hohes Lied, Langeweile.*
  - NP: N + Gen.Attr.: *Muttergottes/Mutter Gottes.*
  - NP: Num. + N (+ N): *Dreigroschen(oper), Zehnpfennig(stück)* (Determinativkomposita mit Zusammenrückung als Erstglied).
  - AdjP: Adv. + Adj.: *Gernegroß, Immergrün, Nimmersatt.*
  - AdjP: Num. + Adj.: *Neunmalklug, Siebengescheit.*
  - PP: Präp. + NP: *das Durcheinander, Vor-/Nachmittag.*
  - Adv. + Adv.: *Links-/Rechtsaußen* (auch: *Links-/Rechtsaußen*).
  - Partikel + Präp.: *Garaus.*
  - N + V-Stamm: *Fingerzeig, Haushalt, Prämienklau, Zeitvertreib.*
  - V + Präp. bzw. Verbpartikel: *Kehraus, Reißaus, Schluckauf.*
  - V + Adj./Adv.: *Dankeschön, Lebewohl, Möchtegern.*
- Die Kategoriezuweisung basiert nicht auf der Kategorie eines der Bestandteile, sondern auf der syntaktischen Funktion der ursprünglichen Struktur.
- Wortbildungsakzent: meist wie in der parallelen syntaktischen Struktur (*Menschärgeredichnicht*), teilweise aber auch Verlagerungen nach links durch Kontrast und Emphase: *Vormittag, Nimmersatt.*
- Morphologische Markierung: Binnenflexion oder Markierung nach der ursprünglichen syntaktischen Verwendung.
- Reihenfolgemarkierung: wie in der parallelen syntaktischen Struktur.
- Funktion: Semantik meist entsprechend der parallelen syntaktischen Struktur (»Nullrelation«), aber starke Tendenz zur Idiomatisierung.

2.3.1 Übung zu substantivischen Zusammenrückungen

Begründen Sie unter Zuhilfenahme von substantivischen Beispielen, warum der Wortbildungstyp der Zusammenrückung auch in einer synchronen Wortbildungstheorie Berechtigung hat.

2.4 Substantivische Zusammenbildungen (vgl. 1.4.3/1.5.3)

- Kategoriale Füllung:
  - N + V + Suffix$_N$: *Grundsteinlegung, Schriftsteller, Vogelscheuche.*
  - Adj. + V + Suffix$_N$: *Leisetreter, Schadloshaltung.*
  - Adj. + N + Suffix$_N$: *Dickhäuter, Altsprachler.*
  - Adv. + N + Suffix$_N$: *Rechtshänder.*
  - Num. + N + Suffix$_N$: *Zehnpfünder, Vierundzwanzigflächner.*
  - N + V + N: *Zahnputzglas, Minenräumboot.*
  - Adj./Num. + N + N: *Altweibersommer, Fünfjahresplan.*
  - Kategoriebestimmend ist das Letztglied.
- Wortbildungsakzent: Wenn sich UK$_1$ und UK$_2$ wie ein Determinativkompositum (*Mehrkornbrot*) oder wie eine VP-Zusammenrückung (*Weichpfleger*) verhalten, dann auf dem Erstelement; wenn UK$_1$ und UK$_2$ die Merkmale einer NP-Zusammenrückung zeigen, dann meist auf der zweiten Konstituente: *Altweibersommer.*
- Reihenfolgemarkierung: Bei Teilstrukturen, die wie Zusammenrückungen wirken, wie in der parallelen syntaktischen Struktur; bei Teilstrukturen, die wie Determinativkomposita wirken, Determinans vor Determinatum; bei Suffigierung Suffix nach Basis.
- Morphologische Markierung: keine Hinweise auf Binnenflexion, kaum Fugenelemente (*-weiber-, Minen-, -jahres-*).
- Funktion:
  - Zusammenbildungen mit Suffix als Letztkonstituente (zu weiteren semantischen Typen subst. Suffigierungen siehe auch 2.9.4 S. 100):

Bezeichnungstyp nach Art der semantischen Beziehung zwischen Suffix und syntaktischer Struktur		
nomen instrumenti	*Durstlöscher* *Klarspüler*	›etwas, mit dem man Durst löscht‹
nomen agentis	*Machthaber* *Altsprachler*	›jemand, der Macht (inne)hat‹
nomen facti/instrum.	*Stellungnahme*	›etwas, mit dem man Stellung nimmt (zu etwas)‹
nomen actionis	*Grundsteinlegung*	›Vorgang, bei dem ein Grundstein gelegt wird‹

– Zusammenbildungen aus drei Lexemen (zu weiteren semantischen Typen substantivischer Determinativkomposita siehe auch 2.6.3 S. 77ff.)

Bezeichnungstyp nach Art der semantischen Beziehung zwischen NP/VP und Letztkonstituente		
affizierend	*Minenräumboot*	›Boot, das Minen räumt‹
temporal(-durativ)	*Fünfjahresplan*	›Plan, der einen Zeitraum von fünf Jahren umfasst‹
idiomatisiert	*Altweibersommer*	

Zur Vertiefung: Siehe 1.4.3, ferner:

Joeres, R. (1995): Wortbildung mit *-macher* im Althochdeutschen, Mittelhochdeutschen und Neuhochdeutschen. – Heidelberg: Winter.

2.4.1 Übung zu substantivischen Zusammenbildungen

a) Analysieren Sie die folgenden Zusammenbildungen formal und semantisch: *Weißmacher, Minenräumboot, Liebhaber.*
b) Worin besteht die Problematik des Kriteriums, dass in einer Zusammenbildung weder die Konstituenten a + b noch b + c frei vorkommen? (Siehe 1.4.3 S. 33).

2.5 Substantivische Kopulativkomposita (vgl. 1.4.4/1.5.4)

Wie in 1.4.4 S. 34 betont handelt es sich hierbei um einen sehr umstrittenen Wortbildungstyp. Meist wird eine Zuordnung der Beispiele nach vagen semantischen Kriterien vorgenommen.

- Kategoriale Füllung: nur N + N: *Marxismus-Leninismus;* kategoriebestimmend ist die Kategorie der Bestandteile.
- Morphologische Markierung: keine, v.a. keine Fugenelemente.
- Reihenfolgemarkierung: prinzipiell vertauschbar, tatsächlich aber meist lexikalisiert.
- Wortbildungsakzent: Nebenakzent auf der ersten Konstituente, Hauptakzent auf der letzten: *Arztkosmonaut.*
- Funktion: immer additiv, z.T. mit Zusatzmerkmalen wie adversativ.
  - Berufsbezeichnungen: *Arztkosmonaut, Dichterkomponist* (nicht usuell).
  - Namen: *Marie-Luise, Österreich-Ungarn, Schleswig-Holstein.*
  - Himmelsrichtungen: *Nordost , Südwest.*
  - Kohyponyme: *Marxismus-Leninismus.*

  Sowohl eine kopulative als auch eine determinative Struktur kann Bildungen wie *Fürstbischof* zugrunde gelegt werden: ›Fürst und Bischof‹, aber auch ›gefürsteter Bischof‹. Bildungen, deren Zweitkonstituente ein Hyperonym der Erstkonstituente ist, zählen wir aufgrund morphologischer Charakteristika wie Einsatz von Fugenelementen und Akzent zu den Determinativkomposita (auch: »verdeutlichende Komposita«) des Typs explikativ, z.B. *Jeanshose, Hurenweib, Rindvieh, Erfolgserlebnis.*

Zur Vertiefung:

Breindl, E./Thurmair, M. (1992): Der Fürstbischof im Hosenrock. Eine Studie zu den nominalen Kopulativkomposita des Deutschen. – In: Deutsche Sprache 20, S. 267-272. [Traditionelles, v.a. bedeutungsorientiertes Herangehen, das nicht unserem Ansatz entspricht].

2.5.1 Übung zu substantivischen Kopulativkomposita

Erläutern Sie an einem Beispiel die Problematik der Abgrenzung von substantivischen Kopulativ- und Determinativkomposita.

2.6 Substantivische Determinativkomposita (vgl. 1.4.5/1.5.5)

Hierbei handelt es sich um einen typisch substantivischen Wortbildungstyp, gegenwärtig mit der höchsten Produktivität.

- Kategoriale Füllung:
  - N + N: *Betriebsrat, Haustür, Kinderkleidung, Tagesreise.*
  - Adj. + N: *Altpapier, Dickwanst, Trockenfleisch, Weißglas.*
  - V + N: *Kaugummi, Rasierschaum* (V-Stamm); *Reibekäse, Sägeblatt* (V-Stamm + *e*); *Kannbestimmung, Sollseite* (fin. V), *Zeichenstift, Rechenstift* (Variante Inf. I).
  - Adv. + N: *Linksdrall, Rücksprache, Sofort-Wirkung.*
  - Partikel + N: *Abgas, Anrecht, Aufgeld, Umfeld.*
  - Konfix + N: *Hydro-Gel, Mikropartikel, Multivitamin.*

  Das Letztelement ist kategoriebestimmend.
- Wortbildungsakzent: Hauptakzent auf dem Determinans, Nebenakzent auf dem Determinatum: *Früchtetraum.*
- Reihenfolgemarkierung: Determinans vor Determinatum.
- Morphologische Markierung: z.T. Fugenelemente.

2.6.1 Exkurs »Suffixoide«

In zahlreichen, primär bedeutungsorientierten Wortbildungs-Darstellungen werden folgende Letztelemente von nominalen Wortbildungen unter die »Suffixoide« oder gar unter die Suffixe gerechnet:

-gut: *Formel-, Ideen-, Stück-, Wort-.*

-kram: *Eisen-, Formel-, Galanterie-, Papier-.*

-kreis: *Arbeits-, Aufgaben-, Bekannten-, Benutzer-, Dichter-.*
-leute: *Dorf-, Geschäfts-, Manns-, Nachbars-, Reiters-, Spiel-.*
-material: *Arbeits-, Beweis-, Film-, Heiz-, Propaganda-, Schreib-.*
-reich: *Pflanzen-, Tier-.*
-volk: *Bauern-, Griechen-, Hirten-, Hühner-, Kriegs-, Land-, Reiter-.*
-welt: *Damen-, Frauen-, Ideen-, Pflanzen-, Tier-, Vorstellungs-.*
-werk: *Ast-, Busch-, Fach-, Flecht-, Zahlen-.*
-wesen: *Auskunfts-, Druck-, Gesundheits-, Haushalts-, Rettungs-.*
-zeug: *Lumpen-, Papier-, Schuh-.*

Als Argumente für diese Zuordnung werden die semantische Entleerung des Letztbestandteils, ferner die Reihenbildung und der fragwürdige Status als selbstständiges Lexem angeführt. Nun ist der Status des selbstständigen Lexems als Voraussetzung für die Zuordnung zu den Komposita ohnehin bei den nichtnativen Bestandteilen problematisch, eine allzu enge Auslegung dieses Kriteriums ist also nicht angebracht. Die semantische Entleerung ist eine normale Erscheinung der Univerbierung/Usualisierung, und die Reihenbildung schließlich ist vollends problematisch, da fast alle geläufigen Bestandteile von Komposita in zahlreichen Verbindungen vorkommen (vgl. *-tür* als Letztelement). Mehr Gewicht, wenn auch nicht zwingenden Charakter hätte erst der Nachweis, dass ein mehrfach auftretendes Letztelement in diesen Beispielen immer in derselben, von der »Normalbedeutung« deutlich unterschiedenen Bedeutung (»semantische Nische«) auftritt, am besten in zwei kontrastierenden Reihen. Diesen Nachweis versucht Wellmann (1975, 165ff.) im Fall von *-werk*. Er vergleicht die oben angeführten Beispiele mit *Standardwerk, Bühnenwerk, Autowerk,* die er als Determinativkomposita einordnet. Wir sehen auch in diesen drei Beispielen erhebliche Unterschiede im Bedeutungsbeitrag von *-werk,* wie auch in der obigen Beispielsreihe eine beträchtliche Variation vorliegt (siehe dazu die Bedeutungsangaben in einem Wörterbuch!).

Aus unserer Sicht gibt es keinen zwingenden Grund, die genannten Beispiele nicht zu den Determinativkomposita zu rechnen, doch ist unsere Position hier im Vergleich zu den entsprechenden Präfixoidbildungen schwächer, da es in historischer Sicht sehr wohl Übergänge zwischen Determinativkomposita und Suffigierungen gibt, etwa im Fall von *-lich*, mhd. *-lîch*.

2.6.2 Exkurs »Präfixoide«

Ebenso werden die folgenden Erstelemente von nominalen Wortbildungen häufig unter die Präfixoide oder gar unter die Präfixe gerechnet:

Alt-: *-bundespräsident, -bürgermeister, -geselle, -meister.*
Ex-: *-kanzler, -könig, -meister, -präsident.*

Ko-: *-pilot;* Varianten: *Kol-, Kon-, Kor-; Kol-laborateur, Kom-militone, Konrektor, Ko-Text, Ko-Hyponym, Ko-Konstituenten.*
Maxi-: *-kleid, -mode, -rock.*
Mini-: *-car, -golf, -kleid, -pille, -rock, -preise, -spion.*
Miss-: *-behagen, -bildung, -erfolg, -ernte, -gunst, -ton, -vergnügen.*
Mit-: *-autor, -begründer, -besitz, -bewerber, -bruder, -bürger.*
Nicht-: *-achtung, -anerkennung, -christ, -raucher, -verstehen.*
Vize-: *-admiral, -bürgermeister, -kanzler, -konsul, -präsident.*

Als Argumente für diese Zuordnung werden ebenfalls die semantische Entleerung, die Reihenbildung und der fragwürdige Status als selbstständiges Lexem angeführt. Dagegen führen wir die gleichen Argumente an wie in 2.6.1, und auch hier konstatieren wir, dass die fraglichen Erstelemente in diesen Beispielen keineswegs immer in derselben, von der »Normalbedeutung« deutlich unterschiedenen Bedeutung auftreten. Stattdessen sprechen der Akzent auf dem Erstelement, die Art der kompositionellen Bedeutung usw. aus unserer Sicht eindeutig für die Zuordnung zu den Determinativkomposita, zumal auch in historischer Sicht kein Weg von Determinativkomposita zu Präfigierungen führt.

Auch ***miss-*** gehört aus unserer Sicht nicht zu den nominalen Präfixen. Da es aber häufig so behandelt wird, wird die Datenlage kurz skizziert:

- *Miss-* + N (Gruppe 1): *Missetat, Missgeburt, Missgriff, Missklang, Misston.* Historisch gesehen handelt es sich dabei um deverbale Ableitungen, wobei die Basisverben (*missetun, missgreifen, misstönen,* vgl. 4.4.2 S. 142) verloren gegangen sind. Synchron sind sie wohl als Determinativkomposita mit Erstelement *Miss-* zu analysieren, wobei allerdings der kategoriale Status des Erstglieds *Miss-* unklar ist. Es weist auch heute noch Restmerkmale eines selbstständigen Lexems auf, vgl. *etwas nicht missen wollen, vermissen, misslich.*
- *Miss-* + N (Gruppe 2): *Missernte, Missmut, Misswirtschaft.* Aus unserer Sicht handelt es sich dabei synchron um Determinativkomposita (zum kategorialen Status des Erstglieds *Miss-* siehe oben).
- Nominalisierungen von *miss-* + V: *Missfallen, Misstrauen, Missbrauch, Missachtung, Missbilligung, Misshandlung.* Es handelt sich dabei ausnahmslos um deverbale Konversionen (beachte den Akzentumsprung) bzw. um Suffigierungen, also nicht um nominale Präfigierungen.

Zur Vertiefung: [Die große Zahl von Titeln zeigt die Intensität der Diskussion]

Motsch, W. (1996): Affixoide. Sammelbezeichnung für Wortbildungsphänomene oder linguistische Kategorie? – In: Deutsch als Fremdsprache 33:3, S. 160-168.

Sánchez Hernández, P. (2009): Über die suffixoidale Funktion bestimmter Personennamen. – In: Muttersprache. Zeitschrift zur Pflege und Erforschung der deutschen Sprache 1, S. 66-75.

Schmidt, G. D. (1987): Das Affixoid. Zur Notwendigkeit und Brauchbarkeit eines beliebten Zwischenbegriffs der Wortbildung. – In: Hoppe, G. e.a. (Hgg.), Deutsche Lehnwortbildung (Tübingen: Narr), S. 53-101 (= Forschungsberichte des Instituts für deutsche Sprache 64). [fasst alle wesentlichen Argumente gegen den Affixoid-Begriff sehr gut zusammen; in der Folge meist nicht beachtet]

Schmidt, G. D. (2005): *Super-* und *top-*. Ein Vergleich von zwei im Deutschen heute produktiven Lehnpräfixen. – In: Müller, P. O. (Hg.), Fremdwortbildung (Ffm.: P. Lang), S. 407-416.

Schu, J. (2005): Zwischen Grundmorphem und Affix. – In: Deutsche Sprache 33, S. 258-286.

Stevens, Ch. M. (2005): Revisiting the Affixoid Debate: On the Grammaticalization of the Word. – In: Leuschner, T. e.a. (Hgg.), Grammatikalisierung im Deutschen (Berlin etc.: de Gruyter), S. 71-84.

Stein, S. (2008): Affixoide – Überlegungen aus semantischer und pragmatischer Perspektive zu einer umstrittenen Einheit der Wortbildung. – In: Pohl, I. (Hgin.), Semantik und Pragmatik. Schnittstellen (Frankfurt a.M. etc.: P. Lang), S. 179–216.

Wellmann, H. (1975): Deutsche Wortbildung. Typen und Tendenzen in der Gegenwartssprache. 2. Hauptteil. Das Substantiv. – Düsseldorf: Schwann.

2.6.3 Wichtige semantische Typen der nominalen Determinativkomposita

Substantiv + Substantiv	**Beispiele**	**Paraphrase**
Bezeichnungstyp nach der Bedeutungskategorie der ergänzenden Verbprädikation		
affizierend: Eine Größe wird nach dem affizierten Objekt der Actio benannt: *tun*-Prädikation	*Brotmaschine* *Wäscheplatz* *Bierabend*	›Maschine, mit der Brot geschnitten wird‹
effizierend: Eine Größe wird nach dem effizierten Objekt der Actio benannt; *tun*-Prädikation mit hervorbringender Bedeutung	*Honigbiene* *Stromgenerator* *Prosaschriftsteller*	›Biene, die Honig produziert‹
possessiv: Eine Größe wird nach dem benannt, was sie besitzt, trägt oder erhält: *haben*-Prädikation	*Ölscheich* *Stahlbaron* *Hausherr*	›Scheich, der Öl besitzt‹
partitiv/soziativ: Eine Größe wird nach ihren partitiven oder soziativen Beziehungen zu einer übergeordneten Größe benannt: *haben*-Prädikation	*Dornenhecke* *Vereinsmitglied* *Nationalspieler*	›Hecke, die Dornen hat‹ ›Mitglied, das einem Verein angehört‹
konstitutional: Ein Komplex wird bezeichnet: *bilden*-Relation	*Patientenkollektiv* *Menschengruppe*	›Kollektiv, das aus Patienten gebildet wird‹
substantiell/material: Eine Größe wird nach ihrem (Ausgangs-)Material/Bestandteil benannt: *bestehen-aus*-Prädikation	*Ledertasche* *Granitfelsen* *Hafermüsli* *Lehmboden*	›Tasche, die aus Leder besteht‹
explikativ: Eine Gleichsetzung von zwei Größen wird bezeichnet: *sein*-Prädikation	*Verlustgeschäft* *Amateurbiologe* *Unsicherheitsfaktor*	›Geschäft, das ein Verlust ist‹
komparational: Zwei Größen sind durch eine die Ähnlichkeit signalisierende Relation verbunden: *sein*-Prädikation mit *wie*	*Puderzucker* *Zitronenfalter* *Moralkorsett*	›Zucker, der wie Puder ist‹ [vgl. aber: *Kirschlorbeer, Textilleder*]
figurativ: Eine Formbestimung wird ausgedrückt: *sein/vorliegen in Form von*-Prädikation	*Würfelzucker* *Scheitholz*	›Zucker, der in Form von Würfeln vorliegt‹

referentiell: Ein Bezug zwischen zwei Größen wird ausgedrückt; Prädikation: *betrifft, bezieht sich auf*	*Schulangelegenheit* *Geburtenzahl* *Rekordsucht* *Auslandskontakt*	›Angelegenheit, die die Schule betrifft‹
kompetentiell: Eine Größe wird nach ihrem Zuständigkeitsbereich benannt; Prädikation: *ist zuständig für*	*Verkehrsministerium* *Preisgericht* *Hygieneinspektor*	›Ministerium, das für das Verkehrswesen zuständig ist‹
benefaktiv: Eine Größe wird nach ihrem Träger oder Empfänger benannt; Prädikation: *vorgesehen sein, erhalten;* häufig mit Zusatzmerkmal ›destinatorisch‹	*Herrenhemd* *Hundefutter* *Kindershampoo* *Babybrei* *Familienpizza*	›Hemd, das Herren tragen/das für Herren bestimmt ist‹

***sein-/tun*-Prädikation mit adverbialen Relationen**		
lokal	*Gartenlaube* *Küchengerät*	›Laube, die sich im Garten befindet‹
direktional	*Nordwind* *Allgäukäse*	›Wind, der aus dem Norden kommt‹
temporal	*Vorschulalter* *Sonntagsbrötchen*	›Alter, das man vor der Schul[zeit] hat‹
instrumental	*Bleistiftskizze* *Beilschlag*	›Skizze, die man mit dem Bleistift macht‹
konditional	*Notbremse, Jubiläumsausstellung*	›Bremse, die man in der Not benutzt‹
final	*Transportgebühr*	›Gebühr, (die man zahlt,) damit etw. transportiert wird‹
konzessiv	*Pillenkinder*	›Kinder, die trotz Einnahme der Pille geboren werden‹
kausal	*Freudensprung* *Angstschweiß*	›Sprung, der aus Freude gemacht wird‹
modal	*Serienware* *Zweischichtbetrieb*	›Ware, die in Serie hergestellt wird‹

Adj./Adv./Num. + Subst.	**Beispiele**	**Paraphrase**
Bildungen mit Nullrelation – die Relation ist genauso explizit wie in einer syntaktischen Wortgruppe (fließender Übergang zu Determinativkomposita)		
klassifikationsreflektierend	*Nur-Hausfrau* *Beinahekatastrophe*	›eine Frau, die nur Hausfrau ist‹
nur-modifikativ	*Gesamtmannschaft* *Tiefstpreis*	›die gesamte Mannschaft‹
Bildungen mit direkter semantischer Relation zwischen den Konstituenten		
explikativ	*Glatteis*	›Eis, das glatt ist‹
temporal	*Sofort-Kredit*	›Kredit, der sofort gewährt wird‹
modal	*Universalprodukt*	›Produkt, das universell einsetzbar ist‹
kausativ	*Vital-Tonikum*	›Tonikum, das vital macht‹
lokal	*Überall-Trend*	›Trend, der überall herrscht‹
direktional	*Rechtspfeil*	›Pfeil, der nach rechts zeigt‹
Bildungen mit indirekter semantischer Relation zwischen den Konstituenten		
indirekt agentiv	*Fremdherrschaft* *Zweikampf*	›Herrschaft, die durch eine fremde Person ausgeübt wird‹
indirekt affizierend	*Altwarenhändler* *Bronchialbonbon*	›Händler, der mit alten Waren handelt‹

indirekt effizierend	*Feinbäckerei* *Mürbteig*	›Bäckerei, die feine Backwaren herstellt‹
indirekt aktional	*Adoptivkind* *Investivlohn*	›Kind, das adoptiert wird/worden ist‹
indirekt lokal	*Extrembergsteiger* *Schmalwand*	›jmd., der an extremer Stelle Berge besteigt‹
indirekt direktional	*Ferntransport* *Horizontalabweichung*	›Transport, der in ferne Gebiete erfolgt‹
indirekt temporal	*Frühnebel* *Frühmesse*	›Nebel, der am frühen Morgen vorhanden ist‹
indirekt modal	*Kolonialbauten* *Barabhebung*	›Bauten, die im Kolonialstil errichtet worden sind‹
indirekt instrumental	*Grünfütterung* *Infrarottechnik*	›Fütterung, die Grün(futter) verwendet‹
indirekt konstitutional	*Bronchialbäume* *Dreibund*	›Bäume (metaph.), die von den Bronchien gebildet werden‹
indirekt substantiell	*Kaltfront* *Fertighaus*	›Front, die aus Kaltluft besteht‹
indirekt partitiv	*Spitzahorn* *Altstadt*	›Ahorn, der spitze Blätter hat‹ ›Teil der Stadt, der alt ist‹
indirekt possessiv	*Kolonialregime* *Großagrarier*	›Regime, das Kolonien besitzt‹
indirekt substantiell	*Kriminalprozess* *Zivilsache*	›Prozess, der ein kriminelles Vergehen betrifft‹

Verb + Substantiv	**Beispiele**	**Paraphrase**
Bezeichnungstyp nach Art der semantischen Beziehung zwischen Bestimmungswort und Grundwort		
Agens	*Suchtrupp*	›Trupp, der sucht‹
affizierend	*Sendbote* *Räucherfisch*	›Bote, den jemand sendet‹
effizierend	*Lachreiz* *Strickmütze*	›Reiz, der Lachen bewirkt‹
instrumental	*Rasierapparat* *Schneidemesser*	›Apparat, mit dem man sich rasiert‹
lokal/direktional	*Sendebereich*	›Bereich, in dem gesendet wird‹
temporal	*Waschtag* *Wartezeit*	›Tag, an dem gewaschen wird‹
konditional	*Abholpreis*	›Preis, der gilt, wenn y abgeholt wird‹
kausal	*Lachfalten* *Trinkgenuss*	›Falten, die durch das Lachen entstehen‹
substantiell	*Erzähltalent* *Geling-Garantie*	›Talent, das das Erzählen betrifft‹
modal	*Erzählstil*	›Stil, in dem erzählt wird‹
explikativ	*Bastelarbeit*	›Arbeit, die im Basteln besteht‹

In seltenen Fällen scheint es auch eine umgekehrte komparationale Determinationsrichtung zu geben, z.B. *Kirschlorbeer* ›Kirsch(busch), der wie ein Lorbeer(busch) aussieht‹; *Textilleder* ›textiler Stoff, der wie Leder aussieht‹.

Zur Vertiefung: [Literatur zu Fugenelementen →1.3.4 S. 28]

Donalies, E. (1999): Das Kakaopulver im Moralkorsett des Ministerfreundes. Gibt es Substantivkomposita mit umgekehrtem Determinationsverhältnis? – In: Zeitschrift für germanistische Linguistik. 27, S. 322-343.

Donalies, E. (2009): Eine Mandeltorte ist eine Torte mit Mandeln. Was ist eine Herrentorte? Bedeutung nominaler Komposita. – In: Sprachreport. Informationen und Meinungen zur deutschen Sprache 4, S. 15-17.

Eichinger, L. M. (2010): Gefrorener und fließender Text. Unterschiede in der Motiviertheit substantivischer Komposita. – In: Kolehmainen, L. e.a. (Hgg.), Infinite Kontrastive Hypothesen. Beiträge des Festsymposiums zum 60. Geburtstag von I. Hyvärinen (Frankfurt/M. usw.: Peter Lang), S. 95-114.

Lewizkij, V./Matskulyak, Y. (2009): Semantische Kombinierbarkeit von Komponenten in der Struktur der deutschen Komposita. – In: Glottometrics 19, S. 11-41.

Ortner, L./Müller-Bollhagen, E. (1991): Deutsche Wortbildung. Typen und Tendenzen in der Gegenwartssprache. 4. Hauptteil: Substantivkomposita (Berlin etc.: de Gruyter), S. 797-804.

Pittner, R. J. (1996): Possessivkomposita im Neuhochdeutschen? – In: Kunsmann, P. (Hg.), Linguistische Akzente 93 (Hamburg: Kovac), S. 179-193.

2.6.4 Übung zu substantivischen Determinativkomposita

Erarbeiten Sie eine vollständige morphologische und semantische Analyse der folgenden Determinativkomposita aus der Werbesprache: *Seesand-Rubbelcreme, WC-Ente, 7-Länder-Spezialitäten, Verwöhnaroma, Fässchenbutter, Farmersalat, Vitamin-Kräuterbad.*

2.7 Substantivische Steigerungsbildungen (vgl. 1.4.6/1.5.6)

- Kategoriale Füllung: Als Erstglieder treten hauptsächlich Substantiva auf; kategoriebestimmend ist das Letztglied (N).
  - N + N: motivierte Erstglieder: *Riesensauerei;* demotivierte Erstglieder: *Affenhitze, Arschkälte, Bombengeschäft, Bullenhitze, Heiden-/Himmel-/ Höllenangst, Höllenlärm, Mordsweib/-kerl.*
  - V + N: demotiviertes Erstglied: *Stinkwut.*
- Wortbildungsakzent: Das Basislexem weist einen (perzeptiv) stärkeren Akzent als das Steigerungselement auf.
- Reihenfolge: steigerndes Lexem vor Basislexem.
- Morphologische Markierung: z.T. Fugenelemente *(Mords-, Riesen-, Hunde/s-)*, vgl. 1.3.4 S. 28.
- Funktion: Motivierte Erstglieder sind hier relativ selten (vgl. 1.5.6 S. 58); emotional-expressive Steigerung des Zweitglieds. Das Denotat des Grundwortes erhält zusätzliche Bedeutungsmerkmale, die sich bei den substantivischen Steigerungsbildungen im Allgemeinen mit ›sehr groß‹ paraphrasieren lassen, z.B. *Affenhitze*: ›sehr große Hitze‹. Trotz des meist weitgehen-

den Bedeutungsverlusts der Erstkonstituente wird wie auch bei den adjektivischen Steigerungsbildungen i.d.R. eine Sprechereinstellung ausgedrückt.

- neutral: Durch das Erstglied kann eine positive oder negative Sprechereinstellung zum Ausdruck gebracht werden. Diese ist abhängig von der Wahl des Zweitglieds und dem Kontext, z.B. *Mords-: Mordsarbeit, Mordsweib; Riesen-: Riesensauerei, Riesenparty.*
- positiv: *Pfunds-: Pfundskerl.*
- negativ: *Arsch-: Arschkälte; Stink-: Stinklaune.*

  Eine vergleichende Distributionsmatrix der substantivischen Erstglieder nach allgemeinen semantischen Merkmalen findet sich in Wellmann (1975, S. 149).

Beachte: Schwierige Trennung von Determinativkomposita mit Erstelementen/Determinantien, die einen hohen oder niederen Skalenwert bezeichnen: *Topmodel, Superweib, Zwergenwuchs, Spitzenpolitiker.* – Die Erstelemente von Steigerungsbildungen werden oft zu den Präfixoiden gerechnet (→ 2.6.2).

Zur Vertiefung: [Siehe auch 1.4.7/3.7]

Grzega, J. (2004): Spitzenpolitiker ist nicht immer ein Spitzen-Politiker. Wie man prosodische Akzente nutzt, um semantische Akzente zu setzen. – In: Muttersprache 114, S. 321-332.

Heymann, A.-K. (2006): Bombenwetter oder Affenhitze? Intensivierende Präfixoide im Deutschen. In: Karnowski, P. e.a. (Hgg.), Sprache und Sprachverarbeitung. Language and Language-processing. Akten des 38. Ling. Koll. in Piliscsaba 2003 (Frankfurt/M. usw.: Lang), S. 31-39.

Pittner, R. J. (1991): Der Wortbildungstyp Steigerungsbildung im Deutschen. – In: Klein, E. e.a. (Hgg.): Betriebslinguistik und Linguistikbetrieb (Tübingen: Niemeyer), S. 225-231.

Ruf, B. (1996): Augmentativbildungen mit Lehnpräfixen. Eine Untersuchung zur Wortbildung in der deutschen Gegenwartssprache. – Heidelberg: Winter. (= Germanistische Bibliothek. Neue Folge, 3. Reihe 25) [vertritt eine stark abweichende Position].

Wellmann, H. (1975): Deutsche Wortbildung. Typen und Tendenzen in der Gegenwartssprache. 2. Hauptteil. Das Substantiv. – Düsseldorf: Schwann. [S. 135-160].

2.7.1 Übung zu substantivischen Steigerungsbildungen

Lässt sich eindeutig sagen, welchem Wortbildungstyp *Hundefraß* und *Hundekälte* zuzuordnen sind?

2.8 Substantivische Präfigierungen (vgl. 1.4.7/1.5.7)

Präfigierung ist nicht sehr typisch für Substantive. Einzelne Präfixe sind nur ganz eingeschränkt produktiv: *Ge-, Un-, Be-*. Zu den sogenannten Präfixoidbildungen sowie zu *miss-* siehe 2.6.2 S. 75!

- Kategoriale Füllung: Das kategoriebestimmende Letztelement ist ein Substantiv mit beliebiger Substruktur. Die Erstelemente sind reine Wortbildungsmorpheme mit der kategorialen Bedingung Substantiv.
- Wortbildungsakzent: nur bei *Ge-* typisch: Präfix akzentlos, der Akzent auf der Basis bleibt unverändert. Bei *Un-* typischer Kontrastakzent auf dem Präfix, allerdings nur dort, wo ein Antonym existiert: *Recht – Unrecht.*
- Reihenfolgemarkierung: Präfix vor Basis. Präfixe sind untereinander nicht kombinierbar (beachte aber: *Ungewitter*).
- Morphologische Markierung: bei *Ge-* Umlaut, sofern der Stammvokal umlautfähig ist.

2.8.1 *Un-*

- *Un-* + N: *Unart, Ungeist, Unheil, Unkosten, Unmensch, Unruhe.*
- *Un-* + N mit adj. Kern: *Unreife, Untiefe, Unlauterkeit, Unabhängigkeit.*
- Funktion: Negierung, Antonymenbildung: *Unlust* ›keine Lust‹, oft mit negativer Konnotation; die nichtnative Entsprechung ist *In-* wie in *Intoleranz.*

Beachte, dass es auch »Steigerungsbildungen« mit *Un-* gibt wie *Unsummen* ›gewaltige Summen‹, *Unmengen* ›gewaltige Mengen‹. Typisch ist dabei der »schwebende« Akzent auf *Un-* und auf der Basis.

2.8.2 *Ge-*

- mit parallelem N-Simplex: *Gebirge (Berge), Gedärm (Darm), Gebälk (Balken), Getränk (Trank), Gewitter (Wetter).*
- mit verbaler Basis: *Gezeter (zetern), Gebräu (brauen), Getöse (tosen).* Der Ableitungsweg ist hier meist verdunkelt.
- ohne paralleles Simplex: *Gebärde, Geseire ›Geschwätz‹, Geselle, Gespenst, Gestalt, Gewand, Gewicht* (nur formal präfigiert).
- *Ge-* mit der Basis verschmolzen; Simplex mit abgeschlossener Univerbierung: *Gleis, Glied, Glück, Gnade.*
- Funktion: Kollektiva *Gedärm* ›Gesamtheit aller Därme‹; die nichtnative Entsprechung ist *Kon-* wie in *Konsonanz.*

2.8.3 *Be-*

Nur noch in Resten liegen Präfigierungen mit *be-* vor: *Behörde, Behuf;* verschmolzen: *Beichte* (← mhd. *bî-giht*). Vgl. auch verbales *be-* 4.4.1!

2.9 Substantivische Suffigierungen (vgl. 1.4.8/1.5.8)

- Kategoriebestimmend ist das Suffix, z.T. in Verbindung mit dem Präfix. Man unterscheidet zwischen kategorieändernden und (innerhalb derselben Kategorie) modifizierenden Suffixen. – Genusbestimmend.
- Wortbildungsakzent: bei nativen Suffixen immer auf der Basis *(Heiserkeit)*, nichtnative Suffixe tragen häufig den Hauptakzent *(Akzeptanz)*.
- Reihenfolgemarkierung: Suffix nach Basis.
- Morphologische Markierung: Umlaut bei ehemals umlautenden, also *i*-haltigen Suffixen; Ablaut bei deverbalen Wortbildungen.

2.9.1 Native kategorieändernde Suffixe bei Substantiven

2.9.1.1 *-heit/-keit/-igkeit*

-heit:

- N → N: *Christenheit, Kindheit, Torheit, Wesenheit.*
- Adj. → N: nur bei nicht-suffigierten Adjektiven und Partizipien möglich: *Blindheit, Klugheit, Schönheit, Weisheit.*
- Part. → N: *Gereiztheit, Entschlossenheit, Vertrautheit.*

-keit: v.a. bei Adjektiven auf *-bar, -lich, -sam, -ig.*

- Adj. → N: *Eitelkeit, Freundlichkeit, Fruchtbarkeit, Furchtsamkeit, Heiserkeit, Traurigkeit* (Suffixkombinationen sind möglich).

-igkeit: oft bei suffigierten Adjektiven auf *-los, -haft;* nie bei Komparativ oder Bereichsadjektiven.

- Adj. → N: *Arbeitslosigkeit, Geschwindigkeit, Helligkeit, Neuigkeit, Schlaflosigkeit.* **Achtung!** Übertragung des Musters von Adjektiven mit *-ig* (*Traurigkeit*) auf solche ohne *-ig*. Varianten sind bedingt durch Auslaut der Basis.

- Kombinierbarkeit: Suffixe sind untereinander kombinierbar ohne Auswirkung auf den Akzent der Basis.
- Morphologische Markierung: keine.
- genusbestimmend: femininum.
- Produktivität: Adj. → N produktiv und sehr häufig; Kern der Struktur; N → N: nicht mehr produktiv; es handelt sich vermutlich um eine analogische Ausweitung des Musters.
- Konkurrenz zu *-e, -nis.*
- Funktion: Bildung von Abstrakta.
  - Zustandsbezeichnung: *Aufgeregtheit.*
  - nomen qualitatis: *Schlauheit, Vergänglichkeit, Schwammigkeit.*
  - Kollektiva: *Christenheit.*

Zur Vertiefung:

Kolb, H. (1985): Über das Suffix *-igkeit*. – In: Koller, E./Moser, H. (Hgg.): Studien zur deutschen Grammatik. J. Erben zum 60. Geburtstag (Innsbruck: Universität Innsbruck), S. 159-167.

2.9.1.2 *-er/-ler/-ner*

Den Kern bilden vermutlich deverbale Nominalisierungen. Nominale Basen kamen in analogischen Bildungen hinzu.

-er:
- V → N: *Angeber, Aussteiger, Bohrer, Führer, Seufzer, Wecker.*
- N → N: *Bürger, Förster, Schäfer, Kutscher, Grenzer, Bomber, Politiker.*
- Num. → N: *Dreitausender, Einser, Fünfer.*
- Adj. → N: *Gläubiger.*

-ler: vermutlich entstanden durch Fehlsegmentierung von Basen auf *-l* aufgrund der Silbenstruktur, z.B. *Kegel/Kegl-er/Keg-ler* sowie durch analogische Übertragung.
- N → N: *Ausflügler, Dörfler, Künstler, SPD-ler, Wissenschaftler.*
- V → N: *Abweichler, Umstürzler, Gewinnler.*

***-ner*:** durch Fehlsegmentierung bei Basen auf *-(e)n* aufgrund der Silbenstruktur, z.B. *München-er/Münch-ner,* sowie durch analogische Übertragung.
- N → N: *Amerikaner, Pförtner, Rentner, Zöllner.*

- Morphologische Markierung: Teilweise *e*-Elision in der Basis: *Siedler, Segler, Maurer.* Umlaut tendenziell in älteren Bildungen: *Bäcker.*
- genusbestimmend: maskulinum.
- Wortbildungsakzent: Verlagerung nur in Nominalisierungen von Partikelpräfixverben: *Unterhändler* (zu *unterhandeln*), *Durchmesser* (zu *durchmessen*); ferner bei nichtnativen Basen wie *Kritiker, Musiker, Politiker.*
- Funktion: zumeist Bildung von Konkreta.
  - nomina agentis: *Pförtner, Händler.*
  - nomina instrumenti: *Kocher, Wecker.*
  - selten punktuelle nomina actionis: *Rülpser, Seufzer.*
  - Zugehörigkeitsbezeichnungen: *Engländer.*
  - Movierung bei femininen Basen: *Witwer, Tauber, Puter.*

Zur Vertiefung:

Bittner, D. (2004): Zur Historie der nominalen *-er*-Bildungen. Ist die Suffixidentität sprachwandlerischer Zufall? – In: Linguistik online 19: 2.

Čuden, D. (2003): Zur Ableitung grammatischer Abstrakta mit dem Suffix *-er* (*Seufzer, Rülpser...*). – In: Zybatow, L. (Hg.), Europa der Sprachen: Sprachkompetenz – Mehrsprachigkeit – Translation (Frankfurt a. M. usw.: Peter Lang), S. 325-334.

Meibauer, J./Guttropf, A./Scherer, C. (2004): Dynamic aspects of German *-er*-nominals: a probe into the interrelation of language change and language acquisition. – In: Linguistics 42:1, S. 155-193.

Scherer, C. (2005): Wortbildungswandel und Produktivität. Eine empirische Studie zur nominalen *-er*-Derivation im Deutschen. – Tübingen: Niemeyer (= Linguistische Arbeiten 497).

2.9.1.3 *-ling*

- Kategoriale Füllung:
  - V → N: *Ankömmling, Bratling, Eindringling, Emporkömmling.*
  - Adj. → N: *Feigling, Fiesling, Grünling, Jüngling, Rohling.*
  - Num. → N: *Drilling, Mehrling, Zwilling.*
  - N → N: *Däumling, Dichterling, Fäustling, Fingerling, Flüchtling, Günstling, Häftling, Schreiberling;* vermutlich der Kern des Musters. Bei anderen Basen dürfte es sich um analogische Bildungen handeln.
  - Unklare Kategorie der Basis (Adj.?): *Liebling, Schädling, Schmetterling, Schützling, Sonderling, Sträfling, Winzling.*
- Morphologische Markierung: vor *-ling* nie Fugenelemente, darauf folgend immer Fugenelement *-s (Lieblingsgericht).* Umlaut bei umlautfähigen Stammvokalen (aber: *Rundling*).
- Kombinierbarkeit: kann auf das Suffix *-er* folgen.
- genusbestimmend: immer maskulinum.
- Produktivität: nur noch sehr begrenzt produktiv, z.B. *Naivling.*
- Funktion: Bildung von Konkreta; bei Kombination mit *-er* pejorativ.
  - nomina agentis: *Schreiberling.*
  - nomina patientis: *Findling.*
  - viele idiomatisierte Bildungen: *Engerling, Riesling, Sperling.*

Zur Vertiefung:

Wellmann, H. (1969): Die Substantivbildung mit *-er* und *-ling* im heutigen Deutsch. – In: Erben, J./ Thurnher, E. (Hgg.), Germanistische Studien (Innsbruck: Universität), S. 337-354.

2.9.1.4 *-nis*

- Kategoriale Füllung:
  - V → N: *Ärgernis, Hemmnis, Fäulnis; (Er-/Be-)Kenntnis,* (*t* wurde als Nasaltrenner eingeschoben); vermutlich der Kern des Musters.
  - Partizip → N: *Besorgnis, Bewandtnis, Gedächtnis.*
  - Adj. → N: *Finsternis, Gleichnis, Wildnis, Wirrnis.*
  - N → N: *Bildnis, Bündnis, Zeugnis.*
- Morphologische Markierung: häufig Umlaut: *Fäulnis, Vermächtnis;* (aber: *Besorgnis, Verdammnis).*
- Wortbildungsakzent: unverändert auf der Basis.
- Kombinierbarkeit: nicht kombinierbar mit anderen Suffixen.
- Genuszuweisung: nicht eindeutig genusbestimmend; neutrum: *Hindernis,* femininum: *Erlaubnis, Wildnis, Besorgnis, Verdammnis.*
- Produktivität: nur sehr begrenzt produktiv.
- Funktion: Bildung von Abstrakta.
  - Zustandsbezeichnungen: *Finsternis.*
  - nomina qualitatis: *Geheimnis.*

2.9.1.5 *-ung*

- Kategoriale Füllung:
  - V → N: *Beobachtung, Betrachtung, Festigung, Heilung, Lesung, Míssachtung, Offenbarung* (Kern des Musters).
  - Adj. → N: *Festung, Niederung, Rundung, Teuerung, Wüstung* (›aufgegebene Siedlung‹).
  - N → N: *Dünung, Gattung, Satzung, Stallung, Waldung.*
  - isolierte Bildungen (ohne erkennbare Basis): *Innung, Losung, Böschung.*
- Morphologische Markierung: keine.
- Wortbildungsakzent: Sonderfälle *Abteilung* ← *abteilen, Offenbarung* ← *offenbar.*
- Kombinierbarkeit: mit anderen Suffixen: *-ig* + *-ung* (*Festigung*), *-lich* + *-ung* (*Verherrlichung*).
- genusbestimmend: femininum.
- Produktivität: V (trans.) → N: sehr produktiv; Adj. → N und N → N: Analogiebildungen, nicht produktiv.
- Funktion: Bildung von Konkreta und Abstrakta.
  - nomina actionis: *Behandlung (des Problems), Landung*; häufig Weiterentwicklung zu Konkreta.
  - nomina facti: *Erzählung.*
  - nomina instrumenti: *Kupplung.*
  - nomina agentis: *Bedienung.*

Zur Vertiefung:

Ehrich, V./Rapp, I. (2000): Sortale Bedeutung und Argumentstruktur: *-ung*-Nominalisierungen im Deutschen. – In: ZS f. Sprachwissenschaft 19:2, S. 245-303.

Knobloch, C. (2002): Zwischen Satz-Nominalisierung und Nennderivation: *-ung*-Nomina im Deutschen. – In: Sprachwissenschaft 27:3 (Wien: Edition Praesens), S. 333-362.

Szigeti, I. (2010): *Die Auslotung der Tragweite einer Erfindung.* Zur konzeptuellen Deutung der *-ung*-Nomina des Deutschen. – In: Souleimanova, O. (Hg.), Sprache und Kognition: Traditionelle und neue Ansätze. Akten des 40. Ling. Koll. in Moskau 2005 (Frankfurt/M. usw.: P. Lang), S. 81-94.

Wolf, N. R. (2007): Deverbale Substantive: Bestand und textuelle Funktion. Am Beispiel der *-ung*-Abstrakta. – In: FinDe. Arbeiten mit dem finnisch-deutschen Kontrastkorpus. Online: *http://www.opus-bayern.de/uni-wuerzburg/volltexte/2007/2279/.*

2.9.1.6 *-schaft*

- Kategoriale Füllung:
- N → N: *Ärzteschaft, Botschaft, Erbschaft, Landschaft.*
- Part. → N: *Gefangenschaft, Verwandtschaft.*
- V → N: *Leidenschaft, Machenschaft, Wissenschaft.*
- Adj. → N: *Bereitschaft, Eigenschaft, Schwangerschaft.*

- Morphologische Markierung: oft pluralische Basis aufgrund kollektiver Semantik des Suffixes: *Ärzteschaft.*
- Wortbildungsakzent: unverändert auf der Basis.
- Kombinierbarkeit: nur kombinierbar mit *-lich: gewerkschaftlich.*
- genusbestimmend: femininum.
- Produktivität: N → N ist Kern des Musters und produktiv; Part. → N, V → N und Adj. → N: wohl analogische Übertragungen des Musters.
- Funktion: zumeist Bildung von Abstrakta.
  - nomina qualitatis: *Vaterschaft, Eigenschaft.*
  - nomina facti: *Errungenschaft.*
  - Kollektiva: *Verwandtschaft.*

2.9.1.7 *-tum*

- Kategoriale Füllung:
  - N → N: *Altertum, Beamtentum, Brauchtum, Christentum.*
  - Adj. → N: *Eigentum, Heiligtum, Reichtum.*
  - V → N: *Irrtum, Wachstum.*
- Morphologische Markierung: oft pluralische Basis (*Bürgertum*).
- Kombinierbarkeit: nur kombinierbar mit *-lich: eigentümlich.*
- Genuszuweisung: neutrum; zuweilen auch maskulinum: *der Irrtum.*
- Produktivität: N → N ist Kern des Musters und produktiv; Adj. + *-tum* und V + *-tum:* wohl Analogiebildungen, nicht produktiv.
- Funktion: zumeist Bildung von Abstrakta.
  - nomina qualitatis: *Brauchtum* (Zustand).
  - nomina locativa: *Scheichtum* (Zuständigkeitsbereich).
  - Kollektiva: *Bürgertum.*

Zur Vertiefung:

Lightfoot, D. J. (2000): On the grammaticalization of a nominalizing suffix in German: *(-)tum.* – Los Angeles: University of California.

2.9.1.8 *-sal/-sel*

- Kategoriale Füllung:
  - N → N: *Drangsal, Mühsal.*
  - Adj. → N: *Trübsal, Wirrsal.*
  - V → N: *Labsal, Rinnsal, Schicksal; Anhängsel, Füllsel.*
- Morphologische Markierung: teilweise Umlaut wie in *Rätsel.*
- Kombinierbarkeit: nur punktuell mit anderen Suffixen kombinierbar, z.B. *rätselhaft, schicksalhaft.*
- Genuszuweisung: meist neutrum; femininum: *Drangsal, Mühsal, Trübsal.*

- Produktivität: V → N ist Kern des Musters; sonst isolierte Analogiebildungen; kaum mehr produktiv.
- Funktion: Bildung von Konkreta und Abstrakta.
  - nomina acti: *Mühsal*.
  - nomina facti: *Überbleibsel*; bei *-sel* oft diminuierend-pejorativ.

2.9.1.9 *-ei/-elei/-erei*

Das Suffix *-ei* geht auf ein mhd. Lehnsuffix *-î/-îe* aus dem Altfranzösischen zurück. Das Suffix wurde früh in das deutsche Lautsystem integriert (nhd. Diphthongierung zu *-ei*), behält aber den für nichtnative Suffixe typischen Wortbildungsakzent auf dem Suffix.

- Kategoriale Füllung:
  - N → N (Kern des Musters): *Eulenspiegelei, Konditorei, Staffelei, Teufelei, Lumperei, Käserei*. Die Suffixvarianten *-elei/-erei* kommen wahrscheinlich durch Fehlsegmentierung bei Basen auf *-el* und *-er* zustande.
  - V → N (analogische Ausweitung): *Heuchelei, Liebelei, Schmiererei, Stickerei,*
- Morphologische Markierung: z.T. Plural der nominalen Basis.
- Wortbildungsakzent: auf der letzten Suffixsilbe.
- Kombinierbarkeit: wohl nicht mit anderen Suffixen kombinierbar.
- genusbestimmend: femininum.
- Produktivität: Es wurde zunächst nur auf nichtnative Basen angewendet, später auch auf native; insgesamt begrenzt produktiv; nur noch selten verbindet es sich mit nichtnativen Basen wie in *Computerei*.
- Funktion: Bildung von Konkreta und Abstrakta.
  - nomina actionis: *Rennerei*; teilweise pejorativ.
  - nomina qualitatis: *Tyrannei*.
  - nomina locativa: *Druckerei, Ziegelei*.

Zur Vertiefung:

Öhmann, E. (2005): Suffixstudien IX: Die deutschen Verbalabstrakta auf *-erîe, -erei*. – In: Müller, P. O. (Hg.), Fremdwortbildung. Theorie und Praxis in Geschichte und Gegenwart (Frankfurt a. M. usw.: P. Lang), S. 297-304.

2.9.1.10 *-e*

- Kategoriale Füllung:
  - V → N: *Bleibe, Fähre, Frage, Kippe, Liege, Pflege, Reibe, Reise*.
  - $V_{Prät.}$ → N: *Bote, Gabe, Grube, Stiege, Wegnahme*.
  - Adj. → N: *Blässe, Fläche, Höhle, Nähe, Säure, Schwäche*.
  - N → N: *Schwede, Franke*.
  - Adv. → N: *in Bälde, zur Genüge*.

- Morphologische Markierung: Umlaut, wo möglich.
- Kombinierbarkeit: wohl nicht mit anderen Suffixen kombinierbar.
- Genuszuweisung: femininum; bei Personenbezeichnungen auch maskulinum.
- Produktivität: begrenzt produktiv: *Mache, Lache, Wende, Schreibe.* Kern des Musters: V → N, Adj. → N; sonst analogische Ausweitungen.
- Funktion: Bildung von Konkreta und Abstrakta.
  - nomina actionis: *Suche, Rede*; z.T. Entwicklung zu Konkreta.
  - nomina qualitatis: *Milde.*
  - nomina facti: *Abgabe.*
  - nomina instrumenti: *Bremse.*

2.9.1.11 *-el*

- Kategoriale Füllung:
  - V → N: *Deckel, Hebel, Schlegel;* isoliert: *Büttel, Löffel, Meißel.*
  - N → N: *Ärmel, Eichel, Mündel, Flügel, Griffel, Zügel.*
- Morphologische Markierung: Umlaut, wo möglich.
- Kombinierbarkeit: wohl nicht mit anderen Suffixen kombinierbar.
- Genuszuweisung: meist maskulinum; femininum: *Eichel,* neutrum: *Mündel.*
- Produktivität: V → N ist Kern des Musters; kaum mehr produktiv.
- Funktion: Bildung von Konkreta.
  - nomina instrumenti: *Deckel, Hebel, Knüppel, Schlegel.*
  - vereinzelt nomina agentis: *Büttel.*

2.9.2 Native modifizierende Suffixe bei Substantiven

2.9.2.1 Diminutivsuffix *-chen*

- Kategoriale Füllung:
  - N → N: *Engelchen, Fläschchen, Frauchen, Hämmerchen, Kälbchen, Karlchen. -elchen/-erchen* (durch Fehlsegmentierung von Basen auf *-el/-er*): *Sächelchen, Wägelchen; Kinderchen.*
  - Adj. → N: *Dummerchen, Dickerchen, Schneeweißchen.*
  - V → N: *Nickerchen, Prösterchen.*
- Morphologische Markierung: Umlaut, wenn Stammvokal umlautfähig.
- genusbestimmend: neutrum.
- Produktivität: voll produktiv; Kern des Musters: N → N.
- Funktion: Diminuierung, oft mit positiven oder negativen Konnotationen.

2.9.2.2 Diminutivsuffix *-lein*

- Kategoriale Füllung: nur N → N: *Bächlein, Brieflein, Fräulein, Häuslein, Männlein, Ringlein, Wäglein, Weiblein, Zweiglein.*
- Morphologische Markierung: Umlaut, wo möglich.
- genusbestimmend: neutrum.
- Produktivität: v.a. oberdeutsch beliebt; Varianten: *-el, -le, -erl, -ei, -li.*
- Funktion: Diminuierung, oft mit positiven oder negativen Konnotationen.

Zur Vertiefung:

Bakema, P./Geeraerts, D. (2004): Diminution and augmentation. – In: Booij, G. e.a. (Hg.), Morphologie. Ein internationales Handbuch zur Flexion und Wortbildung. 2. Halbband (Berlin etc.: de Gruyter), S. 1045-1052.

Donalies, E. (2006): *Dem Väterchen sein Megahut.* Der Charme der deutschen Diminution und Augmentation und wie wir ihm gerecht werden. – In: Breindl, E. e.a. (Hgg.), Grammatische Untersuchungen, Analysen und Reflexionen. FS. für G. Zifonun (Tübingen: Narr), S. 33-51.

Dressler, W. U. (1994): Diminutivbildung als nicht-prototypische Wortbildungsregel. – In: Köpcke, K.-M. (Hg.), Funktionale Untersuchungen zur deutschen Nominal- und Verbalmorphologie (Tübingen: Niemeyer), S. 131-148 (= Linguistische Arbeiten 319).

Wegera, K.-P./Solms, H.-J. (2002): Wortbildung des Mittelhochdeutschen. Zur Methode und zum Stand ihrer Erforschung, dargestellt am Beispiel der Diminutive. – In: Habermann, M. (Hgg.), Historische Wortbildung des Deutschen (Tübingen: Niemeyer), S. 159-170 (= RGL 232).

Weiss, H. (2005): Zu einer möglichen silbenstrukturellen Motivation unechter Diminutivbildungen im Bairischen. – In: Sprachwissenschaft 30:2, S. 217-245.

Wolf, N. R. (1997): Diminutive im Kontext. – In: Barz, I./Schröder, M. (Hgg.), Nominationsforschung im Deutschen. Festschrift für W. Fleischer zum 75. Geburtstag (Frankfurt/Main etc.: P. Lang), S. 387-398.

2.9.2.3 Movierungssuffix *-in*

- Kategoriale Füllung: nur N [+mask.], die auf [+männlich]-Referenten verweisen: $N_{mask.} \rightarrow N_{fem.}$: *Ärztin, Füchsin, Männin, Störchin. -er + -in: Fahrerin, Helferin, Trinkerin, *Tischin, *Himmelin.*
- Morphologische Markierung: meist Umlaut.
- Kombinierbarkeit: nur mit vorausgehendem Suffix *-er* kombinierbar.
- Produktivität: sehr produktiv.
- genus- (und sexus-)bestimmend: femininum ([+weiblich]).

Zur Vertiefung:

Doleschal, U. (1992): Movierung im Deutschen: eine Darstellung der Bildung und Verwendung weiblicher Personenbezeichnungen. – Unterschleißheim: Lincom Europa.

Ewald, P. (2005): Das Suffix *-in* im Spannungsfeld von phonischen und morphematischen Schreibungsdeterminaten. – In: Sprachwissenschaft 30:1, S. 83-110.

Kubaszczyk, J. (2006): Movierung und andere Wortbildungsmöglichkeiten sexusmarkierter Personenbezeichnungen im Polnischen und Deutschen. – In: Deutsche Sprache 3, S. 221-232.

Račeva, T. (2003): Suffixderivation der weiblichen Personenbezeichnungen im Frühneuhochdeutschen. – In: Dimova, A. e.a. (Hgg.), Wort und Grammatik. Festschrift für P. Petkov anlässlich seiner Emeritierung (Hildesheim: Olms), S. 271-282.

Scott, A. K. (2006): Das Suffix *"-In"* – eine Ergänzung zum deutschen Wortbildungssystem. – In: Zeitschrift für Dialektologie und Linguistik 2, S. 161-175.

2.9.2.4 Movierungssuffixe *-er/-ich/-erich*

- Kategoriale Füllung: nur N [+fem.], die auf [+weiblich]-Referenten verweisen: $N_{fem.} \rightarrow N_{mask.}$: *Taube – Tauber, Enterich (Erpel), Gänserich (Ganter), Hexer, Witwer.*
- Morphologische Markierung: teilweise Umlaut.
- Produktivität: sehr schmaler Anwendungsbereich, kaum produktiv.
- genus- (und sexus-)bestimmend: maskulin ([+männlich]).

2.9.2.5 Neologistische *-i*-Suffigierung

Die ältesten Beispiele (z.B. *Sozi*) waren Wortkürzungen, das *-i* wurde aber dann als Endung interpretiert und auf andere Kurzformen angewendet (→ 1.4.12 S. 43f.); es handelt sich meist um zweisilbige Wörter.

- Kategoriale Füllung:
  - N → N: *Chauvi, Abi; Grufti, Hirni, Schleimi, Tussi.*
  - Unklare Kategorie der Basis: *Sozi, Spasti; Profi, Zombie, Junkie.*
  - V → N: *Brummi, Schmusi.*
  - Adj. → N: *Softi, Sponti, Schlaffi, Fetti, Schicki-Micki.*
- Funktion: überwiegend Personenbezeichnungen; meist jugendsprachlich, vgl. *Heini, Nicki, Michi, Hansi.*

Zur Vertiefung:

Féry, C. (1998): *Unis* und *Studis:* die besten Wörter des Deutschen. – In: Linguistische Berichte 172, S. 461-489.

Greule, A. (1983/84): »Abi«, »Krimi«, »Sponti«. Substantive auf *-i* im heutigen Deutsch. – In: Muttersprache 94, S. 207-217.

Köpcke, K.-M. (2002): Die sogenannte *i*-Derivation in der deutschen Gegenwartssprache. Ein Fall für output-orientierte Wortbildung. – In: ZS f. germanistische Linguistik 30:3, S. 293-309.

2.9.2.6 Neologistische *-o*-Suffigierung

Die ältesten Beispiele (z.B. *Soko*) waren auch hier Wortkürzungen, das *-o* wurde aber dann als Endung interpretiert und auf andere Kurzformen angewendet (→ 1.4.12 S. 43f.); es handelt sich meist um zweisilbige Wörter.

- Kategoriale Füllung:
  - N → N: *Soko* ›Sonderkommission‹, *Perso* ›Personalausweis‹, *Fuzo* ›Fußgängerzone‹.
- Funktion: überwiegend Personenbezeichnungen; meist jugendsprachlich.

Zur Vertiefung:

Zehetner, L. (2003): *Soko, Perso, Fuzo* und andere Wortbildungen mit *o*. – In: Sprachdienst 47:6, S. 201-205.

2.9.3 Nichtnative Substantiv-Suffixe

Soweit diese, was überwiegend der Fall ist, mit nichtnativen Stämmen kombiniert sind, kann man die Kategorie der Basis nur dann angeben, wenn diese ebenfalls ins Deutsche übernommen worden und gegenwärtig noch vorhanden ist. Probleme ergeben sich aber auch, wenn mehrere mögliche Basen vorhanden sind und keine Entscheidung, etwa aufgrund lautlicher Variation, möglich ist. Die unten getroffenen Zuordnungen sind also kritisch zu betrachten.

2.9.3.1 *-är*

- Kategoriale Füllung:
  - N → N: *Funktionär, Konzessionär, Millionär, Pensionär, Milizionär.*
  - Morphologische Markierung: Auslassen eines stammauslautenden *-e.*
- Akzent: auf dem nichtnativen Suffix.
- Kombinierbarkeit (mit anderen Suffixen): häufig mit vorausgehendem *-ion.* Morphemkombination *-ionär (Milizionär).*
- Produktivität: nicht sehr häufig, wenig produktiv.
- Funktion: nomina agentis: *Aktionär;* bezeichnen häufig die Zugehörigkeit von Personen zu Gruppen und Institutionen.

2.9.3.2 *-(at)ion*

- Kategoriale Füllung:
  - V → N: der häufigste Fall; meist bei transitiven Verben auf *-ieren: antizipieren – Antizipation, Deformation, Delegation, Dekoration, Dokumentation, Formation, Habilitation, Illustration.*
  - isolierte Bildungen: *Inflation, Prozession, Auktion.*
  - auch in Funktionsverbgefügen: *in Fabrikation gehen/fabriziert werden.*
  - Adj. → N: nur wenige Beispiele zu nichtnativen Adjektiven: *Devotion, Diskretion, Perversion, Präzision.*
- Morphologische Markierung: Auslassung eines stammauslautenden *-e: präzise → Präzision; -ion* bei isolierten Bildungen und adjektivischer Basis.
- Wortbildungsakzent: auf der letzten Silbe des nichtnativen Suffixes.
- Kombinierbarkeit (mit anderen Suffixen): keine.
- Produktivität: Das Muster ist relativ häufig und immer noch produktiv.
- Konkurrenzsuffixe: mit *-(ier)ung*, das ein Übergewicht erreicht hat*: Manipulierung – Manipulation, Stabilisierung – Stabilisation.*
- Funktion:
  - nomina facti: *Delegation, Edition, Formation, Improvisation.*
  - nomina instrumenti aus ornativen Verben: *Dekoration, Dokumentation, Illustration, Instruktion, Isolation/Isolierung.*

- Keine generelle Funktionsdifferenzierung zwischen *-ung* und *-(at)ion*. Es entsteht zunächst ein Vorgangsabstraktum zu dem jeweiligen Basisverb, das sich oft zu einem Zustandsabstraktum weiterentwickelt.

2.9.3.3 *-(at)or*

- Kategoriale Füllung:
  - V → N: v.a. verbale Basen auf *-ieren*; *Administrator, Agitator, Illustrator, Imitator, Kolonisator, Kommentator, Kompilator.*
  - N → N: Desubst. Beispiele sind selten: *Auktionator, Agressor, Divisor, Inquisitor, Kompressor, Professor, Projektor.*
- Morphologische Markierung: Suffixtausch bei Verben auf *-ieren* und Substantiven auf *-ion*.
- Wortbildungsakzent: auf der Pänultima.
- Produktivität: v.a. in der Amtssprache, aber relativ selten.
- Konkurrenzsuffixe: Funktion wie *-ant*: *Kommandant,* aber *Illustrator, Rezitator*.
- Funktion:
  - nomina agentis: *Agitator, Kommentator.*
  - nomina instrumenti: *Isolator, Katalysator, Regulator, Stabilisator.*

2.9.3.4 *-ent/-ant*

- Kategoriale Füllung:
  - V → N: Basen sind v.a. transitive Verben auf *-ieren; Produzent;* intransitive Verben: *Emigrant, Kapitulant;* reflexive Verben: *Interessent;* reziproke Verben: *Duellant;* native Basis ohne *-ieren*: *Bummel-ant*, *Liefer-ant.*
  - V/N → N: *kommandieren/Kommando – Kommandant.*
  - N → N: Ableitungen von Substantiven schwach entwickelt. *Abiturient, Arrestant, Komödiant, Laborant.*
  - Isolierte Bildungen ohne verbale Basis: *Adjutant, Dissident, Kombattant, Kontrahent, Patient, Trabant.*
- Morphologische Markierung: Es gibt kein Kriterium für die Verteilung der Varianten. *-ant* ist ungefähr doppelt so häufig wie *-ent;* für jede Basis ist eindeutig festgelegt, welche Suffixvariante zu wählen ist. Suffixerweiterungen zu *-ient* (*Inspizient, Rezipient*) und *-iant* (*Denunziant*). Auch Erweiterung zu *-kant* bei verbalen Basen auf *-zieren: musizieren – Musikant, Fabrikant, Kommunikant.*
- Wortbildungsakzent: auf der letzten Silbe des nichtnativen Suffixes.
- Produktivität: produktiv; sehr verbreitet v.a. in Zeitungs- und Wissenschaftssprache.

- Konkurrenzsuffixe: ersetzt natives *-er* bei Verben auf *-ieren*. Partizip I in Konkurrenz: *Sympathisierender – Sympathisant*; *Student, Kommandant, Regent;* vgl. auch *Demonstrierer – Demonstrant.*
- Funktion:
  - nomina agentis: *Musikant, Diskutant, Sympathisant.*

Zur Vertiefung:

Werner, J. (2003): *Dankesgabe von seinen Doktoranten*. Zur *-and/ant-* und *-end/ent-*Konkurrenz im Deutschen. – In: Muttersprache 113:3, S. 255-264.

2.9.3.5 *-enz/-anz*

- Kategoriale Füllung:
  - Adj. → N: adj. Basen meist mit dem Suffix *-ant/-ent: renitent – Renitenz, süffisant – Süffisanz, Prägnanz, Toleranz.*
  - V → N: von Verben auf *-ieren: Dominanz, Fluoreszenz, Koexistenz, Konferenz, Konkurrenz, Korrespondenz, Tendenz, Toleranz.* Wenn ein Substantiv auf *-ante* existiert, dann lautet das Suffix *-anz: variieren – Variante – Varianz.*
  - Substantivische Nebenbasis: *Assistent – Assistenz, Ignorant – Ignoranz, Konkurrent – Konkurrenz.*
- Morphologische Markierung: Die Allomorphie zwischen *-enz* und *-anz* entspricht der zwischen *-ent* und *-ant*. Wenn das Wortbildungsprodukt deverbal ist, dann liegt ein Wechsel mit der Verb-Endung *-ieren* vor: *Konkurrenz, Phosphoreszenz.*
- Wortbildungsakzent: auf dem nichtnativen Suffix.
- Kombinierbarkeit mit anderen Suffixen: keine.
- Produktivität: Die Bildungen sind relativ selten.
- Konkurrenzsuffixe nativ: *-ung;* nichtnativ: *-(at)ion, -atur, -ement, -age.*
- Funktion: meist Bildung von Abstrakta; nomina qualitatis: *Renitenz.*

2.9.3.6 *-erie*

- Kategoriale Füllung:
  - Adj. → N: nur nichtnative adj. Basen: *bigott – Bigotterie, galant – Galanterie, prüde – Prüderie, pikant – Pikanterie.*
  - N → N: nur wenige nichtnative subst. Basen: *Clownerie, Kameraderie, Piraterie, Pedanterie.*
- Morphologische Markierung: vereinzelt Fehlen des stammauslautenden *-e.*
- Wortbildungsakzent: auf der letzten Silbe des nichtnativen Suffixes.

- Kombinierbarkeit mit anderen Suffixen: keine.
- Produktivität: kaum produktiv, nur wenige Beispiele.
- Konkurrenzsuffixe: keine.
- Funktion:
  - nomina locativa: *Fasanerie, Orangerie.*
  - Kollektiva: *Gendarmerie, Maschinerie, Pedalerie, Statisterie.*

2.9.3.7 *-eur*

- Kategoriale Füllung:
  - V → N: von Verben auf *-ieren: Chauffeur, Friseur, Masseur.*
  - N → N: *Charme – Charmeur, Inspektion → Inspekteur, Konstruktion → Konstrukteur, Redaktion → Redakteur.*
  - N/V → N: sowohl substantivische als auch verbale Basis: *Kommandeur (Kommando, kommandieren).*
- Morphologische Markierung: meist Suffixaustausch.
- Wortbildungsakzent: auf dem nichtnativen Suffix.
- Produktivität: eher selten; in geringem Maß produktiv.
- Konkurrenzsuffixe: das native Suffix *-er*; die nichtnativen Suffixe *-ent/-ant* und *-ator*; meist komplementär zu diesen.
- Funktion: nomina agentis wie *Inspekteur, Kontrolleur, Redakteur.*

2.9.3.8 *-(i)at*

- Kategoriale Füllung:
  - N → N: *Dekan – Dekanat, Patriarchat, Matriarchat, Rektorat.*
  - V → N: von Verben auf *-ieren: Destillat, Diktat, Fabrikat, Filtrat, Präparat, Referat, Zitat, Kondensat, Konzentrat.*
- Morphologische Markierung: Suffixwechsel bei Verben auf *-ieren.*
- Wortbildungsakzent: auf der letzten Silbe des nichtnativen Suffixes.
- Kombinierbarkeit mit anderen Suffixen: keine.
- Produktivität: nicht sehr häufig, geringe Produktivität.
- Konkurrenzsuffixe: keine.
- Funktion: heute nur Sachbezeichnungen bei deverbalen Bildungen.
  - nomina facti: *Destillat, Diktat, Fabrikat.*

2.9.3.9 *-ie*

- Kategoriale Füllung: meist nichtnative Basen.
  - Adj. → N: zu überwiegend nichtnativen Adj. auf *-isch: apathisch – Apathie, Ironie, Lethargie, Empirie, Dynastie.* Simplizia als Basen bei *Analogie, Anomalie, Autonomie, Autarkie, Monogamie, Monotonie, Ortho-*

doxie. Suffixwechsel: *-tisch* → *-sie: epileptisch – Epilepsie, Geodäsie, Idiosynkrasie, Häresie, Poesie.*
– N/Adj. → N: *Demagogie – Demagoge/demagogisch, Prophetie – Prophet/prophetisch, Aristokratie, Bürokratie, Bourgeoisie.*
– Morphologische Markierung: Suffixwechsel bei Basisadjektiven auf *-isch: apathisch – Apathie, ethnisch – Ethnie.*
– Wortbildungsakzent: auf dem Suffix.
– Produktivität: geringe Zunahme in jüngerer Zeit, aber insgesamt nicht sehr häufig.
– Konkurrenzsuffixe: bei den nichtnativen Suffixen einige Konkurrenzen mit *-ismus: Psychologie – Psychologismus;* austauschbar sind: *Anarchie – Anarchismus.*
– Funktion:
  – nomina qualitatis: *Apathie, Hierarchie, Ironie.*
  – Bezeichnungen von Ordnungen/Systemen: *Orthographie, Theorie.*
  – Bezeichnungen von Wissenschaften/Fächern: *Anatomie, Biologie.*
  – Kollektiva: *Aristokratie, Bürokratie.*

2.9.3.10 *-ik*

– Kategoriale Füllung:
  – Adj. → N: zu Adj. auf *-isch,* vorwiegend mit nichtnativer Basis. *Realistik, Elastik, Exzentrik, Periodik, Mystik, Pragmatik.*
  – N → N: *Akrobat – Akrobatik, Artist – Artistik, Perspektivik, Programmatik, Rhythmik, Methodik.*
  – Isolierte Bildungen: *Kolik, Replik, Republik, Rubrik, Supplik* ›Bittgesuch‹ (veraltet).
– Morphologische Markierung: Suffixwechsel bei Adj. auf *-isch: komisch – Komik.*
– Wortbildungsakzent: nicht auf dem Suffix, sondern auf der Stammsilbe davor mit Ausnahme der isolierten Bildungen (s.o.).
– Produktivität: ganz auf die Hochsprache beschränkt, v.a. in Zeitungstexten. Neubildungen: *Asketik, Idyllik, Lakonik.* Niedrige Frequenz.
– Konkurrenzsuffixe: teilweise in Konkurrenz zu den nichtnativen Suffixen *-ität* und *-ismus*, teilweise auch komplementär: *Realität – Realismus – Realistik, Elastik – Elastizität, Exzentrik – Exzentrizität, Periodik – Periodizität.*
– Funktion: viele Konkreta wie *Statistik, Grammatik, Mimik, Belletristik, Hydraulik, Mechanik, Optik, Elektronik.*
  – für Stilrichtungen: *Gotik, Romanik, Romantik, Klassik.*
  – Wissenschaftsrichtungen: *Analytik, Ästhetik, Botanik, Didaktik.*
  – Kollektiva: *Kritik, Pädagogik, Publizistik.*

2.9.3.11 *-iker*

Herkunft: Substantiva auf *-ik* mit *-er*-Suffigierung: *Botaniker, Komiker, Logiker, Mystiker, Politiker;* dann wohl Fehlsegmentierung und Übertragung auf Basissubstantiva ohne *-ik: Alkoholiker, Allergiker, Chemiker, Satiriker.*

- Kategoriale Füllung:
  - N *(-ik)* → N + *-er: Botaniker, Komiker, Logiker, Mystiker, Politiker.*
  - Adj. → N: zu nichtnativen adj. Basen auf *-isch: fanatisch* → *Fanatiker, Häretiker, Skeptiker, Theoretiker, Zyniker.*
  - V → N: *studieren* → *Studiker* (veraltet).
- Morphologische Markierung: Tilgung von stammauslautendem *-e;* teilweise Suffixtausch mit *-ie: Häresie – Häretiker, Theorie – Theoretiker.*
- Wortbildungsakzent: auf der Silbe vor dem Suffix *-iker.*
- Produktivität: wenig genutztes Muster mit geringer Produktivität.
- Funktion: nomina agentis wie *Fanatiker, Elektriker, Idylliker.*

2.9.3.12 *-ismus*

- Kategoriale Füllung:
  - Adj. → N: zu Adj. auf *-(t)isch* per Suffixaustausch. *impressionistisch – Impressionismus, sozialistisch – Sozialismus, Atavismus;* zu Adjektiven auf *-al* und *-iv*: *kolonial – Kolonialismus, konservativ – Konservativismus;* nicht mögliche Basen: *schwedisch, spanisch* etc. Adjektiva auf *-ell:* Suffixtausch mit *-alismus: provinziell – Provinzialismus.*
  - auch zu adj. Basen auf *-il, -al, -ar, -iv; Infantilismus, Nationalismus, Klerikalismus, Idealismus, Positivismus.*
  - N → N: mit nichtnativer substantivischer Basis; v.a. Personenbezeichnungen auf *-ist,* aber auch auf *-iker: Zyniker – Zynismus*; auch auf *-ant: Dilettant – Dilettantismus, Protestantismus.* Dazu Simplizia als Basen: *Barbarismus, Despotismus, Patriotismus, Semitismus.* In fast allen Fällen ist aber auch ein Adjektiv als Basis möglich.
- Morphologische Markierung: Suffixtausch bei Basisadjektiven auf *-isch, -istisch;* in einigen Fällen aber direkt an Basis: *Infantilismus, Liberalismus, Modernismus, Parallelismus.*
- Wortbildungsakzent: auf der ersten Silbe des Suffixes (Pänultima).
- Kombinierbarkeit mit adjektivischen Suffixen: siehe oben.
- Produktivität: zahlreiche Bildungen, aber Gebrauchsfrequenz teilweise sehr niedrig; sehr produktiv in der Zeitungssprache: *Messianismus, Modernismus, Romantizismus, Pansexualismus, Ökonomismus.* Gelegentlich Neubildungen: *Impressionismen; Rheumatismus, Vaginismus* (Erkrankungen).
- Konkurrenzsuffixe: das nichtnative Suffix *-ität.*

– Funktion:
  – nomina qualitatis: *Heroismus, Optimismus.*
  – Kollektiva: *Atheismus, Kapitalismus, Militarismus, Nationalismus.*

2.9.3.13 *-ist*

– Kategoriale Füllung:
  – V → N: nur vereinzelte deverbale Bildungen von Verben auf *-ieren; Komponist, Kopist, Publizist, Telefonist.*
  – N → N: überwiegend nichtnative Basen. *Drogist, Jurist, Kapitalist.* Aber: *Hornist.* Ableitungen aus Eigennamen: *Marxist, Calvinist.*
– Morphologische Markierung: Bei Substantiven werden basisschließende Vokale meist eliminiert: *Cembalo → Cembalist, Novellist, Solist;* aber: *Prosaist.*
– Wortbildungsakzent: auf dem nichtnativen Suffix.
– Kombinierbarkeit mit anderen Suffixen: keine.
– Produktivität: produktives Muster, viele Okkasionalismen; *Karrierist, Librettist, Putschist.*
– Konkurrenzsuffixe: nichtnativ: *-ianer* mit der Lautvariante *-aner*: *Freudianer, Hegelianer, Kantianer, Wagnerianer*; *Mohammedaner.*
– Funktion: nomina agentis wie *Karikaturist, Propagandist, Solist, Terrorist.*

2.9.3.14 *-ität/-etät/-izität*

– Kategoriale Füllung:
  – Adj. → N: zu ein- und mehrsilbigen adj. Simplizia; *abnorm → Abnormität, Anonymität, Banalität, Brutalität, Frigidität, Intimität, Obszönität, Rarität, Uniformität, Varietät, Pietät, Sozietät;* nur mit nichtnativen Basen kombinierbar, aber ugs. *Schwulität.*
  – alle Adj. auf *-abel/ -ibel* haben bei der Nominalisierung die Suffixvariante *-ilität: Sensibilität, Stabilität, Rentabilität.*
  – fast alle Adj. auf *-il/ -al: Sterilität, Banalität, Senilität, Kollegialität.*
  – die meisten Adj. auf *-(i)os/ -(i)ös: burschikos → Burschikosität.*
  – ca. ein Drittel der Adj. auf *-iv*, die auf Verben auf *-ieren* beruhen: *rezeptiv/rezipieren → Rezeption, Rezeptivität;* vgl. *Explosion – Explosivität, Induktion – Induktivität.*
  – nur wenige Adj. auf *-isch*, per Suffixtausch: *authentisch → Authentizität, Elastizität, Elektrizität;* Kürzung: *Musikalität, Moralität, Solidarität.*
  – N/Adj. → N: *Invalide/Invalidität, Virtuose/Virtuosität.*
  – Isolierte Bildungen: *Duplizität, Kapazität, Minorität, Novität.*

- Morphologische Markierung: bei Verbindung mit Adj. auf *-iv, -al, -il* kein Vokalwechsel: *Naivität, Normalität, Senilität;* bei Adj. auf *-el, -ell, -är, -isch, -ös* kombinatorischer Vokalwechsel: *Sensibilität, Sexualität, Regularität, Authentizität, Nervosität.*
- Wortbildungsakzent: auf der letzten Silbe des Suffixes (Ultima).
- Kombinierbarkeit mit anderen Suffixen: siehe oben.
- Produktivität: marginal produktiv bei sehr niedriger Frequenz in der Wissenschaftssprache.
- Konkurrenzsuffixe: nichtnativ: Konkurrenz mit *-ismus: Intellektualismus – Intellektualität, Konformismus – Konformität; selten* auch: *Periodik – Periodizität.*
- Funktion:
  - nomina qualitatis: *Konformität, Nervosität.*
  - Konkreta: Bezeichnungen von Gegenständen und Handlungen, meist pluralisch: *Extremitäten, Formalitäten, Intimitäten, Raritäten, Sentimentalitäten, Spezialitäten, Tollität,* vgl. *Majestät* (unikales Morphem).

Zur Vertiefung:

Banholzer, I. (2005): *-(i)tät.* Vom lateinischen Suffix zum dt. Fremdsuffix. – Marburg: Tectum.

Öhmann, E. (2005): Das deutsche Suffix *-(i)tät.* – In: Müller, Peter O. (Hg.), Fremdwortbildung. Theorie und Praxis in Geschichte und Gegenwart (Frankfurt/M. usw.: P. Lang), S. 251-256.

2.9.3.15 Seltene nichtnative Substantiv-Suffixe

Sie sind allenfalls marginal produktiv:

-and(-end): V → N (von Verben auf *-ieren*): *Multiplikand, Operand, Subtrahend, Habilitand, Konfirmand, Diplomand.*

-age: V → N (von Verben auf *-ieren*): *Drainage, Kolportage, Massage, Montage, Sabotage, Spionage.*

-(at)ur: V → N (von Verben auf *-ieren*): *Approbatur, Kandidatur, Reparatur; Dressur, Gravur, Korrektur, Zensur.*

-ment/-ement: V → N (von Verben auf *-ieren*): *Fundament; Abonnement, Amüsement, Arrangement, Bombardement.*

-esse: Adj. → N: *Akkuratesse, Noblesse.*

-ette: N → N: *Sandalette, Stiefelette, Zigarette.*

-euse: N → N: *Friseurin – Friseuse, Masseurin – Masseuse;* Suffixaustausch zu *-eur.*

-ice: nach dem Muster von *Directrice.*

-ier: N → N: *Brigadier, Magazinier, Rentier, Pleitier.*

-(i/e)ss(e/in): N → N: Movierte Feminina auf *-in* zeigen teilweise Suffixerweiterung: *Prinzessin, Äbtissin, Baronesse.*

-ine: N → N: *Philippine, Wilhelmine* als Muster. Adj. Basis: *Blondine.*

-itis: V → N (von Verben auf *-ieren*): *Maroditis, Subventionitis, Telefonitis.* Semantisches Zusatzmerkmal: ›übertrieben, zu viel‹.

Zur Vertiefung:

Feine, A. (2003): *Fußballitis, Handyritis, Chamäleonitis. -itis*-Kombinationen in der deutschen Gegenwartssprache. – In: Sprachwissenschaft 28:4, S. 437-466.

Fleischer, W. (2005): Zum Status des Fremdelements *-ier-* in der Wortbildung der deutschen Gegenwartssprache . – In: Müller, P. O. (Hg.), Fremdwortbildung. Theorie und Praxis in Geschichte und Gegenwart (Frankfurt/M. usw.: P. Lang), S. 435-446.

Michel, S. (2006): Vom Terminator zum TORminator. Die Wortbildungseinheit *-minator:* Strukturelle und sozio-pragmatische Analyse. – In: Muttersprache 2006:4, S. 289-307.

Werner, J. (2003): *Dankesgabe von seinen Doktoranten.* Zur *-and/ant-* und *-end/ent-*Konkurrenz im Deutschen. – In: Muttersprache. Zeitschrift zur Pflege und Erforschung der deutschen Sprache 113:3, S. 255-264.

Siehe auch die Suffixstudien VII, X und XI von E. Öhmann (2005) in: Müller, P. O. (Hg.), Fremdwortbildung. Theorie und Praxis in Geschichte und Gegenwart (Frankfurt/M. usw.: P. Lang), S. 283-296, S. 305-318 und S. 319-324.

2.9.4 Wichtige semantische Typen der substantivischen Suffigierungen

Adj./Num./Verb → Nomen (kategorieändernd)	**Beispiele**	**Paraphrase**
Bezeichnungstyp nach der entsprechenden syntaktischen Fügung in der Paraphrase		
nomina actionis Vorgangs- und Handlungsbezeichnung aus Verben	*Erklärung* *Schreierei* *Manipulation* *Seufzer*	›Vorgang/Handlung von y‹; y = Basisverb ›was erklärt wird‹
Zustandsbezeichnung Ergebnis einer Beziehungsverschiebung von Vorgangsabstrakta	*Verzweiflung* *Resignation* *Aufgeregtheit*	›sich in (PP Basisverb) Zustand befinden‹; ›sich in verzweifeltem Zustand befinden‹
nomina qualitatis 1. Verhaltens- und Verhältnisbezeichnung aus N. 2. Eigenschaftsbezeichnungen aus Adj.	*Heroismus* *Tyrannei* *Vaterschaft* *Schlauheit* *Vergänglichkeit* *Schwammigkeit* *Nervosität*	›Zustand/Auftreten oder Erhalten der betreffenden Person/des Zustands‹ ›x ist/handelt als y‹; y = Basisadj./-subst. ›x ist vergänglich‹
nomina agentis Subjektsinhalt Personenbezeichnung	*Leser(in)* *Fussballer* *Fremdling*	›jemand, der y tut/ist‹ y = Basisverb/-substantiv/-adjektiv ›jemand, der/die liest‹
Objektsinhalt 1. **nomina facti** (Sachbezeichnung aus V) 2. **nomina patientis** (Personenbezeichnung aus V)	*Aufkleber* *Mitbringsel* *Errungenschaft* *Findling* *Umsiedler*	›etwas, das getan (y) wird‹; y = Basisverb ›etwas, das aufgeklebt ist/wird‹

nomina instrumenti instrumentale Adverbialinhalte	*Steuerung* *Regulator* *Hebel*	›etwas, mit dem/durch das y getan wird‹; y = Basisverb ›etwas, womit man steuert‹
nomina locativa lokale Adverbialinhalte	*Druckerei* *Käserei* *Scheichtum*	›Ort, wo y getan wird‹; y = Basisverb/-substantiv; ›Ort, wo gedruckt wird‹/›Ort, wo ein Scheich herrscht‹ (Zuständigkeitsbereich)

Semantische Abwandlung	**Beispiele**	**Paraphrase**
Bezeichnungstyp nach der Bedeutungsabstufung		
Diminutiva	*Häuschen* *Lämmlein* *Sandalette* *Bräustüberl*	›klein, vertraut‹/›Haus, das sehr klein ist‹ (evaluativ)
Movierungen 1. weiblich	*Ärztin* *Friseuse*	›weiblich‹/›eine Frau, die sich als Arzt betätigt‹
2. männlich	*Witwer* *Enterich*	›männlich‹/›Mann, der verwitwet ist‹
Kollektiva Personengruppen	*Lehrerschaft* *Bürgertum* *Menschheit*	›gesamt, alle‹ ›die Gesamtheit der Lehrer‹

Zur Vertiefung:

Wellmann, H. (1975): Deutsche Wortbildung. Typen und Tendenzen in der Gegenwartssprache. 2. Hauptteil. Das Substantiv. – Düsseldorf: Schwann.

2.9.5 Übung zu substantivischen Suffigierungen

a) Bestimmen Sie je einen möglichen semantischen Typ bei: *Zerstreuung, Erklärung, Bedienung, Steuerung.*
b) Nennen Sie Beispiele für Diminutivbildung mit unterschiedlichen Suffixen. Welche semantische Leistung erbringen sie? Nennen Sie zwei weitere Klassen von Suffixen, die keine Wortartänderung bewirken, und geben Sie die entsprechenden Paraphrasen an.

2.10 Substantivische lexikalische Konversionen (vgl. 1.4.9/1.5.9)

Wir weisen nachdrücklich auf die Bemerkungen in 1.4.9 hin, dass wir für die streng synchrone Beschreibung Mehrfachkategorisierung von Stamm-Morphemen vorziehen würden, im Hinblick auf die Forschungslage und den Prüfungszweck aber bei der dynamischen Sichtweise eines Wortbildungsprozesses ohne

Wortbildungsmittel bleiben. Die Wortbildungsprodukte bleiben i.d.R. ohne lautliche Änderungen.

- Kategoriale Füllung:
  - V-Stamm → N: *Bad, Bann, Fall, Grab, Heft, Lauf, Sinn.*
    Beachte, dass schwache Verben i.d.R. abgeleitet, also denominal sind: *Buch → buchen, Blut → bluten, Wut → wüten, Schule → schulen.* Unklar sind Fälle wie *Trost (→ trösten), Dienst (→ dienen).* Grundsätzlich gilt diejenige Form, die ein zusätzliches lautliches Merkmal (z.B. Umlaut) aufweist, als abgeleitet.
- Wortbildungsakzent: keine Änderung des Simplexakzents.
- Morphologische Markierung: keine.
- Genuszuweisung: meist maskulinum, z.T. neutrum.
- Funktion: Bildung nominaler Abstrakta, aus denen sich häufig wieder Konkreta entwickeln.

Zur Vertiefung:

Rapp, I. (2006): "Was den Besuch zum Ereignis macht" – eine outputorientierte Analyse für die Verb-Nomen-Konversion im Deutschen. – In: Ling. Berichte 208, S. 407-438.

2.11 Grammatische Transpositionen (vgl. 1.4.10/1.5.10)

Wir verweisen wieder auf die in 1.4.10 dargelegte Ansicht, dass es sich dabei um einen syntaktischen Prozess, nicht einen Wortbildungsprozess handelt. Im Hinblick auf die Forschungslage und den Prüfungszweck fügen wir hier aber einen entsprechenden Abschnitt ein. Die substantivischen Produkte grammatischer Transpositionen sind meist genusvariabel, ohne morphologische Markierung und ohne Akzentverlagerung.

- Kategoriale Füllung:
  - Inf. I → N: *das Essen, das Aufstehen, das Warten, das Abkommen.*
  - Part. I → Adj. → N: *der/die/das Lesende, der/die/das Vorsitzende.*
  - Part. II → Adj. → N: *der/die/das Geschlagene.*
  - fin. V → N: *das Ist, das Soll, ein Muss.*
  - Adj. → N: *der/die/das Gute, der/die/das Braune.*
  - Pron. → N: *die Unseren, der/die/das Meine, das Ich/Du/Es.*
  - Adv. → N: *das Hier und Heute; das Gestern, das Oben und Unten.*
  - Partik. → N: *das Auf und Nieder, das Für und Wider.*
- Wortbildungsakzent: keine Akzentverlagerung.
- Morphologische Markierung: Inf. I, Part. I/II und ohne Markierung.
- Genuszuweisung: viele Wortbildungsprodukte sind genusvariabel; nur neutrum: Partik./Adv./fin. V → N.
- Funktion: Der semantische Kern wird als Entität dargestellt.

Zur Vertiefung:
Bücking, S. (2009): Ereignissen einen Namen geben: Nominalisierte Infinitive als Artterme. – In: Brdar-Szabo, R. e.a. (Hgg.), An der Grenze zwischen Grammatik und Pragmatik (Frankfurt/ Main: P. Lang), S. 87-96.

2.12 Substantivische Ablautbildungen (vgl. 1.4.11/1.5.11)

- Kategoriale Füllung:
  - Präteritalformen starker V → N mit Ablaut und grammatischem Wechsel: *Band/Bund* ← *binden, Frost* ← *frieren, Grube* ← *graben, Guss* ← *gießen, Klang* ← *klingen, Pfiff* ← *pfeifen, Verlust* ← *verlieren.*
  - Mit Rückumlaut: *Qual* ← *quälen, Wut* ← *wüten, Hohn* ← *höhnen, Kuss* ← *küssen.*
  - Part. II starker V → N: *Gang, Sprung, Fund.*
- Wortbildungsakzent: keine Änderung des Simplexakzents.
- Morphologische Markierung: Ablaut, Umlaut und Rückumlaut. Es handelt sich um ein historisches Ableitungsmuster, das längst nicht mehr lebendig ist. Die Ableitungsbeziehungen sind synchron oft nicht mehr durchsichtig.
- Genuszuweisung: meist maskulinum.
- Funktion: Bildung von nominalen Abstrakta, aus denen sich z.T. wieder Konkreta entwickelt haben, z.B.:
  - nomina actionis: *Griff, Pfiff.*
  - nomina facti: *Grube.*

2.12.1 Übung zur substantivischen Konversion, Transposition, Ablautbildung

Nennen Sie den Wortbildungstyp von: *die Unseren, die Grube, das Unzusammenhängende, der Lauf, das Unternehmen, die Übernahme.*

2.13 Substantivische Rückbildungen (vgl. 1.4.15/1.5.15)

Rückbildungen nehmen eher von Substantiven ihren Ausgang als dass sie darauf zu führen.

- Kategoriale Füllung:
  - Adj. → N: *sanftmütig* → *Sanftmut, hämisch* → *Häme.*
- Wortbildungsakzent: entsprechend dem Ausgangslexem.
- Morphologische Markierung: Suffixtilgung oder Suffixersatz.
- Funktion: zumeist nomina qualitatis.

Zur Vertiefung:
Tiefenbach, H. (1984): Fischfang und Rauchfang. Zum Problem der deverbalen Rückbildungen in der deutschen Gegenwartssprache. – In: Sprachwissenschaft 9, S. 1-9.

2.14 Sonstige substantivische Wortbildungstypen

Fast ausschließlich eine Erscheinung der substantivischen Wortbildung sind Kurzwortbildung, Wortkreuzung und Reduplikation. Da diese Wortbildungstypen anhand zahlreicher substantivischer Beispiele bereits ausführlich in Kapitel 1 behandelt wurden, verweisen wir an dieser Stelle auf die entsprechenden Abhandlungen (vgl. 1.4.12-1.4.14 S. 43-46 und 1.5.12-1.5.14 S. 61f.).

2.14.1 Übung zur substantivischen Wortkürzung und Kontamination

a) Erarbeiten Sie eine möglichst vollständige Wortbildungsanalyse von: *Stabi, O-Saft, AIDS, Ceralisto, Pop*.
b) Nennen Sie Argumente für und gegen eine Einordnung der Wortkürzung in die Wortbildung.

2.15 Allgemeine Literaturhinweise zur Substantiv-Wortbildung

Fleischer, W./Barz, I. ([3]2007): Wortbildung der deutschen Gegenwartssprache. 3., unveränd. Auflage. – Tübingen: Niemeyer. [S. 84-223].

Jortikka, E. (2005): Zur substantivischen Wortbildung in Wirtschaftstexten. – In: Neuendorff, D. e.a. (Hgg.), Alles wird gut: Beiträge des finnischen Germanistentreffens 2001 in Turku/Åbo, Finnland (Frankfurt/M.: P. Lang), S. 197-208.

Mungan, G. (2004): Deverbale Substantive im Deutschen. – In: Deutsch als Fremdsprache. 41, 4, S. 199-205.

Ortner, L./Müller-Bollhagen, E. e.a. (1991): Deutsche Wortbildung. Typen und Tendenzen in der Gegenwartssprache. Vierter Hauptteil. Substantivkomposita. – Berlin etc.: de Gruyter.

Wellmann, H. (1975): Deutsche Wortbildung. Typen und Tendenzen in der Gegenwartssprache. 2. Hauptteil. Das Substantiv. – Düsseldorf: Schwann.

3. Adjektivische Wortbildung

3.1 Merkmale der Kategorie Adjektiv

Adjektiva sind morphologisch dadurch ausgezeichnet, dass sie deklinierbar sind in den Kategorien Kasus, Numerus und Genus. Es besteht Flexionsklassenflexibiliät, d.h. starke/gemischte/schwache Flexion je nach der syntaktischen Umgebung: schwach nach definitem Artikel, stark nach Nullartikel, gemischt nach *ein/kein*. Relative Adjektiva sind im Gegensatz zu absoluten Adjektiva wie *tot, hölzern, ledig* i.d.R. komparierbar. Unveränderlich sind defektive Adjektiva wie *allein, entzwei, feind, egal, einerlei, lila (?lilane, ?lilanem), schuld, untertan* (nur prädikativ verwendbar).

Mögliche syntaktische Funktionen der Adjektiva sind Adjektiv-Attribut (prä-/postnominal), Prädikativ, Modaladverbiale und prädikatives Attribut, teilweise auch Ad-Attribut.

3.2 Verteilung der adjektivischen Wortbildungstypen

Die Verteilung der adjektivischen Wortbildungstypen ist der bei den substantivischen sehr ähnlich. Die produktivsten Wortbildungsmuster mit den meisten Beispielen liegen hier im Bereich der **Determinativkomposita** und der **Suffigierungen** vor. Deutlich seltener und weniger produktiv sind die adjektivischen **Steigerungsbildungen** und die **Kopulativkomposita**, doch sind die entsprechenden Muster klarer ausgebildet als bei den Substantiva und nicht so belastet durch einen unbefriedigenden Verlauf der Forschungsgeschichte. Relativ umfangreich ist auch die Gruppe der **Zusammenbildungen**. Dagegen erweisen sich die Muster der **Präfigierungen** und der **Zusammenrückungen** als schwach ausgebildet. **Wortkürzungen** kommen nach unseren Erhebungen nicht vor, **Wortkreuzungen**, **Reduplikationen** und **Rückbildungen** sind so selten, dass ein Verweis auf die entsprechenden Abschnitte in 1.4.13-15 bzw. 1.5.13-15 genügen mag. Wortartspezifische Muster wie etwa die Partikelverben bei den Verben treten hier nicht auf.

3.3 Adjektivische Zusammenrückungen (vgl. 1.4.2/1.5.2)

Hier ist gegenüber der Darstellung in 1.4.2 und 1.5.2 kaum Neues zu vermerken.

- Kategoriale Füllung:
  - Adj.Phrase: Adj. + Erweiterungen nach links, z.B. *reizempfänglich, menschenmöglich, fahrtauglich, gemeinverständlich, leuchtend rot*. Auffallend ist, dass in allen Beispielen das Letztelement ein Adjektiv ist. Es besteht ein fließender Übergang zu den adjektivischen Determinativkomposita (vgl. 3.6 S. 108f.).
- Wortbildungsakzent: zumindest anfänglich auf dem Letztelement mit Tendenz zur Linksverlagerung.
- Reihenfolgemarkierung: wie in der parallelen syntaktischen Struktur.
- Morphologische Markierung: z.T. syntaktische Markierung nach der ursprünglichen Verwendung wie in *menschenmöglich*.
- Funktion: nach der syntaktischen Relation zwischen den Konstituenten.

3.4 Adjektivische Zusammenbildungen (vgl. 1.4.3/1.5.3)

- Kategoriale Füllung und Kombinatorik:

  Typ I mit Suffix weist zahlreiche Einzelmuster auf:
  - N + V + *-ig/-lich/-isch: zielstrebig, handgreiflich, halsbrecherisch.*
  - Adj. + V + *-ig/-lich/-isch/-en: wahrscheinlich, gleichmacherisch, altbacken.*
  - Präp. + V + *-ig: vorläufig.*
  - Num. + V + *-ig: eindeutig.*
  - V + V + *-ig: fahrlässig.*
  - N + N + *-en: bernsteinfarben.*
  - Adj. + N + *-ig/-en/-lich/ge-t: barfüßig, barbusig, buntfarben, neutestamentlich, langgeschwänzt.* Teilweise entfallen auslautende Vokale bei den Substantiven.
  - Adv. + N + *-ig: rechtsseitig.*
  - Präp. + N + *-ig/-lich: überjährig, unterschwellig, vorgeburtlich.*
  - Num. + N + *-ig: dreifädig, hundertprozentig.*
  - V + N + *-ig: hängeflügelig.*
  - Det. + N + *-ig: diesjährig.*
  - Berücksichtigt werden müssen hier auch kombinatorische Derivation (gleichzeitige Präfigierung und Suffigierung) sowie Pseudopartizipien, wenn die UK a+b und b+c nicht frei vorkommen: *unerbittlich, unbeschreiblich, beherzt, verfrüht, entgeistert, eingefleischt, gehässig.*

Typ II: Für das von den substantivischen Zusammenbildungen her bekannte Muster mit drei Lexemen (Letztelement: Adjektiv; die Lexeme a und b verhalten sich ähnlich wie die Zusammenrückung einer NP) gibt es bei den Adjektiven nur wenige überzeugende Beispiele; evtl. sind Bildungen wie *neunrösserstark* dazuzuzählen.

- Morphologische Markierung: keine Binnenflexion, nur vereinzelt Fugenelemente.
- Wortbildungsakzent: bei Zusammenbildungen aus zwei Lexemen und Suffix i.d.R. auf dem Erstelement: *schwerhörig*; Zusammenbildungen aus drei Lexemen tragen den Akzent i.d.R. auf dem Zweitelement *neunrösserstark* (Phrasenakzent bei Zusammenrückung).
- Funktion: Zusammenbildungen aus drei Lexemen werden semantisch wie Determinativkomposita analysiert, z.B. *neunrösserstark*: ›stark wie neun Rösser‹ (komparational). Zusammenbildungen aus zwei Lexemen und einem Suffix werden wie Suffigierungen behandelt, z.B. *spitzgiebelig*: ›einen spitzen Giebel habend‹ (partitiv mit *haben*-Prädikation). Zwischen den Bestandteilen a und b herrschen Relationen wie in einer parallelen syntaktischen Struktur (NP).

Zur Vertiefung:

Latour, B. (1980): Adjektivische Zusammenbildungen des Typs »innerseelisch« – »intrapsychisch«. –In: Muttersprache 90, S. 299-321.

3.4.1 Übung zu adjektivischen Zusammenrückungen und -bildungen

Analysieren Sie die folgenden Wortbildungsprodukte nach Form- und Bedeutungsmerkmalen: *krummnasig, alttestamentlich, unvergleichlich.*

3.5 Adjektivische Kopulativkomposita (vgl. 1.4.4/1.5.4)

Das Bildungsmuster ist bei den Adjektiven klarer und eindeutiger als bei den Substantiven. Die Zahl der problemlosen Beispiele ist vergleichsweise hoch.

- Kategoriale Füllung:
  - nur Adj. + Adj., überwiegend zweigliedrige Bildungen: *bittersüß, blaugrün, deutsch-französisch, fruchtig-frisch, helldunkel.*
- Hauptakzent auf dem Zweitglied, Nebenakzent auf dem Erstglied: *blaugrün* ›blau und grün‹ vs. *blaugrün* ›bläuliches Grün‹ (Determinativkompositum). Beachte aber den Gebrauchsakzent innerhalb einer NP: *Schwarzweiß Essen.*
- Reihenfolgemarkierung: austauschbar, durch Lexikalisierung oft fest.

- Morphologische Markierung: keine Fugenelemente, Flexion am Letztelement; häufig Bindestrichschreibung zur Verdeutlichung der Struktur.
- Funktion: Zwischen den Konstituenten adjektivischer Kopulativkomposita liegt kein determinatives Verhältnis, sondern eine gleichrangige Prädikation vor. Die Paraphrase erfolgt stets durch *und*: *rot-grüne Streifen* ›rote und grüne Streifen‹. Ein Großteil der Konstituenten steht in additiv-adversativer Beziehung, z.B. *eine schaurig-schöne Geschichte* ›schaurig, aber auch schön‹. In einigen Bildungen stellen die Bestandteile Antonyme dar: *politisch-apolitische Radikalität.* Eine zusätzliche zeitlich- bzw. räumlich-sequentielle Bedeutung ist in Komposita wie *griechisch-byzantinisch, schwarz-rot-gold* festzustellen.

3.6 Adjektivische Determinativkomposita (vgl. 1.4.5/1.5.5)

Dieser Bildungstyp ist bei Adjektiven nicht ganz so häufig und produktiv wie bei den Substantiven, auch besteht eher eine Tendenz zu wenigen UK. Die semantischen Relationstypen sind nicht so reich differenziert wie bei den substantivischen Determinativkomposita.

- Kategoriale Füllung:
  - Adj. + Adj.: *altklug, reinseiden, rosarot.*
  - V + Adj.: *lauftüchtig, rutschfest, wehrfähig, reißfest, trinkfreudig.*
  - N + Adj.: *fleischfarbig, hautfreundlich, sachkundig.*
  - N + Part.: *freudestrahlend, herzzerreißend/-erquickend, leidtragend, milieugeschädigt, Not leidend/notleidend.* In diesen Verbindungen sind die Partizipien Adjektiva (s. Jacobs 2005, Anm. 118). Einige der Wortbildungsprodukte könnten auch als Zusammenrückungen gedeutet werden, da ihnen Adjektivphrasen entsprechen; z.B. *herzzerreißend* ›(das) Herz zerreißend‹ (vgl. auch N + Adj.: *gottähnlich*).
- Kombinatorik: bei Simplex-Adjektiven als Zweitelement ist das Erstelement variabel (Partizip II, suffigiertes/präfigiertes Adj.). Als Zweitelemente kommen alle Bildungstypen vor, wenn das Erstglied ein Simplex ist. Häufig besteht ein recht kleines Inventar von »reihenbildenden« Zweitelementen.
  - Zweitglied Partizip: *atomkraftgetrieben, blutsverwandt.*
  - Zweitglied Derivat: *fleischfarbig* (zu der Variante *-farben* siehe 3.4), *handelsüblich, hautsympathisch, publikumswirksam.*
  - Erstglied Derivat: *stellungsfest, erkenntnisreich, freiheitsliebend.*
  - beide UK Derivate: *entwicklungsfähig, freiheitsfeindlich.*

- Wortbildungsakzent: Hauptakzent auf dem Determinans, Nebenakzent auf dem Determinatum.
- Morphologische Markierung: Fugenelemente nur bei nominalem Erstglied; bei verbalem Erstelement nur Verbstamm. In den Bestandteilen kann Umlaut oder Ablaut auftreten, z.B. *bruchfest*.
- Reihenfolgemarkierung: Determinans vor Determinatum.
- Funktion: determinatives Verhältnis zwischen den UK.

Beachte: Einige Determinate wie *frei, voll, los* rechnen wir, anders als ein Teil der Literatur, nicht zu den Suffixoiden, da dabei nur eine der möglichen Bedeutungen dieser Lexeme realisiert wird, z.B. *faltenfrei* ›frei, soweit es die Falten betrifft‹, ›frei von Falten‹, ›ohne Falten‹. Die Paraphrase mit der Präp. *ohne* spricht u.E. nicht gegen diese Einstufung (vgl. 3.9.2.1 S. 120f.).

Wichtige semantische Typen der adjektivischen Determinativkomposita:

V + Adj./Part.	**Beispiele**	**Paraphrase**
kausal	*tiefkühlfrisch*	›frisch, weil tiefgekühlt‹
konsekutiv	*bügelfeucht*	›feucht, so dass gut zu bügeln‹
limitativ	*schreibgewandt*	›gewandt in Bezug auf das Schreiben‹

N+ Adj./Part.	**Beispiele**	**Paraphrase**
lokal	*stadtbekannt*	›bekannt in der Stadt‹
dimensional	*brusthoch*	›bis zur Brust hoch‹
temporal	*nachtblind*	›blind in der Nacht‹
kausal	*arbeitsmüde*	›müde von der Arbeit‹
final	*diensttauglich*	›tauglich zum Dienst‹
limitativ	*ressortverantwortlich*	›verantwortlich für ein bestimmtes Ressort‹
referentiell	*funktionsgleich*	›gleich in Bezug auf die Funktion‹
komparational	*grasgrün*	›grün wie Gras‹

Adj. + Adj.	**Beispiele**	**Paraphrase**
modifikativ	*hellgrün*	›helles Grün‹
explikativ	*komplex-vielschichtig*	›komplex, in anderen Worten vielschichtig‹
referentiell	*hygienisch-bedenklich*	›bedenklich in hygienischer Hinsicht‹
temporal	*frühreif*	›früh reif werdend‹
modal	*schöpferisch-tätig*	›auf schöpferische Art tätig‹
kausal	*rostig-braun*	›braun, weil rostig‹

Zur Vertiefung:

Kim, G.-U. (2005): Ist *trinkfreudig* eine Zusammensetzung oder eine Ableitung? Ergebnisse aus Recherchen in gegenwartssprachlichen Korpora der deutschen Standardsprache. – In: Schwitalla, J./ Wegstein, W. (Hgg.), Korpuslinguistik deutsch: synchron – diachron – kontrastiv. Würzburger Kolloquium 2003 (Tübingen: Niemeyer), S. 155-162.

Pümpel-Mader, M./Gassner-Koch, E./Wellmann, H. (1992): Deutsche Wortbildung. Typen und Tendenzen in der Gegenwartssprache. Fünfter Hauptteil. Adjektivkomposita und Partizipialbildungen. – Berlin etc.: de Gruyter.

Stötzer, U. (1978): Betonung von Adjektivkomposita im Satz. – In: Deutsch als Fremdsprache (Ost) 15, S. 237-239.

Vögeding, J. (1981): Das Halbsuffix *-frei*. Zur Theorie der Wortbildung. – Tübingen: Narr. (= Studien zur deutschen Grammatik 14).

3.6.1 Übung zu adjektivischen Kopulativ- und Determinativkomposita

Analysieren Sie die folgenden Wortbildungsprodukte nach Form- und Bedeutungsmerkmalen: *wutschnaubend, maschinenwaschbar, fruchtig-frisch, nachtblind, zitronengelb.*

3.7 Adjektivische Steigerungsbildungen (vgl. 1.4.6/1.5.6)

Bei den adjektivischen Steigerungsbildungen handelt es sich um ein relativ häufiges Wortbildungsmuster, das in Grenzen produktiv ist.

- Kategoriale Füllung:
  - N + Adj.: *affengeil, arschkalt, hundsgemein, knüppeldick.*
  - V + Adj.: *bettelarm, brunzdumm, kotzübel, speiübel, stinkfaul.*
  - Adj. + Adj.: *bitterböse, hellwach, hochelastisch, sattgrün, tiefblau.*
  - Adv. + Adj.: *quicklebendig, überglücklich.*

  Bei einer Reihe von nichtnativen, aber auch bei einigen nativen Erstgliedern ist die kategoriale Zuordnung unklar, z.B. bei *supereng, topaktuell; ultraflach, urgemütlich, erzkatholisch.*
- Kombinatorik:
  - Zweitglied: jede Art von einfachem oder komplexem relativem Adjektiv und Partizip, z.T. auch absolute Adjektive wie in *mausetot.*
  - Erstglied: relativ enge Auswahl zumeist reihenbildender emotiver Lexeme; kaum komplexere Strukturen: *splitterfasernackt, mutterseelenallein, sternhagelvoll* und Iterationen: *wortwörtlich, tagtäglich.*
  - Die möglichen Kombinationen mit Zweitelementen sind ebenfalls sehr begrenzt.
- Wortbildungsakzent auf dem adjektivischen Letztglied, Nebenakzent(e) auf dem/(den) Steigerungsglied(ern); relativ häufig Verlagerung im Gebrauch, z.B. bei attributivem Adjektiv auf das Erstglied *(ein knallenges Kleid)* und damit Formidentität mit Determinativkomposita.
- Reihenfolge: Steigerungsglied vor modifiziertem Adjektiv.
- Morphologische Markierung: keine Binnenflexion, Fugenelemente nur bei substantivischem Steigerungsglied. Das Zweitglied ist nicht komparierbar.
- Funktion: Bei Steigerungsbildungen unterscheidet man sinnvollerweise:

  a) duchsichtige/motivierte Bildungen:
  - Vergleichsbildungen wie *aalglatt* ›glatt wie ein Aal‹, *bildhübsch, bitterarm, eiskalt, gallenbitter,*
  - konsekutive Bildungen wie *blitzblank, triefnass* ›nass, so dass man trieft‹.

– Dimensionsadjektiva wie *himmelhoch* ›hoch wie der Himmel‹.
– referentielle wie *herzensgut, grundböse* und
– modifikative wie *tieftraurig* und *überreich*.

b) demotivierte Bildungen mit folgenden Gruppen von Erstgliedern:
– Tierbezeichnungen: *hundsgemein, schweinekalt, saustark*.
– Lautnachahmungen: *pitschnass, knalleng*.
– Flüche und tabuisierte Wörter etc.: *kreuzbrav, todfroh, blutjung*.
– Pseudoentlehnungen: *ratzekahl, grottenschlecht, hackevoll*.
– Bezeichnungen von Rohstoffen und Werkzeugen: *steinalt, strohdumm, staubtrocken, stocksteif*.
– Bezeichnungen von Kampfmitteln: *Bomben-, Granaten-, Kanonen-*.
– isolierte/unikale Lexeme: *klitzeklein, piekfein, potthässlich, zappenduster*.

Die motivierten Erstglieder bilden bei den Adjektiven wohl die Mehrheit und rechtfertigen eine Einordnung als (Steigerungs-)Komposita. In vielen Fällen aber weisen die Erstelemente von Steigerungsbildungen keine referentielle Bedeutung mehr auf. Es bleibt die emotiv-konnotative Komponente, die zu einer Steigerung des Basiswortes dient, oft als »Volkssuperlativ« bezeichnet. Die Funktion der Erstkonstituente lässt sich annähernd durch ›sehr, in hohem Grade‹ paraphrasieren, z.B. *blutjung* ›sehr jung‹. Obwohl alle Erstkonstituenten von Steigerungsbildungen ein intensivierendes Bedeutungsmerkmal haben, sind sie trotzdem nicht völlig synonym, wie die folgenden Akzeptabilitätsunterschiede zeigen: *Jetzt wäre ein *arsch-/*bitter-/eis-/?saukaltes Bier genau das Richtige*. Manche Steigerungsbildungen scheinen somit ein Bedeutungsmerkmal aufzuweisen, das mit positiver oder negativer Haltung des Sprechers zu der durch das Zweitglied bezeichneten Eigenschaft beschrieben werden kann (emotiver Aspekt):
– positiv: *über-: überglücklich; ultra-: ultrasanft*.
– negativ: *arschkalt, hundsgemein, kotzübel, stinklangweilig, scheißnormal, brunzdumm*.

Einige Erstglieder können auch in Abhängigkeit von der Wahl des Zweitglieds beide Haltungen ausdrücken, z.B. *blitzgescheit, blitzdumm; todfroh, todtraurig*. Die Erstglieder sind auf eine kleine Anzahl zumeist reihenbildender Wörter beschränkt. Die möglichen Kombinationen mit Zweitelementen sind ebenfalls sehr begrenzt.

Einige Wortbildungskonstruktionen lassen semantisch sowohl eine Interpretation als Determinativkomposita wie auch als Steigerungsbildungen zu, z.B. *blutarm* ›arm an Blut‹ vs. *blutarm* ›sehr arm‹. Die Abgrenzung leistet die Position des lexikalischen Akzents (der Gebrauchsakzent kann sehr ähnlich, ev. sogar identisch sein).

Zur Vertiefung:

Klara, L. (2009): Ist *stein**reich*** auch ***stein**reich*? Adjektivische Steigerungskomposita im Gegenwartsdeutschen und ihre Akzentuierung. – München: phil. Diss. http://edoc.ub.uni-muenchen.de/12328/

Pittner, R. (1996): Der Wortbildungstyp Steigerungsbildung beim Adjektiv im Neuhochdeutschen. In: Sprache und Sprachen 19/20, S. 29-66.

3.8 Adjektivische Präfigierungen (vgl. 1.4.7./1.5.7.)

Bei den adjektivischen Präfigierungen ist stets die Basis der Präfigierung kategoriebestimmend. In einigen Fällen muss Präfigierung und Suffigierung gleichzeitig erfolgen. Kommen weder die Konstituenten a/b noch b/c frei vor, so liegt Zusammenbildung vor (vgl. 3.4). Die Reihenfolge der beteiligten Elemente ist trivialerweise Präfix vor Basis. Der Wortbildungsakzent liegt auf dem Grundwort, auch bei nichtnativen Wörtern. Bei Negationspräfixen besteht die Tendenz zur Lexikalisierung des Kontrastakzents auf dem Präfix (vgl. 3.8.1/2). Es existieren keine Fugenelemente, auch Umlaut und Ablaut sind untypisch für diesen Wortbildungstyp.

Zu Konfixen, die sich mit adjektivischen Basen verbinden, wie *anti-, ex-, ko-/kon-/kor-, para-, post-* etc. siehe die Anmerkungen in 1.3.1 und 2.6.2!

3.8.1 *un-*

Das Präfix *un-*, das auch bei Substantiva vorkommt, tritt in zwei Varianten auf: einmal negierend und mit Kontrastakzent *(unsicher, ungut, unendlich),* einmal unbetont *(unendlich, unglaublich, unmöglich).* Es ist unklar, ob es sich dabei um einen (emphatisierenden) Gebrauchsakzent handelt oder um ein anderes Strukturmuster. *Un*-Präfigierungen sind sehr geläufig und produktiv. Kommen weder die suffigierte Basis noch *un-* + nicht-suffigiertes Lexem frei vor, so liegt Zusammenbildung vor (siehe 3.4 S. 106): *unausbleiblich, unleugbar, unglaublich.*

Die Basis der Präfigierung bilden alle denkbaren adjektivischen Wortbildungstypen, aber auch weitgehend adjektivierte Perfekt-Partizipien.

Derzeit kann man im politischen Bereich gerade den Übergang von *verantwortungslos* zu *unverantwortlich* (eigentlich: ›nicht verantwortlich‹) beobachten. Der Grund dafür könnte sein, dass *verantwortungslos* als zu harter Vorwurf empfunden wird.

Zur Vertiefung:

Lenz, B. (1995): *un*-Affigierung. Unrealisierbare Argumente, unausweichliche Fragen, nicht unplausible Antworten. – Tübingen: Narr.

3.8.2 Nichtnative negierende Adjektivpräfixe

a-/an-/ar-: nur nichtnative Basen: *amoralisch, anorganisch, a(r)rhythmisch.*
in-/il-/im-/ir-: nur nichtnative Basen: *inaktiv, illegal, impotent, irrational.*
non-: selten, nur nichtnative Basen: *nonkonformistisch, nonlinear.*
de-: dezentral.
dis-/dif-: disharmonisch, diskontinuierlich, disproportional, different.

3.8.3 *miss-*, ein adjektivisches Präfix?

Bei *miss-* handelt es sich eigentlich um ein negierendes verbales Präfix (vgl. 4.4.2 S. 142). Es kommt aber auch als Erstbestandteil von adjektivischen Determinativkomposita und als Basis von Suffigierungen vor (*miss-lich*). Da viele mit *miss-* präfigierte Verben, wohl aufgrund der unklaren Zuordnung zu den Präfix- oder den Partikelverben, ausgestorben sind, sind ehemals deverbale Nominalisierungen und Adjektivierungen heute isoliert und müssen entweder als adjektivische/nominale Präfigierungen oder als Determinativkomposita eingeordnet werden. Dadurch wird die synchrone Wortbildungsanalyse sehr schwierig.

1) Mit der Bedeutung ›falsch, verkehrt‹:
*missgebildet (← *missbilden → Missbildung), misstönend (← *misstönen → Misston), missmutig (← Missmut), miss*bräuchlich (← missbrauchen → Missbrauch), missverständlich (← missverstehen → Missverständnis).*

2) Mit negierender Bedeutung:
missachtet (← missachten → Missachtung), missfarbig/missfarben (← Missfarbe), missgünstig (← Missgunst), misstrauisch (← misstrauen → Misstrauen).

Synchron isolierte adjektivische Bildungen sind: *missliebig* (aufgrund des *-ig*-Suffixes als abgeleitet markiert, wenn auch die Basis synchron unklar ist), *missgelaunt* (aufgrund der Partizipialform eher als Verbvariante zuzuordnen, doch existiert synchron kein passendes Verb). Das ist eigentlich eine zu schmale Basis, um *miss-* als adjektivisches Präfix (oder Bestandteil adjektivischer Determinativkomposita) anzusetzen.

3.8.4 *ge-*

Bei *ge-* handelt es sich um ein adjektivisches Präfix, das nicht mehr produktiv ist. Es gibt nur eine relativ geringe Anzahl von Beispielen, die meist hochgradig idiomatisiert (und veraltet) sind.

- desubst.: *Heim → geheim → Geheimnis, geraum, getrost, gemut.*
- deadj.: *gelind, gestreng, getreu, gewahr.*
- ohne paralleles Simplex: *geheuer, gemein, genehm, genug, geruhsam, geschwind, gesund, gewaltig, gewandt.*
- verschmolzen: *gleich* → mhd. *gelîch.*

3.8.5 Unproduktive Adjektiv-Präfixe

Die Beispiele sind meist hochgradig idiomatisiert und erfüllen z.T. die Bedingungen für die Einordnung als Zusammenbildung (vgl. 3.4 S. 106f.).

ab-: abhold, abschätzig, abwesend, abtrünnig.
*an-: anrüchig (*abschwächendes *an-).*
*in-: inbrünstig (*ev. *← Inbrunst); (verstärkendes in-).*
be-: bequem, bescheiden.

3.8.6 Übung zur adjektivischen Steigerungsbildung und Präfigierung

Analysieren Sie Form und Bedeutung der Wortbildungsprodukte: *grundanständig, inakzeptabel.*

3.9 Adjektivische Suffigierungen (vgl. 1.4.8/1.5.8)

Suffigierungen zählen bei den adjektivischen Wortbildungsmustern zu den häufigsten und produktivsten. Die Suffixe stellen Bedingungen an die Kategorie der Basis und bestimmen die Kategorie des Wortbildungsprodukts. Sie müssen nicht automatisch zu einer Wortartänderung führen; die semantische Funktion kann man dann vage mit »Modifikation« umschreiben. Die Reihenfolge ist trivialerweise Basis vor Suffix. Bei der Kombination von Suffixen herrschen strenge Kombinations- und Reihenfolgegesetzmäßigkeiten. Bei den nativen Suffixen wird i.d.R. der Akzent auf der Basis nicht geändert.

Zur Vertiefung:

Ros, G. (1992): Suffixale Wortbildungsmorpheme. Untersuchungen zu ihrer semantischen Leistung am Beiwort der deutschen Gegenwartssprache. – Stuttgart: Verlag H.-D. Heinz (= Stuttgarter Arbeiten zur Germanistik 258). [Bietet einen guten Überblick. Die folgende Darstellung orientiert sich im Bereich der Semantik weitgehend an dieser Veröffentlichung].

3.9.1 Native Adjektiv-Suffixe

3.9.1.1 *-bar*

Herkunft: got. *bairan* ›Frucht tragend‹; aus der Verwendung als Letztelement in Determinativkomposita entstanden. Es handelt sich um ein sehr produktives Suffix. Konkurrenzsuffixe: *-lich, -abel/ -ibel.*

Die Basis bilden überwiegend transitive Verben wie in *essbar, sagbar;* aber: **verbitterbar.* Möglich sind auch nichtnative Basen wie in *konvertierbar, komparierbar.* Durch analogische Ausweitung des Musters können einige intransitive Verben mit *-bar* suffigiert werden, z.B. *brennbar, verzichtbar. -bar*-Bildungen ohne identifizierbare Basis (und damit Kandidaten für die Einordnung als Zusammenbildungen) sind *unnahbar, unbezweifelbar* etc. Dabei erfolgen die Suffigierung mit *-bar* und die Präfigierung mit *un-* in einem Schritt.

- Beteiligte Kategorien:
  - Adj. → Adj.: *offenbar* (vgl. aber *Offenbarung* ← *offenbaren;* Akzent!).
  - V → Adj.: *brauchbar, ersetzbar, (un)trennbar, umkehrbar.*
- Funktion:
  - reine Adjektivierung: *mannbar, sonderbar.*
  - passivische Bedeutung ›möglich‹: *abwendbar, begreifbar, fühlbar* ›kann gefühlt werden‹.
  - passivische Bedeutung ›verbindlich‹: *haftbar, zahlbar* ›ist zu zahlen‹.
  - aktivisch ›möglich‹: *brennbar* ›kann brennen‹, *ermüdbar, streitbar.*
  - effizierend: *dankbar* ›Dank bewirkend‹, *fruchtbar, scheinbar.*
  - demotiviert: *ruchbar, mittelbar, offenbar, kostbar, unscheinbar.*

Zur Vertiefung:

Muncaciu-Codarcea, E. (2008): Zur Valenz der *-bar*-Adjektive und ihrer rumänischen Entsprechungen. – In: Stănescu, S./Engel, U. (Hgg.), Sprachvergleich – Kulturvergleich. Quo vadis, KGdr? (München: Iudicium), S. 229-244.

3.9.1.2 *-haft*

Herkunft: aus dem ahd. Adj. *haft* ›behaftet, gefangen‹; entstanden aus der Verwendung als Letztelement in Komposita bzw. in Zusammenrückungen. Das Muster ist nur in Grenzen produktiv.

- Beteiligte Kategorien:
  - Adj. → Adj.: *krankhaft, wahrhaft, boshaft.*
  - N → Adj.: *bildhaft, glückhaft, zweifelhaft.*
  - V → Adj.: *lachhaft, schwatzhaft, naschhaft.*
- Die Basis kann auch komplex sein wie in *streberhaft, schicksalhaft, bruchstückhaft. -haft*-Suffigierung ist nicht möglich bei Adjektiven auf *-ig*: *niedrig, gütig, dumpfig.*

- Morphologische Markierung: Fugenelemente nur bei nominaler Basis: *bärenhaft, frühlingshaft*; *-e*-Tilgung in *sündhaft, erdhaft.*
- Funktion:
  - reine Adjektivierung: *lehrhaft* ›belehrend‹, *nomadenhaft, schmackhaft.*
  - komparational: *frühlingshaft* ›wie im Frühling‹, *orakelhaft.*
  - ornativ: *lückenhaft* ›mit Lücken versehen‹, *sündhaft, tugendhaft, schamhaft.*
  - explikativ: *krankhaft, schicksalhaft.*
  - ›neigend zu‹: *schwatzhaft* ›zum Schwatzen neigend‹, *wechselhaft.*
  - effizierend: *ekelhaft* ›Ekel erregend‹, *grauenhaft, schauderhaft.*
  - passivische Bedeutung: *glaubhaft* ›kann geglaubt werden‹.
  - idiomatisiert: *statthaft, gewissenhaft, fabelhaft.*

Zur Vertiefung:

Vachková, M. (1997): Bilinguale Lexikographie und Wortbildung: Das adjektivische Suffix *-haft* in kontrastiver Sicht. – In: Acta Universitatis Carolinae. Philologica, Monographiae 14:2, S. 143-150.

3.9.1.3 *-isch*

Das Suffix *-isch* stammt aus ahd. *-isc*, mhd. *-isch*. Es handelt sich hierbei um das zweithäufigste Adjektivsuffix nach *-ig*.

- Beteiligte Kategorien:
  - N → Adj.: *höfisch, modisch, spielerisch* (Kern des Musters).
  - Adj. → Adj.: *genialisch.*
  - V → Adj.: *mürrisch, trügerisch, quälerisch.*
  - Adv. → Adj.: *linkisch, selbstisch.*
- Basis: Simplizia und Wortbildungsprodukte; häufig nichtnative Wörter: *elektrisch, medizinisch;* ohne Basis: *läppisch, schnippisch, störrisch.*
- Suffixerweiterungen: *-an-isch (mexikanisch), -in-isch (pontinisch), -er-isch (rechthaberisch).*
- Morphologische Markierung: Fugenelemente nur bei nominaler Basis: *heidnisch, regnerisch; -e*-Tilgung: *schulisch, tropisch.* Umlaut: *schwäbisch, völkisch, äffisch, hündisch.*
- Konkurrenzsuffixe: *-lich (weiblich), -haft (heldenhaft), -ös (melodiös), -ig (affig), -al (ideal), -en (metallen), -oid (paranoid), -är (granulär).*
- Funktion:
  - reine Adjektivierung: *archaisch.*
  - komparational: *elfisch* ›wie eine Elfe‹, *faustisch, kindisch, metallisch.*
  - explikativ: *allegorisch, hypothetisch, konisch, tabellarisch.*
  - ornativ: *abergläubisch, aromatisch* ›mit (viel) Aroma versehen‹, *asthmatisch, höhnisch.*

– ›neigend zu‹: *grüblerisch* ›zum Grübeln neigend‹, *mürrisch, verschwenderisch, zänkisch.*
– substantiell: *basaltisch* ›aus Basalt bestehend‹, *megalithisch.*
– instrumental: *telefonisch* ›das Telefon verwendend‹, *telegrafisch, mikroskopisch.*
– demotiviert: *gnomisch, hämisch, läppisch, sporadisch.*

Zur Vertiefung:

Eichinger, L. (1982): Syntaktische Transposition und semantische Derivation. Die Adjektive auf *-isch* im heutigen Deutsch. – Tübingen: Niemeyer (= Linguistische Arbeiten 113).

Eichinger, L. M. (1987): Die Adjektive auf *-isch* und die Serialisierungsregeln in deutschen Nominalgruppen. – In: Asbach-Schnitker, B./Roggenhofer, J. (Hgg.), Neuere Forschungen zur Wortbildung und Historiographie der Linguistik. Festgabe für H. E. Brekle zum 50. Geburtstag (Tübingen: Narr), S. 155-176.

3.9.1.4 *-lich*

Herkunft: germanisches Substantiv **lîka* ›Körper, Leib‹, ahd. *lîh,* mhd. *-lich;* aus der Verwendung als Letztbestandteil in Determinativkomposita entstanden; Nähe zum Suffix *-bar.*

- Beteiligte Kategorien:
  - Adj. → Adj.: *bräunlich, kleinlich, rundlich* (Kern des Musters).
  - V → Adj.: *anschaulich, löslich, verzeihlich, wirklich, fürchterlich.*
  - N → Adj.: keine eindeutigen Beispiele: *bezüglich, endlich, göttlich.*
  - Adv. → Adj.: *gemächlich, heimlich, stattlich.*
- verbale Basis sind Simplizia *(hoffentlich, wissentlich),* Präfixverben: *(begreiflich, erstaunlich)* und Partikelverben *(umgänglich).* Bei *un*beschreiblich, un*vergleichlich* handelt es sich um Zirkumfigierung.
- Morphologische Markierung:
  - Nasaltrenner *t* zwischen dentalem Nasal *n* und Liquid *l*: *-en-t*/Inf. + *t*: *hoffentlich, vermeintlich*
  - Ablaut (z.T. wohl denominal): *sprachlich, verständlich, behilflich, sichtlich, genüsslich, vergänglich, gesanglich.*
  - Umlaut durch *i* des Suffixes: *erhältlich, unumstößlich, anfänglich;* ohne Umlaut: *sonderlich, verwunderlich, folglich, sorglich.* Basis bereits mit Umlaut: *fürchterlich, ärgerlich, unabänderlich.*
- Funktion: *-lich* bildet viele Bedeutungsvarianten aus.
  - reine Adjektivierung: *abendlich, bischöflich, nördlich.*
  - passivische Bedeutung: *bedauerlich, erblich* ›kann geerbt werden‹.
  - ornativ: *figürlich, fürsorglich, nachdrücklich* ›mit Nachdruck versehen‹.
  - abschwächend: *bräunlich, dicklich, gelblich, rundlich, süßlich.*
  - explikativ: *absichtlich, irrtümlich* ›aufgrund eines Irrtums‹.
  - effizierend: *abscheulich* ›Abscheu bewirkend‹, *appetitlich, tödlich.*
  - referentiell: *beruflich* ›den Beruf betreffend‹, *charakterlich, fachlich.*

- iterativ: *dienstäglich, monatlich, stündlich, täglich.*
- aktivisch + ›möglich‹: *verderblich* ›kann verderben‹, *vergänglich.*
- instrumental: *ausweislich, eidlich* ›mit Eid‹, *maßstäblich, urkundlich.*
- ›neigend zu‹: *kränklich, reinlich, weinerlich* ›zum Weinen neigend‹.
- demotiviert: *ziemlich, plötzlich, wahrscheinlich.*

Zur Vertiefung

Bammesberger, A. (2002): Zur Vorgeschichte der althochdeutschen *lîh*-Bildungen. – In: Habermann, M. e.a. (Hgg.), Historische Wortbildung des Deutschen (Tübingen: Niemeyer), S. 129-136 (= Reihe Germanistische Linguistik 232).

Gawełko, M. (1979): Die Elemente *-ig* und *-lich* im Deutschen. – In: Muttersprache. Zeitschrift zur Pflege und Erforschung der deutschen Sprache 89, S. 179-186.

3.9.1.5 *-sam*

Herkunft: got. *same* ›derselbe‹; mhd. *same/sam* ›ebenso‹, ›ebenso wie‹. Es handelt sich um ein veraltetes Bildungsmuster, das nicht mehr produktiv ist.

- Beteiligte Kategorien:
  - Adj. → Adj.: *langsam, sattsam.*
  - V → Adj.: *gehorsam, anschmiegsam, enthaltsam.*
  - Adv. → Adj.: *gemeinsam.*
- Konkurrierende Suffixe: *-lich, -bar, -haft, -ig.*
- Funktion: viele Beispiele sind wegen des Alters der Bildungen idiomatisiert:
  - reine Adjektivierung: *genügsam, sorgsam.*
  - aktivisch ›möglich‹ (+potenziert): *einprägsam, empfindsam* ›kann man empfinden‹.
  - ornativ: *furchtsam, mühsam, sittsam, tugendsam* ›mit Tugend versehen‹.
  - passivische Bedeutung: *bildsam, gelehrsam, lenksam, pflegsam.*
  - instrumental: *bedachtsam, gewaltsam* ›Gewalt anwendend‹.
  - synchron nicht analysierbar: *gemeinsam, seltsam, sattsam.*

3.9.1.6 *-ig*

Herkunft: ahd. *-ag, -îg*, mhd. *-ec.* Sehr produktives Muster, in süddeutschen Dialekten allerdings ungebräuchlich. *-ig* dient vor allem der Adjektivierung von Adverbien, die damit flektierbar werden.

- Beteiligte Kategorien:
  - Adv. → Adj.: *baldig, dortig, einstig* (Kern des Musters).
  - Adj. → Adj.: *alleinig, dumpfig, faulig, lebendig.*
  - N → Adj.: *anständig, bergig, bockig, bissig, freudig.*
  - V → Adj.: *kitzlig, stickig, stinkig.*
  - Basen sind überwiegend Simplizia.

- Morphologische Markierung:
  - Tilgung von *-en* in der Fuge: *obig, morgig, innig.*
  - Tilgung von *-t: jetzig.*
  - Tilgung von *-e/-n: gestern → gestrig, heuer → heurig.*
  - Tilgung von *-s: jeweils → jeweilig, jenseits → jenseitig.*
  - Ablaut: *geständig, strittig.*
  - Umlaut nur punktuell: *gütig, einhäusig, zügig, übermütig.*
- Konkurrierende Suffixe: *-lich, -en/-ern, -haft, -isch, -sam.*
- Funktion:
  - reine Adjektivierung: *blasig, stachlig, klebrig, erdig, stinkig.*
  - ornativ: *eckig, dunstig* ›mit Dunst versehen‹, *rauchig, schimmelig, zornig, steinig.*
  - explikativ: *buchtig, kitschig, paarig, wulstig, zufällig.*
  - komparational: *glasig, gallertig, samtig* ›wie Samt‹, *silbrig.*
  - ›neigend zu‹: *bissig* ›zu Bissen neigend‹, *ergiebig, mäkelig, unterwürfig.*
  - effizierend: *eklig* ›Ekel bewirkend‹, *langweilig, spaßig, traurig, verdächtig.*
  - passivische Bedeutung: *abschlägig, zulässig* ›kann zugelassen werden‹.
  - demotiviert: *abspenstig, abtrünnig, drollig, mündig, pfiffig.*

Zur Vertiefung:

Gawełko, M. (1979): Die Elemente *-ig* und *-lich* im Deutschen. – In: Muttersprache. Zeitschrift zur Pflege und Erforschung der deutschen Sprache 89, S. 179-186.

Starke, G. (1979): Bedeutungsbeziehungen zwischen Adjektiven auf *-ig* und *-lich.* – In: Sprachpflege 28, S. 51-53.

3.9.1.7 *-en/-ern*

Herkunft: aus dem mhd. Suffix *-în*; wohl nicht mehr produktiv.

- Beteiligte Kategorien:
  - N → Adj.: *golden, leinen, papieren, seiden, beinern, hölzern.*
- Morphologische Markierung: Auslautkürzungen bei *leinen, seiden, ledern.* Umlaut bei *stählern, knöchern, hölzern, wächsern.*
- Konkurrenzsuffixe: *-haft, -ig, -isch.*
- Funktion:
  - substantiell: *beinern, brokaten, gläsern* ›aus Glas bestehend‹, *papieren.*
  - komparational: *bleiern, ledern, wächsern, blechern, golden* ›wie Gold‹.

Zur Vertiefung:

Stötzer, U. (1989): Aussprachevarianten im Kontext, dargestellt an festen Wortverbindungen mit *-en*-Suffixen. – In: Deutsch als Fremdsprache 26, S. 39-44.

Wolski, L. (2010): Schwa-Elision in den /-&schwa;n/-Endsilben in der heutigen Standardsprache des Deutschen. – In: Bock, B. (Hgin.), Aspekte der Sprachwissenschaft. Linguistik-Tage Jena, 18. Jahrestagung der Gesellschaft für Sprache und Sprachen e.V. (Hamburg: Kovač), S. 23-34.

3.9.1.8 *-er*

Sehr häufig im Gebrauch. Basen sind:
- geographische Benennungen, Eigennamen: *Straubinger (Weiße).*
- Zahlwörter: *siebziger (Jahre).*

Morphologische Markierung: nicht flektierbar.

Zur Vertiefung:

Fuhrhop, N. (2003): *»Berliner« Luft* und *»Potsdamer« Bürgermeister*. Zur Grammatik der Stadtadjektive. – In: Ling. Berichte 193, S. 91-108. [lesbar, informativ]

Scott, A. K. (2009): Denominales *-er*: Ein Suffix lebt (wieder) auf. – In: Zeitschrift für germanistische Linguistik. Deutsche Sprache in Gegenwart und Geschichte 2, S. 221-235.

3.9.1.9 *-fach*

Aus mhd. *vach* ›Teil, Abteil, Fach‹; entstanden aus der Verwendung als Letztbestandteil in Determinativkomposita/Zusammenrückungen. Basen sind Zahl- oder Mengenbezeichnungen: *mehrfach, fünffach.*
- Bedeutung: ›wiederholend‹.
- idiomatisiert: *einfach, mannigfach.*

3.9.2 Problemfälle

3.9.2.1 *-los*

Bei *los* handelt es sich um ein Adjektiv, das allerdings in seiner Distribution beschränkt ist: *ein loses Mundwerk, los von Rom, ein loses Tauende, lose Ware* usw. Trotzdem wird es in der einschlägigen, meist semantisch orientierten Literatur wegen der Reihenbildung und Bedeutungsabschwächung zu den Adjektivsuffixen bzw. -suffixoiden gerechnet. Aus unserer Sicht ist der Bedeutungsbeitrag von *-los* in den meisten Wortbildungsprodukten noch gut erkennbar. Idiomatisierungstendenzen halten wir für normal. Wir würden diese Bildungen unter die Determinativkomposita mit adjektivischem Letztglied einreihen (→ 2.6.1f., S. 74f.).
- Beteiligte Kategorien:
  - N → Adj.: *lautlos, heillos, vaterlandslos* (Kern des Musters).
  - Adj. → Adj.: *bewusstlos* (?).
  - V/N → Adj.: *leblos, schadlos.*
  - Adv. → Adj.: *selbstlos.* [die Einstufung von *selbst* als Adv. ist problematisch].
  - Basis: alle denkbaren Wortbildungsstrukturen; synchron ohne Basis: *harmlos* (← *Harm* ›Scham, Schande‹), *ruchlos* (← *Ruch* ›Leumund‹).

- Morphologische Markierung: bei nominalen Basen Fugenelemente: *-s-* (*endungslos*), *-er-*: (*kinderlos*), *-en-*: (*herrenlos*); *-e(n)*-Tilgungen: (*friedlos*), also ganz wie bei Determinativkomposita.
- Funktion: vergleichbar mit *-frei, -leer;* antonymisch zu *-voll;* es bildet eher eine semantische Nische bei den Determinativkomposita (vgl. 3.6). Aber eine typische Paraphrase für Determinativkomposita ist, anders als bei Bildungen mit *-frei* wie *faltenfrei* ›frei von Falten‹, nicht mehr möglich; stattdessen Paraphrase mit Präp. *ohne*: *kinderlos* ›ohne Kinder‹.

Zur Vertiefung:

Iluk, J. (1988): Privative Adjektive im Deutschen und Polnischen. Bildungen auf *-los* und *-bez* in kontrastiver Sicht. – Katowice: Uniwersytet Śląski.

3.9.2.2 *-mäßig*

Nach Kluge/Seebold (2002, 544) haben sich das Adjektiv *mäßig* und der gleichlautende Letztbestandteil von Wortbildungsprodukten, beide abgeleitet aus dem Substantiv *Maß*, ahd. *mazi*, durch *-ig*-Suffigierung, schon früh (wohl schon im Ahd.) auseinander entwickelt. Heute kann man kaum noch eine semantische Verbindung zwischen beiden herstellen. Formal handelt es sich aus unserer Sicht nach wie vor um Determinativkomposita, semantisch hingegen ist die Gruppe der Bildungen auf *-mäßig* selbstständig und ziemlich einheitlich. In diesem Fall ist es also wohl angebracht, von einer Art Halbsuffix mit enormer Produktivität zu sprechen.

- Beteiligte Kategorien:
  - N → Adj.: *altersmäßig, behelfsmäßig, faktenmäßig, gefühlsmäßig.*
- Konkurrierende Suffixe: *-lich, -haft, -iv, -är, -ig, -weise, -sam.*
- morphologische Markierung: Es treten die üblichen Fugenelemente auf.
- Funktion:
  - reine Adjektivierung: *faktenmäßig, gefühlsmäßig, zahlenmäßig.*
  - ›entsprechend‹: *gesetzmäßig* ›dem Gesetz entsprechend‹, *planmäßig.*
  - komparational: *bärenmäßig* ›wie ein Bär‹, *schülermäßig, schulmäßig.*
  - referentiell: *altersmäßig, arbeitsmäßig* ›die Arbeit betreffend‹.
  - explikativ: *behelfsmäßig, gewerbsmäßig, gewohnheitsmäßig.*
  - instrumental: *aktenmäßig* ›Akten verwendend‹, *erfahrungsmäßig.*
  - idiomatisiert: *heidenmäßig, mordsmäßig, saumäßig.*

Beachte: *-los* und *-mäßig* stehen hier stellvertretend für weitere Ausdrücke wie *-weit, -bedingt, -technisch, -voll,* die ebenfalls oft zu den Suffixoiden gerechnet werden (→ 2.6.1f.).

Zur Vertiefung:

Inghult, G. (1975): Die semantische Struktur desubstantivischer Bildung auf *-mäßig*. Eine synchronisch-diachronische Studie. – Stockholm: Almqvist & Wiksell (= Stockholmer Germanistische Forschungen 18).

Ruge, N. (2004): Das Suffixoid " -technisch" in der Wortbildung der deutschen Gegenwartssprache. – In: Muttersprache 114:1, S. 29-41.

Urbaniak, G. (1983): Adjektive auf *-voll*. – Heidelberg: Winter (= Monographien zur Sprachwissenschaft 13).

3.9.3 Nichtnative Adjektivsuffixe

Soweit sie, was überwiegend der Fall ist, mit nichtnativen Stämmen kombiniert sind, kann man die Kategorie der Basis nur dann angeben, wenn diese ebenfalls ins Deutsche übernommen worden und gegenwärtig noch vorhanden ist. Probleme ergeben sich aber auch, wenn mehrere mögliche Basen vorhanden sind und keine Entscheidung, etwa aufgrund lautlicher Variation, möglich ist. Die unten getroffenen Zuordnungen sind also kritisch zu betrachten.

Der Wortbildungsakzent liegt ausnahmslos auf dem Adjektivierungssuffix. Bei den zweisilbigen liegt er, außer bei *-abel,* auf der zweiten Silbe. Spezifische morphologische Markierungen treten nicht auf.

Zur Vertiefung:

Russ, Ch. V. J. (2005): The Integration of Foreign Suffixes into German: A Synchronic and Diachronic Study Exemplified by the Adjectival Suffixes: *-abel/-ibel*, *-al/-ell*, *-ant/-ent*, *-är/-ar*, *-iv*, and *-ös/-os*. – In: Müller, P. O. (Hg.), Fremdwortbildung. Theorie und Praxis in Geschichte und Gegenwart (Frankfurt a. M. usw.: Peter Lang), S. 391-406.

3.9.3.1 *-abel/-ibel*

Dem nativen Suffix *-bar* entspricht das nichtnative Suffix *-abel/-ibel* (aus lat. *-abilis*, franz. *-able/-ible*).

- Kategoriale Füllung:
  - V → Adj.: überwiegend von Verben auf *-ieren: blamieren → blamabel, deklinabel, reduzibel, praktikabel, spendabel.*
  - N → Adj.: Komfort → *komfortabel, profitabel.*
  - Basis unklar: *horribel, veritabel.*
- Funktion:
  - passivische Bedeutung: *deklinabel* ›kann dekliniert werden‹, *reduzibel, praktikabel.*
  - aktivisch: *blamabel;* + ›neigend‹: *spendabel* ›zum Spendieren neigend‹.
  - ornativ: *komfortabel* ›mit Komfort versehen‹, *veritabel.*
  - effizierend: *horribel, profitabel* ›Profit bewirkend‹.

3.9.3.2 *-al* (Varianten: *-ial/-ual)*

Herkunft: aus lat. *-alis.* Vorwiegend ist es mit nichtnativen Basen kombinierbar. Konkurrierende Suffixe: *-ell, -lich, -isch, -ar.* Suffixerweiterungen durch *-isch: gen-ial-isch, okzident-al-isch.*

- Kategoriale Füllung:
  - N → Adj.: *prozessual, hormonal, fundamental, monumental.*
  - unklare Basis: *fatal, nominal, pontifikal, pauschal, radikal.*
- Funktion:
  - reine Adjektivierung: *nominal, prozessual.*
  - referentiell: *hormonal, kontinental* ›einen Kontinent betreffend‹, *ministerial, national.*
  - explikativ: *fundamental, katastrophal, minimal, optimal* ›dem Optimum entsprechend‹, *zentral.*
  - komparational: *kollegial* ›wie ein Kollege‹, *kolossal, monumental, professoral.*
  - ›zugehörig‹: *klerikal* ›zum Klerus gehörend‹, *pontifikal, sakramental.*
  - ornativ: *figural, ornamental* ›mit Ornamenten versehen‹.
  - instrumental: *experimentell* ›ein Experiment gebrauchend‹, *instrumental.*
  - Nicht mehr sinnvoll analysierbar: *pauschal, vertikal, fatal, radikal.*

3.9.3.3 *-ant/-ent*

Herkunft: aus lat. *-ant-is, -ent-is*. Es existieren keine eindeutigen Konkurrenzsuffixe.

- Kategoriale Füllung: Kategorie der Basen weitgehend unklar.
  - V → Adj.: zu Verben auf *-ieren; tolerant, interessant.*
  - N → Adj.: *charmant, interessant.*
  - ohne synchrone Basis: *blümerant, degoutant, pikant, redundant.*
- Funktion:
  - reine Adjektivierung: *redundant, tolerant.*
  - effizierend: *degoutant, interessant* ›Interesse bewirkend‹.
  - ornativ: *charmant* ›mit Charme versehen‹.
  - demotiviert: *blümerant, pikant.*

Zur Vertiefung:

Werner, J. (2003): *Dankesgabe von seinen Doktoranten*. Zur *-and/ant-* und *-end/ent-*Konkurrenz im Deutschen. – In: Muttersprache 113:3, S. 255-264.

3.9.3.4 *-ar/-är*

Herkunft: lat. *-arius*/franz. *-aire*; nur mit nichtnativen Basen kombinierbar. Suffixerweiterungen mit *-isch*: *subsidiarisch, lunarisch*. Konkurrenzsuffixe: *-ös, -al.*

- Kategoriale Füllung: Die Basen dürften überwiegend substantivisch sein:
  - V → Adj.: zu Verben auf *-ieren*; *imaginär, regulär.*
  - N → Adj.: *komplementär, polar, rudimentär, visionär, zonar.*
  - ohne identifizierbare Basis: *linear, stellar.*

- Funktion:
  - reine Adjektivierung: *imaginär, komplementär, linear, polar.*
  - explikativ: *regulär, rudimentär, visionär.*
  - referentiell: *muskulär* ›Muskeln betreffend‹, *stellar, zonar.*

3.9.3.5 *-ell*

Herkunft: lat. *-alis*. Konkurrenzsuffixe: *-al, -isch, -ös.*
- Kategoriale Füllung: wohl überwiegend substantivische Basen.
  - N → Adj.: *arteriell, bakteriell, experimentell, konfessionell, konstitutionell, maschinell, materiell, okkasionell, prinzipiell.*
  - unklare Basis: *artifiziell, manuell, offiziell, reell.*
- Funktion:
  - reine Adjektivierung: *bakteriell, intellektuell, materiell.*
  - referentiell: *arteriell* ›Arterien betreffend‹, *individuell, konfessionell, konstitutionell.*
  - explikativ: *prinzipiell, professionell, substantiell, traditionell* ›Traditionen entsprechend‹.
  - instrumental: *experimentell, manuell, maschinell* ›Maschine(n) benutzend‹.
  - idiomatisiert: *artifiziell, offiziell, okkasionell, reell.*

3.9.3.6 *-esk*

Herkunft: franz. *-esque*; zunehmend produktiv: *dantesk, kafkaesk.*
- Kategoriale Füllung:
  - N → Adj.: vorwiegend Eigennamen; *balladesk, dantesk, kafkaesk.*
  - ohne identifizierbare Basis (im Deutschen): *burlesk, grotesk, pittoresk.*
- Funktion:
  - komparational: Die äußere Form der Basisgröße ist als tertium comparationis ausgeschlossen, z.B. *er schreibt kafkaesk, das Buch ist kafkaesk,* aber: **er sieht kafkaesk aus.*
  - demotiviert: *grotesk, pittoresk.*

Zur Vertiefung:

Hoppe, G. (2007): Weitere Beobachtungen zum Lehnsuffix *-esk*. Mit einem Wörterbuch. – Mannheim: Institut für Deutsche Sprache. VIII.

Wellmann, H. (2005): Fremdwörter des Lexikons oder systemgebundene Ableitungen? Über die Integration der Adjektive auf *-esk* (und *-oid*) . – In: Müller, P. O. (Hg.), Fremdwortbildung. Theorie und Praxis in Geschichte und Gegenwart (Frankfurt a. M. usw.: Peter Lang), S. 345-366.

3.9.3.7 *-gen*

Herkunft: aus dem Griechischen; *-gen* verbindet sich vorwiegend mit nichtnativen Basen.

- Kategoriale Füllung: Synchron sind kaum plausible Basen zu identifizieren. So kommen die modernen Kurzformen *hetero, homo,* die sowohl adjektivisch als auch substantivisch verwendet werden können, aus semantischen Gründen als Basen für *hetero-gen* und *homo-gen* nicht in Frage.
  - N → Adj.: *photogen.*
  - Konfix als Basis: *exogen, halogen, pathogen.*
- Funktion:
  - reine Adjektivierung: *heterogen, homogen.*
  - direktional: *exogen* ›von außen her stammend‹.
  - effizierend: *halogen* ›Salz bewirkend/erzeugend‹, *pathogen.*
  - passivische Bedeutung: *photogen* ›kann (gut) photographiert werden‹.

3.9.3.8 *-iv*

Herkunft: lat. *-ivus.* Konkurrenzform zu *-ibel, -isch, -or-isch.*

- Kategoriale Füllung: überwiegend nominale Basen, die selbst allerdings oft mit *-or, -ion* suffigiert sind, so dass der eigentliche »Stamm« keine kategoriale Markierung aufweist.
  - N → Adj.: *derivativ, instinktiv, qualitativ, quantitativ, prädikativ.*
- Funktion:
  - reine Adjektivierung: *administrativ, operativ, prädikativ.*
  - explikativ: *exklusiv, fiktiv* ›aufgrund einer Fiktion‹, *konstruktiv, partitiv.*
  - ornativ: *aggressiv, attraktiv* ›mit Attraktion versehen‹, *instinktiv, intuitiv, suggestiv.*
  - referentiell: *assoziativ* ›eine Assoziation betreffend‹, *qualitativ.*
  - instrumental: *eruptiv, derivativ* ›eine Derivation = Ableitung benutzend‹.

3.9.3.9 *-oid*

Herkunft: aus dem Griechischen. Konkurrenzformen: *-ös* und *-al.*

- Kategoriale Füllung: überwiegend nominale Basen, soweit identifizierbar.
  - N → Adj.: *negroid, faschistoid, mongoloid, tigroid.*
  - ohne identifizierbare Basis: *paranoid.*
- Funktion:
  - reine Adjektivierung sowie komparational: *negroid, faschistoid* ›wie ein Faschist‹, *mongoloid, tigroid, paranoid.* Es bestehen negative Konnotationen wegen zahlreicher Kombinationen mit Krankheitsbezeichnungen.

Zur Vertiefung:
Wellmann, H. (2005): Fremdwörter des Lexikons oder systemgebundene Ableitungen? Über die Integration der Adjektive auf *-esk* (und *-oid*). – In: Müller, P. O. (Hg.), Fremdwortbildung. Theorie und Praxis in Geschichte und Gegenwart (Frankfurt/M. usw.: Peter Lang), S. 345-366.

3.9.3.10 *-ös/-os*, Erweiterungsformen *-iös/-uos/-uös*

Herkunft: aus lat. *-osus*, franz. *-(i)eux/-(i)euse*; nur mit nichtnativen Basen, v.a. aus dem Bereich der Medizin, kombinierbar.

- Kategoriale Füllung: überwiegend nominale Basen, die teilweise aber selbst suffigiert sind (s.o.).
  - N → Adj.: *amourös, medikamentös, monströs, ruinös, schikanös, skandalös, strapaziös, tendenziös, venös.*
  - ohne identifizierbare Basis: *luxuriös, porös.*
- Funktion:
  - reine Adjektivierung: *amourös, religiös, venös.*
  - ornativ: *graziös* ›mit Grazie versehen/Grazie besitzend‹, *luxuriös, porös.*
  - komparational: *kanzerös, monströs* ›wie ein Monster‹, *mysteriös.*
  - explikativ: *schikanös, skandalös, strapaziös, tendenziös* ›aufgrund einer Tendenz‹.
  - instrumental: *medikamentös* ›Medikamente benutzend‹.
  - effizierend: *ruinös* ›Ruinen bewirkend/hervorrufend‹.

3.9.4 Wichtige semantische Typen der Adjektiv-Suffigierungen

Adjektiv → Adjektiv	**Beispiele**	**Paraphrase**
Modifikation		
Neues Lexem mit weitgehend gleicher Semantik	*ernstlich, liebsam, genialisch, wahrhaft*	›ernst‹
abschwächend	*bläulich, süßlich, dicklich*	›mit blauem Farbton‹
Neigung/Vorliebe	*kleinlich, reinlich, weichlich*	›zum Kleinen neigend‹
überspitzend/übersteigert	*formalistisch*	›sehr/zu formal‹

Verb → Adjektiv	**Beispiele**	**Paraphrase**
passivische Bedeutung	*heilbar, begreiflich, respektabel, zulässig, unaufhaltsam, haftbar*	›kann geheilt werden‹
aktivische Bedeutung	*brennbar, verderblich, empfindsam*	›kann brennen‹
Neigung/Vorliebe	*schwatzhaft, grüblerisch, weinerlich, bissig*	›zum Schwatzen neigend‹
reine Adjektivierung	*stinkig, klebrig*	›Gestank verbreitend‹

Substantiv →Adjektiv	**Beispiele**	**Paraphrase**
reine Adjektivierung	*abendlich, nördlich*	›am Abend‹
effizierend	*ekelhaft, abscheulich, langweilig, dankbar*	›Ekel bewirkend‹
partitiv/ornativ	*mangelhaft, figürlich, haarig, tugendsam, dreidimensional, dunstig*	›versehen mit Mängeln‹
possessiv	*ärztlich, hanseatisch, direktorial*	›einem Arzt gehörend‹
explikativ	*hypothetisch, absichtlich, kitschig*	›als Hypothese formuliert‹ ›mit Absicht geschehend‹
komparational	*frühlingshaft, kindisch, engelhaft*	›wie der Frühling‹ ›dem Frühling gleichend‹
instrumental	*telefonisch, urkundlich, gewaltsam*	›mit einem Telefon‹ ›ein Telefon benutzend‹
substantiell	*basaltisch, gläsern*	›aus Basalt bestehend‹
referentiell	*fachlich, schulisch, studentisch*	›bezüglich des Faches‹ ›die Schule betreffend‹

Zur Vertiefung:

Keiler, I. (1986): Zum Anteil der Suffixsemantik an der Semantik der passivischen Adjektive. – In: Sommerfeldt, K.-E./Spiewok, W. (Hgg.), Beiträge zu einer funktional-semantischen Sprachbetrachtung (Leipzig), S. 132-139.

Kühnhold, I./Putzer, O./Wellmann, H. (1978): Deutsche Wortbildung. 3. Hauptteil: Das Adjektiv. – Düsseldorf: Schwann [S. 257ff.].

3.9.5 Übung zu adjektivischen Suffigierungen

Nennen Sie fünf Adjektivsuffixe mit passivischer Bedeutung. Geben Sie jeweils ein Beispiel mit der entsprechenden Paraphrase an.

Bestimmen Sie den semantischen Typ der folgenden Suffigierungen: *jungfernhaft, hämisch, gewaltsam, diensträglich, krankhaft.* Geben Sie die entsprechenden Paraphrasen an.

3.10 Adjektivische lexikalische Konversion (vgl. 1.4.9/1.5.9)

Lexikalische Konversion ist bei den Adjektiven nicht sehr häufig vertreten. Es sei auch hier wieder darauf hingewiesen, dass man statt eines Wortbildungsprozesses bei streng synchroner Betrachtung auch kategoriale Mehrfachmarkierung eines Lexems bzw. eines Stammes annehmen kann.

Beteiligte Kategorien:

– N → Adj.: *angst, ernst, feind, schuld, not, schmuck, klasse.* Diese Adjektive können nicht attributiv (da sie nicht flektiert werden können) und nicht modaladverbial (außer vielleicht *ernst*) gebraucht werden. Im Gegensatz dazu kann *schmuck* flektiert und attributiv sowie adverbial gebraucht werden, *klasse* kann in der Jugendsprache unflektiert attributiv gebraucht werden. Als nichtnative Beispiele seien *barock* und *revolutionär* erwähnt. Schließlich sei noch auf die verbreitete Konversion bei Farbwörtern hingewiesen: *türkis, bordeaux, cognac, flieder, mango, sand, schilf, tabac, havanna.* Bei attributivem Gebrauch ist die Kombination mit *-farben* (oft auch *-farbig*) notwendig, um Flektierbarkeit zu erreichen. An den Farbbeispielen sieht man, dass der Prozess synchron aktiv ist.

- V → Adj.: *lieb* ← *lieb(en), rege* ← *reg(en), starr* ← *starr(en), wach* ← *wach(en), wirr* ← *wirr(en)* (nach Ausweis etymologischer Wörterbücher). Dieser Prozess ist synchron offenbar nicht mehr produktiv.

3.11 Grammatische Transpositionen (vgl. 1.4.10/1.5.10)

Regelhafte Wortartübergänge zum Adjektiv gibt es nur von der Basis Verb aus, und zwar:

- Partizip I: Die Endung *-(e)nd* führt zu einem kompletten Übergang von Verben zu Adjektiven, da die entsprechende Form im Hochdeutschen nicht verbal gebraucht werden kann (anders als in den meisten Dialekten). Es wäre also konsequenter, sie unter die Adjektivierungssuffixe zu rechnen, doch steht eine lange grammatische Beschreibungstradition dagegen, die sie zu den Flexiven zählt: *reizend, bedeutend, treffend.*
- Partizip II: *anerkannt, gefragt, abgebrüht, ergriffen, verschwiegen, eingebildet.* Im Gegensatz zum Partizip I ist diese Form (*ge...(e)t, ge...en,* bei präfigierten Verben ohne *ge-*) in Verbalformen enthalten, z.B. im Perfekt, Plusquamperfekt, Futur II und in den Passivformen. Zusätzlich ist sie rein adjektivisch verwendbar. Die Trennungsproblematik zwischen *sein*-Zustandspassiv und Perfekt Aktiv mit *sein* sowie prädikativem Adjektiv zeigt die enge Verwandtschaft. Zudem haben sich viele Partizipien II vom verbalen Paradigma gelöst und eine eigene Semantik entwickelt, oder aber Adjektiva mit der Form des Partizip II haben keine verbalen Parallelen (sog. »Pseudopartizipien« wie *bescheuert, benachbart*). Für Adjektivhaftigkeit spricht die Komparierbarkeit und die Fähigkeit zur Präfigierung mit *un-*.
  Bedeutung: Verlust der aspektualen Bedeutung und feste Bezeichnung einer Eigenschaft bzw. Relation (»Habitualität«).

Zur Vertiefung:

Bernstein, W. Z. (1992): Pseudopartizipien im deutschen Sprachgebrauch. Ein Nachschlage- und Übungsbuch.– Heidelberg: Groos.

3.12 Allgemeine Literaturhinweise zur adjektivischen Wortbildung

Eichinger, L. M. (2002): Adjektive postmodern: wo die Lebensstile blühen. – In: Haß-Zumkehr, U. e.a. (Hgg.), Ansichten der deutschen Sprache (Tübingen: Narr), S. 579-604.

Eichinger, L. M. (2004): Passende Adjektive. Wortart, Wortbildung, Stil. – In: Lehmberg, M. (Hg.), Sprache, Sprechen, Sprichwörter. Festschrift für D. Stellmacher zum 65. Geburtstag (Stuttgart: Steiner), S. 441-451.

Kühnhold, I./Putzer, O./Wellmann, H. (1978): Deutsche Wortbildung. 3. Hauptteil: Das Adjektiv. – Düsseldorf: Schwann.

Motsch, W. (1965): Syntax des deutschen Adjektivs. 2. Aufl. – Berlin: Akademie-Verlag (= studia grammatica 3).

Poethe, H. (1988): Produktive Modelle der adjektivischen Wortbildung. – In: Deutsch als Fremdsprache 25, S. 342-348.

Pümpel-Mader, M./Gassner-Koch, E./Wellmann, H. (1992): Deutsche Wortbildung. Typen und Tendenzen in der Gegenwartssprache. Fünfter Hauptteil. Adjektivkomposita und Partizipialbildungen. – Berlin etc.: de Gruyter.

Schröder, M. (1985): Bevorzugte Wortbildungsmodelle für Adjektivbildungen. – In: Sprachpflege 34, S. 81-84.

Sommerfeldt, K.-E. (1987): Zu Kern und Peripherie der Wortart Adjektiv. – In: Der Deutschunterricht 40:11, S. 541-545.

Trost, I. (2006): Das deutsche Adjektiv. Untersuchungen zur Semantik, Komparation, Wortbildung und Syntax. – Hamburg: Buske (= Beiträge zur germanistischen Sprachwissenschaft 19).

4. Verbale Wortbildung

4.1 Merkmale der Kategorie Verb

Verben sind morphologisch dadurch ausgezeichnet, dass sie konjugierbar sind, d.h. dass sie nach den Kategorien Person, Numerus, Modus, Tempus und Genus Verbi flektiert werden können. Die Hauptflexionstypen sind die starke (mit Ablaut des Stammvokals) und die schwache (mit Dentalsuffix im Präteritum) Flexion. Neben den regulär flektierenden Verben gibt es noch zahlreiche defektive Verben, die i.d.R. nur in den infiniten Formen, also Infinitiv I, Partizip Präsens und Perfekt vorkommen und überwiegend adjektivisch und substantivisch verwendet werden, z.B. *prämiensparen, spritzlöten, überbelichten.* Syntaktisch gesehen ist ein Verb v.a. dadurch ausgezeichnet, dass es als finites oder infinites Verb Teil des engen Verbalkomplexes (→ Altmann/ Hahnemann [4]2010, 3.1 S. 69) sein kann. Für die defektiven Verben gilt das nur sehr eingeschränkt.

4.2 Verteilung der verbalen Wortbildungstypen

Die Wortbildungstypen sind nicht gleichmäßig über die einzelnen Wortarten verteilt. Die deutschen Verben zeigen in Bezug auf die Wortbildung eine ganz spezifische Charakteristik. So ist etwa der Katalog der Wortbildungstypen, den wir in Kapitel 1 entwickelt haben, nur mit großen Einschränkungen auf die Verben anwendbar und verdeckt mit seinem Ordnungsprinzip des zunehmenden Abstands von syntaktischen Strukturen die Besonderheiten der verbalen Wortbildung eher, als dass er sie deutlich macht. Wir haben uns deshalb entschlossen, von der dortigen Ordnung abzuweichen und eine verbgemäße Darstellung vorzuziehen. Um aber die Unterschiede deutlich zu machen, sei zunächst eine knappe Übersicht nach der Ordnung in Kapitel 1 eingefügt.

- **Zusammenrückung**: Dabei sind primär syntaktische Strukturen betroffen, die vom Verb aus organisiert werden, also Objekte + Verb, Adverbiale + Verb usw. Hierhin gehören v.a. die Objektinkorporationen, z.B. *Auto fahren.* Man sollte sich dabei nicht von der reformierten Orthographie irritieren lassen: Sie hat v.a. in diesem Bereich das Prinzip aufgegeben, dass ein Wort immer zusammenzuschreiben ist.
- Für **Zusammenbildung** gibt es nach unserem Wissen im Bereich der Verben keine entsprechenden Beispiele.

- **Kopulativkomposition**: Allenfalls könnte man Bildungen wie *schreiweinen, spritzgießen* unter diesem Typ einordnen. Aber eine solche Zuordnung ist allenfalls semantisch plausibel; unsere formalen Festlegungen treffen nicht zu.
- **Determinativkomposition**: Für diesen Wortbildungstyp kommen allenfalls die Partikelverben in Frage, doch zeigt der Bildungstyp so viele Formabweichungen und semantische Abweichungen, dass höchstens die Einstufung als »Pseudokomposita« erlaubt erscheint.
- **Steigerungsbildung**: Auch hier kennen wir keine entsprechenden verbalen Bildungen.
- **Präfigierung** (Präfixbildung): Sie ist für die verbale Wortbildung, anders als bei Substantiva und Adjektiva, besonders typisch und weist mehrere Subtypen auf.
- **Suffigierung** (Suffixbildung): Sie ist bei den Verben eher schwach entwickelt und dient weniger der Bildung neuer Verben als der Variation innerhalb des vorhandenen Verbwortschatzes.
- **Lexikalische Konversion**: Hierhin gehören u.a. die nicht ganz seltenen Fälle, die in einigen Wortbildungslehren als Verbalisierung mit dem (Infinitiv-)Suffix *-en* kategorisiert werden, also z.B. *lieb-en, fisch-en.* Wir halten sie eher für Fälle von Mehrfachkategorisierung eines Stammes (vgl. 1.4.9 S. 40f. und 4.3.1 S. 132).
- **Grammatische Transposition**: Wenn wir recht sehen, dann gibt es im Deutschen keine grammatischen Verfahren zur Erzeugung von Verben aus anderen Wortklassen.
- **Ablaut-/Umlautbildung**: Hierzu sind Verben wie *bläuen* und *röten* zu zählen, aber auch Kausativa wie *setzen, stellen* und *legen.* Auf diese sind wir in 1.4.11 S. 42 bereits eingegangen.
- Für sekundäre Wortbildungstypen wie **Wortkürzung, Wortkreuzung, Reduplikation** existieren bei den Verben kaum Beispiele. Wir verweisen deshalb auf die entsprechenden Abschnitte in Kapitel 1 (vgl. 1.4.12-14).
- **Rückbildungen** kommen in größerer Zahl nur bei Verben vor.

Für das Verb-Kapitel ziehen wir deshalb folgende Gliederung vor:

- **Suffigierung:** z.B. *-(e)l(n), -er(n), -ig(en), -(is)ier(en).*
- **Präfigierung:**
  - durch echte Präfixe: *ge-, er-, ver-, be-, ent-, zer-.*
  - durch *miss-.*
  - durch Partikelpräfixe: *über-, unter-, hinter-, durch-, voll-, um-, wider-.*
- **Partikelverben:**
  - Partikeln als Erstglied, parallel zu den Partikelpräfixen: z.B. *über-, unter-*
  - Partikeln als Erstglied, parallel zu den Adverbien: z.B. *ab-, an-, auf-.*

- Doppelpartikeln als Erstglied: z.B. *hinunter-, herauf-, einher-, umhin-.*
- Adverbien als Erstglied: z.B. *zusammen-, auseinander-, fort-, heim-.*
- Adjektiva als Erstglied (»Pseudokomposita«): z.B. *kalt-, tot-, kurz-.*
- Nomina als Erstglied (»Pseudokomposita«): z.B. *Rad-, Dank-, Stand-.*
- Verben als Erstglied (»Pseudokomposita«): z.B. *fließ-, press-, schrei-.*

- **Rückbildung.**
- **Konversion.**
- **Ablaut-/Umlautbildung (Mutierung).**

4.3 Verbale Suffigierungen (vgl. 1.4.8/1.5.8)

4.3.1 Infinitivflexiv *-(e)n: fisch-en, wasser-n*

Aus unserer Sicht handelt es sich nicht um ein Wortbildungssuffix, sondern um ein verbales Flexiv, da es in der Konjugation durch andere Verbalflexive ersetzt wird. Allerdings ist zu berücksichtigen, dass bei Nominalisierung die nominalen Flexive angehängt werden, was für den Status als Wortbildungssuffix zur Bildung deverbaler Nomina spricht: *das Gehen, des Gehen-s.* Wenn keine weiteren Ableitungsmerkmale wie etwa Umlaut (z.B. in *wässern*) oder Ablaut (= Mutierung, → 4.8 S. 165) vorhanden sind – aber auch dann könnte man von bloßer Stammallomorphie sprechen – ist je nach Standpunkt einer der folgenden Lösungswege zu wählen:

- Es kann erst bei einem konkreten Wortbildungsprodukt angegeben werden, welche Kategorie die Basis hat, z.B. bei *Fischer*: Suffigierungen mit *-er* sind in weitaus den meisten Fällen deverbal, also ist hier für *fisch-* die Kategorie Verb anzusetzen. In diesem Sinn ist *wassern* das Ergebnis einer lexikalischen Konversion (denominal; → 4.7 S. 163f.).
- Den entsprechenden Stämmen müssen mehrere kategoriale Merkmale zugeordnet werden, z.B. bei *fisch-:* Substantiv und Verb. In diesen Fällen wird also kein Ableitungsverhältnis im Sinne der Wortbildung, also einer Konversion angenommen.

Die Bezeichnung »**Suffixerweiterungen**« für die Suffixe *-er-(n), -(e)l-(n), -ig-(en), -ier-(en), -isier-(en), -ifizier-(en)* + Restgruppen ist nur dann begründet, wenn man *-(e)n* als Verbalisierungssuffix auffasst. In unserer Sicht handelt es sich damit nicht um Suffixerweiterungen, sondern um Verbalisierungssuffixe, die teilweise auch an Verbstämme angehängt werden können und dann nur eine semantische Modifikation, keine Kategorieänderung bewirken.

Zur Vertiefung:

Kaliuscenko, V. D. (2000): Typologie denominaler Verben. – Tübingen: Niemeyer (= Ling. Arbeiten 419).

4.3.2 Native verbale Suffixe

4.3.2.1 *-(e)l-(n)*

Den Ausgangspunkt bildeten wohl substantivische Basen auf *-el: Kugel-/kugeln, Zügel-/zügeln, Hagel-/hageln, Tadel-/tadeln.* Unseres Erachtens handelt es sich hierbei synchron um Basen, die Substantiva und Verben zugleich sind. Offenbar wegen der Häufigkeit dieser Konstellation kam es zu morphologischen Fehlsegmentierungen, wobei *-el-* als (denominales) Verbalisierungssuffix interpretiert wurde. Dieses Suffix wurde dann auch auf andere Basen, z.B. Verben, angewendet.

- deverbal: *äuge(l)n, brumme(l)n, deute(l)n, dränge(l)n.*
- denominal: *(an)bandeln, fädeln, fensterln, frösteln, gründeln.* Hier zeigt sich eine zweite mögliche Basis: bairisch-oberdeutsche nominale Diminutiva auf *-el/-erl* wie bei *Bändel, Fischerl.* In diesem Fall würde es sich bei den entsprechenden Verben einfach um lexikalische Konversionen N → V (→ 4.7 S. 163f.) handeln (bzw. in unserer Sicht um Stämme mit mehreren kategorialen Merkmalen: *fenster-*$_{\text{V,N}}$).
- Derivate von Eigennamen: *sächseln, schwäbeln, hänseln.*
- deadjektivisch: *blödeln, klügeln, zärteln, geistreicheln.*
- synchron unklar: *betteln, stoppeln, tippeln.*
- Schallnachahmung: *babbeln, bimmeln, krabbeln, kribbeln, lispeln.*

Funktion: Meist Iterativbildungen (soweit nicht idiomatisiert/demotiviert).
Beachte! Bei umlautfähigen Stammvokalen tritt generell Umlaut auf, so dass die Ableitungsbeziehung offenkundig ist (außer man nimmt in diesen Fällen Stammallomorphie an).

4.3.2.2 *-er-(n)*

Band → *Bänder* → *bändern, löchern.* Eventuell bilden Substantiva mit Plural auf *-er* die Basis. Wegen der Häufigkeit der Konstellation kam es wohl zu Fehlsegmentierungen, wobei *-er* als Verbalisierungssuffix interpretiert und auf andere Basen übertragen wurde.

- deverbal: *blinken* → *blinkern, (er)schüttern, steigern, folgern.*
- deadjektivisch: Hier ergibt sich mit dem Komparativ auf *-er* eine zweite mögliche Basis. Bei *lindern, mildern, nähern, schmälern* könnte es sich einfach um lexikalische Konversionen (→ 4.7) von komparativischen Adjektiven handeln; das Muster wurde dann fehlsegmentiert und das »Verbalisierungssuffix« *-er* auf andere Basen analogisch übertragen.
- Schallnachahmung: *bibbern, gluckern, knabbern, knattern.*

Morphologische Markierung: Umlaut bei umlautfähigen Stammvokalen.
Funktion: oft iterative Verben, teilweise transitive Handlungsverben.

4.3.2.3 *-ig(en)*

Ursprünglich Konversion von denominalen Adjektiven auf *-ig: fertigen, heiligen,* mit Umlaut, wo möglich. Durch Fehlsegmentierung als Verbalisierungssuffix interpretiert. Bei Bildungen ohne synchrone Basis auf *-ig* kann ursprünglich durchaus eine solche vorhanden gewesen sein, vgl. **ängstig.*

– denominale Analogiebildungen: *ängstigen, endigen, huldigen, peinigen.*
– deadjektivische Analogiebildungen: *festigen, reinigen, sättigen.*
– deverbale Analogiebildungen: *befehlen – befehligen, schaden – schädigen.*

Funktion: bildet überwiegend transitive Handlungsverben.

4.3.2.4 Restgruppen

-sch(en): *herrschen, feilschen.*
-s(en): *knacksen, mucksen, quieksen.*
-z(en)/-enz(en): *siezen, duzen, krächzen, faulenzen.*

4.3.3 Nichtnative Verbalisierungssuffixe

Im Gegensatz zu den nativen Suffixen liegt bei den nichtnativen Verbalisierungssuffixen der Wortbildungsakzent auf dem Suffix.

-ier(en): ursprünglich zur Eindeutschung französischer Verben auf *-er*, später auch mit nativer Basis: *buchstabieren, halbieren,* vgl.: *formen – formieren, hausen – hausieren.*

-isier(en): meist mit nichtnativer Basis: *autorisieren, kritisieren, organisieren, politisieren*; vgl. *harmonieren – harmonisieren.*

-ifizier(en): jüngere, vorwiegend technisch-wissenschaftliche Bildungen: *glorifizieren, klassifizieren, qualifizieren, elektrifizieren.*

Funktion: bildet überwiegend transitive Handlungsverben.

Zur Vertiefung.

Öhmann, E. (2005): Suffixstudien VI: Das deutsche Verbalsuffix *-ieren*. – In: Müller, P. O. (Hg.), Fremdwortbildung. Theorie und Praxis in Geschichte und Gegenwart (Frankfurt a. M. usw.: Peter Lang), S. 263-282.

4.3.4 Zur Semantik der Verbalisierungssuffixe

In der anschließenden Übersicht werden zunächst den einzelnen Verbalisierungssuffixen mögliche **Funktionen** zugeordnet. Die Charakterisierungen werden aus dem Bereich der globalen Kennzeichnung der Verben als Handlungs-, Ereignis-, Zustandsverben genommen, z.T. mit Aktionsartdifferenzierung, dann aus dem Bereich der Objektrelationen sowie aus dem Bereich der adverbialen

Relationen. Danach folgt eine tabellarische Darstellung, bei der die semantischen Typen das Gliederungsprinzip liefern.

a) mit substantivischer Basis:

-(e)l(n):

- Ereignisverben: *kriseln, menscheln.*
- Zustands-/Vergleichsverben (›sich (sprachlich) wie ein x verhalten‹): *sächseln, schwäbeln.*
- Übergangsverben (›zu x werden‹): *bröckeln.*
- effizierend (›bewirken, dass x ein y wird‹): *stückeln, fälteln.*
- instrumental (›x mit y tun‹): *radeln.*

-er(n):

- Vergleichsverben (›sich wie ein x verhalten‹): *eiern.*
- affizierend: *wildern.*

-ig(en):

- Abstraktionsverben (›x haben‹): *endigen, s. ängstigen.*
- ornativ (›x mit y versehen‹): *peinigen, schädigen.*

-ier(en):

- Zustands-/Vergleichsverben (›sich wie ein x verhalten‹): *rebellieren, spionieren.*
- Übergangsverben (›in x übergehen‹): *summieren.*
- Abstraktionsverben (›ein x machen‹): *debutieren, profitieren.*
- effizierend (›bewirken, dass x ein y wird‹): *monophthongieren.*
- ornativ (›x mit y versehen‹): *maskieren, diplomieren.*
- privativ (›x von y entfernen‹): *skalpieren.*
- instrumental (›x mit y tun‹): *filtrieren, harpunieren.*
- lokal (›bewirken, dass sich x Präp. y befindet‹): *kasernieren.*

-isier(en):

- Zustands-/Vergleichsverben (›sich wie x verhalten‹): *nomadisieren.*
- effizierend (›bewirken, dass x ein y wird‹): *tabuisieren, atomisieren.*
- lokal (›bewirken, dass sich x Präp. y befindet‹): *inthronisieren.*

b) mit adjektivischer Basis:

-(e)l(n):

- Durativa (›(anhaltend) x sein‹): *ähneln.*
- Ingressiva (›beginnen, x zu werden‹): *kränkeln.*
- Verhaltenscharakterisierende Verben (›sich so/x verhalten‹): *frömmeln, blödeln.*

-ig(en):

- Faktitiva (›bewirken, dass x zu y wird‹): *reinigen, festigen.*

-ier(en):

- Faktitiva (›bewirken, dass x y ist‹): *blondieren, halbieren.*

c) mit verbaler Basis:

-er(n): Iterativa (›immer wieder x tun‹): *blinkern.*

***-(e)l(n)* + Umlaut:** Iterativa (›immer wieder x tun‹): *spötteln, tänzeln.*

-ier(en): Iterativa (›immer wieder x tun‹): *sinnieren.*

Semantische Typen der verbalen Suffigierungen:

Substantiv → Verb	Beispiele	Paraphrase
Ereignisverben Basissubst. hat die Funktion eines Pseudosubjekts	*schneien, herbsteln*	›einsetzen/beginnen/fallen von x‹ x = Basissubstantiv ›der Herbst beginnt‹
Zustands-/Vergleichsverben: Basissubstantiv hat die Funktion eines Zustandsprädikats	*rivalisieren*	›sich wie ein y verhalten‹; y = Basissubstantiv ›sich wie ein Rivale verhalten‹
Übergangsverben	*kristallisieren,* *modernisieren*	›in y übergehen‹; y = Basisssubst. ›in Kristalle übergehen‹
Abstraktionsverben Zustandsbezeichnungen	*ängstigen,* *interessieren*	›y haben/bleiben‹; y = Basissubstantiv (Abstraktum) ›Angst haben‹
effizierend Basissubst. hat die Funktion des effizierten Objekts	*heroisieren,* *zertrümmern, filmen*	›x zu y machen‹; y = Basissubstantiv ›zum Heros machen‹
ornativ Basissubst. hat die Funktion eines Akk.Obj./PO	*bronzieren* *peinigen*	›x mit y versehen‹ y = Basissubstantiv ›mit Bronze versehen‹
privativ: Basissubst. hat die Funktion des Obj., aus/von dem etwas entfernt wird	*häuten, skalpieren*	›y wegnehmen‹ y = Basissubstantiv ›Haut entfernen‹
instrumental Basissubst. hat die Funktion einer instrumentalen Angabe	*harpunieren* *telefonieren* *radeln*	›x mit y tun‹; y = Basissubstantiv ›mit der Harpune aufspießen‹ ›sich mit y beschäftigen/y benützen‹; y = Basissubstantiv ›auf dem Rad fahren‹
lokal Basissubst. hat die Funktion einer lokalen Angabe	*kasernieren,*	›x in/auf y tun‹; y = Basissubstantiv ›auf die Schulter tun‹

Adjektiv → Verb	Beispiele	Paraphrase
Bewirkungsverben (Faktitiva): Basisadj. hat die Funktion des Obj.Präd.	*schärfen, blondieren,* *reinigen*	›x (zu) y machen‹; y = Basisadjektiv ›scharf machen‹
Verhaltenscharakterisierende Verben: Basisadj. hat adverbiale Funktion	*stolzieren,* *blödeln*	›sich so (y) verhalten‹; y = Basisadjektiv ›stolz gehen‹

Verb → Verb	Beispiele	Paraphrase
Wiederholungsverben (Iterativa)	*spötteln, sinnieren,* *hüsteln, tänzeln, werkeln*	›mehrfach/ein wenig x tun‹; x = Basisverb ›mehrfach/ein wenig spotten‹

Zur Vertiefung:
Kühnhold, I./Wellmann, H. (1973): Deutsche Wortbildung. Typen und Tendenzen in der Gegenwartssprache. 1. Hauptteil. Das Verb. – Düsseldorf: Schwann [S. 113-116].
Olsen, S. (1990): Zur Suffigierung und Präfigierung im verbalen Bereich. – In: Papiere zur Linguistik 42, S. 31-48.

4.3.5 Übung zur verbalen Suffigierung

Geben Sie eine morphologische und semantische Analyse der folgenden Suffigierungen: *blödeln, sich ängstigen, kränkeln, spionieren, knistern, hüsteln.* Kategoriale Füllung, Wortbildungsakzent, morphologische Markierung und Reihenfolgemarkierung müssen aus Ihrem Darstellungsschema ersichtlich sein.

4.4 Präfigierung von Verben (vgl. 1.4.7/1.5.7)

4.4.1 Echte Verbalpräfixe

1) Eigenschaften verbaler Präfixe:

- reine Wortbildungselemente (gebundene Morpheme); keine parallelen lexikalischen (»freien«) Morpheme.
- nicht akzentuiert/akzentuierbar, außer im Fall von Kontrastakzent bei möglichen Kontrastpaaren: *verraten, nicht erraten.* Die Präpositionen, aus denen sich diese Verbpräfixe überwiegend entwickelt haben, verloren in dieser Kombination ihren Volltonvokalismus, teilweise haben sie auch völlig ihren Vokal verloren und sind mit den folgenden Verbwurzeln verschmolzen, vgl. ahd. *gi-louben* → *glauben*, ahd. *bi-lîban* → *bleiben*. Die Univerbierung ist damit zum Abschluss gelangt: In der Intuition der Sprecher (und damit in der synchronen Analyse) gelten diese Verben als Simplizia. Das Partizip II mit *ge-* zeigt, dass *glauben* und *bleiben* wie Simplizia behandelt werden.
- nicht trennbar: Partizip Perfekt ohne *ge-;* Infinitiv I mit vorangestelltem, nicht eingeschobenem *zu.*
- nicht kategorienverändernd; aber viele Fälle von denominalen und deadjektivischen präfigierten Verben, z.B. *ver-gesellschaft-en, veralten.*
- meist nur noch beschränkt produktiv; hoher Grad an Lexikalisierung/Idiomatisierung durch das hohe Alter dieser Wortbildungsweise.

2) Inventar echter verbaler Präfixe und ihre Herkunft: Es gibt Hinweise, dass sich die Verbalpräfixe ganz oder überwiegend aus Präpositionen entwickelt haben (vgl. Kluge/Seebold 2002).

- *ge-:* ahd. Präfix *ga-/gi-*, entspricht lat. *cum-/con-*.

- *er-:* ahd. *ar/ir-/er-*, got. *us-* ← germ. **uz-* ›aus‹, vgl. subst. *ur-*.
- *ver-:* mhd. *ver-;* ahd. *fir-/far-;* got. *fair-/faur-/fra-* (auch Präp.), lat. *per-/ pro-* ›anstatt‹, ›für‹, ›weg‹, ›fehl‹.
- *be-:* mhd. *be-*, ahd./got. *bi-*, entspricht der Präp. *bî/bei.*
- *ent-/ant-:* mhd. *ent-*, ahd. *int-*, got. *and-* (Präp.), lat. *ante*, gr. *antí;* Variante *emp-* vor Verben, die mit *f* anlauten (*empfehlen*, aber *entfallen*).
- *zer-:* mhd. *zer-/ze-;* ahd. *zur-/zar-/zir-, zi-* ›auseinander‹; vgl. lat. *dis-*, griech. *dia-*.

Parallelen zu den verbalen Präfixen bei Substantiven und Adjektiven sind nicht immer als deverbal zu werten, z.B.:

- N mit *Ge-* (mit parallelem Simplex): *Gewitter, Gebirge* (→ 2.8.2 S. 82).
- N mit *Be-: Behörde, Behuf* (→ 2.8.3 S. 82f.).
- *er-:* keine Parallele bei Nomina/Adjektiva; vgl. aber: *Urahn, Urfehde, Urheber, Urkunde, Urlaub, Ursache, Ursprung.*
- Adj. mit *ge-* (meist ohne paralleles Simplex): *genehm, genug, gesund* (→ 3.8.4 S. 113).
- Adj. mit *be-: bequem, bescheiden* (→ 3.8.5 S. 114).
- Adv. mit *ent-: entgegen, entlang, entweder, entzwei.*

3) Kategoriale Füllung:

- verbale Beispiele mit parallelem Simplex:
  - *ge-: gebrauchen, gedenken, geleiten, geloben, gereichen.*
  - *er-: erblühen, erdrosseln, erleiden, erlöschen, ersehnen.*
  - *ver-: verachten, verändern, verjubeln, verlachen, verlernen.*
  - *zer-: zerdrücken, zerschlagen, zerschießen, zertrampeln.*
  - *ent-: entdecken, entsagen, entsetzen, empfehlen, empfinden.*
- verbale Beispiele ohne paralleles Simplex:
  - *ge-: gebären, gebaren, gedeihen, genesen, geschehen.*
  - *ver-: verletzen, vernichten, verteidigen.*
  - *be-: begehren, bewaffnen, bewegen.*
  - *zer-: zerrütten, zerschellen.*
  - *ent-: entbehren, entfachen.*
- verschmolzen: *glauben, gönnen.*
- mit nominaler Basis (also Wortartwechsel durch Präfigierung!):
  - *ver-: verarschen, verarzten, verbescheiden, verdunsten.*
  - *be-: beabsichtigen, bebildern, bemoosen, bereifen.*
  - *zer-: zerfetzen, zerfleischen, zerstäuben, zertrümmern* (synchron; historisch gesehen können auch verbale Basen vorliegen).
  - *ent-: entziffern, entgleisen, entkalken, enthaupten.*
- mit adjektivischer Basis (also Wortartwechsel durch Präfigierung!):
  - *ver-: vergewissern, verdünnen, verdeutlichen, verblassen.*
  - *be-: befähigen, befreien, belästigen, beunruhigen.*

- *zer-: zerkleinern, zermürben.*
- *ent-: sich nicht entblöden, entblößen, entmutigen, entwirren.*

4) Kombinatorik:

- keine Kombination von Verb-Präfixen untereinander. Die scheinbaren Gegenbeispiele sind tatsächlich denominal: *verbescheiden* ← *ver- + Bescheid + -en, vergesellschaften* ← *ver- + Gesellschaft + -en*. Wenn Präfixe mit der Basis verschmolzen sind, dann kann das (Simplex-)Verb wieder präfigiert werden: *vergönnen, beglaubigen, begleiten, entgleiten.*
- die Kombination mit Partikelpräfixen ist nur in wenigen Fällen möglich: *unterbelichten, unterbelegen, untervermieten; überentwickeln, überversorgen.* Möglicherweise handelt es sich dabei um Rückbildungen: *belichten* → *Belichtung* → *Unterbelichtung* → *unterbelichten.* Wegen des Akzents auf dem Erstelement geraten diese Verben in die Nähe von Partikelverben, doch spricht gegen diese Zuordnung und für Rückbildung die Tatsache, dass sie untrennbar sind (**x belichtet unter*), dass sie häufig defektiv in ihrem Formenparadigma und zumeist beschränkt sind auf die infiniten Formen: **ich belichte das Bild unter/*ich unterbelichte das Bild.*
- Kombination mit Verbpartikeln: Verbpartikeln gehen den echten Präfixen immer voran:
  - *ge-: eingestehen, angedeihen, dazugewinnen.*
  - *er-: aberkennen, auferlegen, zuerkennen.*
  - *ver-: umverteilen, abverlangen, ausverkaufen.*
  - *be-: beibehalten, abbestellen, einberufen, vorbereiten.*
  - *zer-: vorzerkleinern.*
  - *ent-: fortentwickeln, anempfehlen, nachempfinden, vorenthalten.*
- Kombination mit Doppelpartikeln: *heranentwickeln, hinzuverdienen.*

Scheinbare Beispiele für die umgekehrte Abfolge echtes Präfix vor Verbpartikel sind tatsächlich aber denominal/deadjektivisch:

- *ver-: ver-abfolg-en, ver-anlass-en, ver-ausgab-en, ver-einsam-en.*
- *be-: be-absicht-igen, be-anstand-en, be-aufsicht-igen, be-einfluss-en, bevormund-en, be-antrag-en, be-mitleid-en.*

5) Funktion:

Wie unter 4.3 wird zuerst eine Übersicht über die wichtigsten Funktionen der echten Verbpräfixe geboten, dann eine tabellarische Übersicht, geordnet nach semantischen Funktionen. Die semantischen Beschreibungseinheiten sind die gleichen wie unter 4.3, dazu kommen aber u.a.:

- im Bereich der Aktionsarten: (im)perfektivierend, intensivierend.
- im Übergang von Zustands-/Geschehensverben zu Handlungsverben: Transitivierung.

Die semantische Beschreibung verursacht große Schwierigkeiten durch den hohen Grad an Lexikalisierung/Idiomatisierung und folglich Funktionsaufspaltung bzw. durch das Problem, die semantische Funktion der Präfixe zu bestimmen. Viele Beispiele sind synchron betrachtet nahezu oder vollständig semantische Simplizia, so z.B. *beginnen.* Andererseits beobachtet man ständig Neubildungen, z.B. bei *be-: belabern.* Schließlich ist auch noch die Problematik der Pseudopartizipien, z.B. *zerklüftet,* zu berücksichtigen.

ge-: Im Mhd. wuchernd mit der Funktion ›verstärkend‹, ›perfektivierend‹; heute ist wegen starker Idiomatisierung keine einheitliche Funktion mehr erkennbar. Einzelne Verben können noch als Wortbildungsprodukte beschrieben werden.

- Perfektiva: *gefrieren, gerinnen.*
- intensivierend: *gedenken, geloben.*

er-: wirkt oft transitivierend, z.B. *jmd. ersteigt etw.*

- Ingressiva: *erbleichen, erblinden, erblühen.*
- Perfektiva: *erlernen, erlöschen.*
- direktional: *erklettern, ersteigen.*
- intensivierend: *erdulden, erretten.*

ver-: wirkt häufig transitivierend, z.B. *jmd. verarbeitet etw.*

- Perfektiva: *verglühen, verheilen, vermessen.*
- Imperfektiva: *verblöden, verdicken.*
- ornativ: *verglasen, vergolden, versiegeln, versilbern.*
- direktional: *verreisen* (›weg, woandershin‹).
- verkehrte Durchführung einer Handlung: *verformen, verwählen.*
- über ein Maß hinaus, ›zu sehr‹: *versalzen.*

be-: Der semantische Anteil ist wegen der Idiomatisierung schwer auszumachen. Synchron sind z.B. *begehren, beginnen* semantisch als Simplizia zu klassifizieren. Das Muster ist in Neubildungen wie *belabern, bekringeln* sowie in Partizip-Perfekt-Bildungen wie *behämmert, beknackt* noch produktiv. Häufig bewirkt *be-* eine Transitivierung, z.B. *jmd. belabert jmdn.*

- Imperfektiva: *befeuchten, befreien.*
- Vergleichsverben: *bemuttern.*
- direktional (Kontakt): *beschreiten.*
- ornativ: *bedachen, beschriften, besolden.*
- instrumental: *beeidigen, beurkunden.*
- Faktitiva: *befähigen, begnadigen.*
- intensivierend: *beharren, befragen.*

zer-: bewirkt häufig eine Transitivierung, z.B. *jmd. zertrampelt etw.*

- Perfektiva: *zerplatzen, zerschießen.*
- direktional: *zersplittern.*
- Faktitiva: *zermürben.*

ent-: hochgradig idiomatisiert; wirkt transitivierend; privative Grundsemantik.

- Perfektiva: *entfernen.*

– Ingressiva: *entbrennen, entzünden.*
– direktional: *entströmen.*

Wichtige semantische Typen der Präfixverben

Präfix + Verb	**Beispiele**	**Paraphrase**
Bezeichnungstyp nach der Art des Handlungsablaufs		
Perfektiv-ingressiv – Basisverb: Einsetzen einer Handlung – Basisadj.: mit Funktion des Subj.Präd. Übergang bzw. Überführen in einen Zielzustand: – Basisadj: bezeichnet den eintretenden oder herbeigeführten neuen Zustand. – Basisverb: fließender Übergang zu Perfektivbildungen	 *erblühen, entbrennen* *erblinden* *erkranken,* *befreien, entblößen* *gerinnen, verblöden*	›anfangen, beginnen‹ ›zu blühen anfangen‹ ›x wird y‹; y = Basisadj. ›blind werden‹ ›machen/werden‹ ›krank werden‹
Perfektiva vollständige Durchführung bzw. Abschluss einer Handlung	*vermessen, zerplatzen, erlöschen, gefrieren*	›bis zu Ende (Basisverb)‹/ ›endgültig (Basisverb)‹ ›bis zu Ende messen‹
Bezeichnungstyp nach der adverbialen Relation zwischen Erst- und Zweitkonstituente		
Direktional: Bezug der Bewegungsrichtung auf die Origo: – aufwärts – Annäherung/Kontakt – Entfernen	 *erklettern* *beschreiten* *entfliehen, verjagen*	›y in Richtung z tun‹ (bezogen auf die Origo = Basis der Deixis) ›in Aufwärtsrichtung klettern‹
Intensivierung	*vergönnen, erretten, beharren*	›wirklich/vollständig‹ ›wirklich gönnen‹
Sonstige Funktionen		
Ornativa	*verglasen, besolden, vergolden*	›y mit z versehen‹ ›y mit Glas versehen‹
Faktitiva	*zermürben, begnadigen*	›y z machen‹; ›y mürbe machen‹
Signalisierung der **verkehrten Durchführung** einer Handlung	*sich verlesen*	›falsch, verkehrt‹ ›falsch lesen‹

Zur Vertiefung:

Eggelte, B. (2008): Von der semantischen Leistung der Verbalpräfixe zur Systematisierung ihrer syntaktischen Konsequenzen. – In: Eichinger, L. M. e.a. (Hgg.), Wortbildung heute (Tübingen: Narr Attempto Francke), S. 131-142 (= Studien zur Deutschen Sprache 44).

Eichinger, L. M. (1999): *der-*, aspektuelles Präfix und bairisches Shibboleth. – In: Tatzreiter, H. e.a. (Hgg.), Erträge der Lexikographie. Festgabe für W. Bauer zum 60. Geb. (Wien: Edition Praesens), S. 61-88.

Eroms, H.-W. (1987): Was man nicht bespricht, bedenkt man nicht recht. Bemerkungen zu den verbalen Präfixen in der Wortbildung. – In: Asbach-Schnitker, B./Roggenhofer, J. (Hgg.): Neuere Forschungen zur Wortbildung und Historiographie der Linguistik. FS für H. Brekle. (Tübingen: Narr), S. 109-122.

Günther, H. (1974): Das System der Verben mit *be-* in der deutschen Sprache der Gegenwart. – Tübingen: Niemeyer. (= Linguistische Arbeiten 23).

Kühnhold, I. (1974): Über *veranlassen, anvertrauen* und verwandte Typen der verbalen Doppelpräfigierung im neueren Deutsch. – In: Sprache und Sprachgebrauch, FS für H. Moser (Düsseldorf: Schwann), S. 193-205.

Kühnhold, I./Wellmann, H. (1973): Deutsche Wortbildung. Typen und Tendenzen in der Gegenwartssprache. 1. Hauptteil. Das Verb (Düsseldorf: Schwann), S. 97-113, S. 113-116.

Schirmeier, M. (2007): German *ver*-Verbs. Internal Word Structure and Lexical Processing. – Frankfurt etc.: P. Lang (= Berkeley Insights in Linguistics and Semiotics. Vol. 63).

Schröder, J. (1985): *ent*-Verben in einer mehrstufigen Analyse. – In: Deutsch als Fremdsprache 22, S. 333-342.

Schröder, J. (1986): Mehrstufige Analyse der *zer*-Verben. – In: Deutsch als Fremdsprache 23, S. 331-336.

Schröder, J. (1988): Präfixverben mit *ver-* im Deutschen. 1-4. – In: Deutsch als Fremdsprache 25, S. 92-95, 172-177, 204-208, 295-299.

Zifonun, G. (1973): Zur Theorie der Wortbildung am Beispiel deutscher Präfixverben. – München: Hueber (= Linguistische Reihe 13).

4.4.2 *miss-*

Die zahlenmäßig kleine Gruppe der Verben mit *miss-* wird hier gesondert behandelt, weil sie gegenüber der vorausgehenden und der folgenden Gruppe Besonderheiten zeigt und weil wegen der relativ zahlreichen deverbalen Adjektiva und Substantiva, aber auch wegen Adjektiva und Substantiva, die synchron nicht mehr verbalen Basen zugeordnet werden können, besondere Analyseprobleme auftreten.

1. Herkunft: mhd. *misse-* (Adj.), *misse* (N) ›das Fehlen, Mangeln‹, ahd. *missa-, missi-;* vgl. *(ver)missen, misslich* sowie *missetun, Missetat* ›verkehrt, unrichtig, übel, schlecht‹.
2. Kategoriale Füllung:
   - *miss-* als Erstglied eines Substantivs: *Missernte, Missgeburt, Missgriff, Missgunst, Missmut, Missetat, Misston, Misswirtschaft.* Historisch gesehen gehen diese meist auf verbale Bildungen zurück, z.B. *missgönnen (→ Missgunst).* Dagegen sind Verben wie *missetun (→ Missetat), und missgebären (→ Missgeburt)* längst ausgestorben.
   - *miss-* als Erstglied eines Adjektivs: *misslich, missgelaunt, missgebildet, missvergnügt.*
   - mit verbaler Basis: *missglücken, missgönnen, misshandeln, missraten,* aber: *missinterpretieren.*
   - ohne paralleles verbales Simplex: *misslingen* (vgl. *gelingen*).
3. Kombinatorik:
   - mit verbalen Präfixen: *miss-* immer an erster Stelle und akzentuiert. *missverstehen, missbehagen.* Von diesen Verben kommen manchmal getrennte Varianten vor, deren Akzeptabilität nicht ganz klar ist. Das Verhalten dieser Kombinationen ist ein Hinweis, dass man ähnliche Kombinationen mit *über-* und *unter-* entsprechend einsortieren sollte.

- nicht kombinierbar mit Partikelpräfixen.
- nicht kombinierbar mit Verbpartikeln.
- Beachte deverbale Nominalisierungen: *Missachtung, Misshandlung, Missbilligung, Missverständnis.*

4. Funktion:
   - verkehrte Durchführung einer Handlung: *missinterpretieren* ›falsch, verkehrt interpretieren‹, *missverstehen.*
   - Negation: *misstrauen* ›nicht trauen‹, *missbehagen.*

Zur Vertiefung:

Altmann, H. (1997): *miß-* als Wortbildungsbestandteil. – In: Birkmann, Th. e.a. (Hgg.), Vergleichende germanische Philologie und Skandinavistik. FS O. Werner (Tübingen: Niemeyer), S. 29-48.

4.4.3 Partikelpräfixverben

Partikelpräfixverben werden in der Literatur sowohl als Präfixverben wie auch als Partikelverben bezeichnet. Uns scheint es notwendig, diese Verben, obwohl sie eindeutig als präfigiert zu gelten haben, terminologisch klar sowohl von den »echten Präfixverben« als auch von den Partikelverben zu unterscheiden.

1) Eigenschaften verbaler Partikelpräfixe:
   - Akzent auf dem Verbstamm, Partikelpräfix unakzentuiert (vgl. aber parallele Partikelverben, 4.5.1 S.150ff.).
   - Partikelpräfix nicht abtrennbar: Partizip Perfekt ohne *ge-*; Infinitiv I mit vorangestelltem, nicht eingeschobenem *zu.*
   - Partikelpräfix nicht kategorieverändernd.
   - meist nicht mehr produktiv; sie fehlen oft in Dialekten.
   - lokale Semantik der parallelen Präpositionen ist meist noch gut erhalten: geringer Grad an Lexikalisierung.

2) Inventar von Partikelpräfixen und parallele Präpositionen:

über-: überbieten, überdehnen, überrumpeln.
   - Präp.: *über dem Haus* (Dat., lokal)/*über das Haus* (Akk., dir.), *über Gebühr* (Skala).

unter-: unterfordern, unterhöhlen, unterzeichnen.
   - Präp.: *unter der Bank* (Dat., lokal)/*unter die Bank* (Akk., dir.), *unter Erwartung* (Skala).

hinter-: hintergehen, hinterlegen, hintertreiben.
   - Präp.: *hinter dem Haus* (Dat., lokal)/*hinter das Haus* (Akk., dir.).

durch-: durchbohren, durcheilen, durchstöbern.
   - Präp.: *durch das Wasser waten* (Akk., dir.), *das Wasser durchwaten;* vgl. das Partikelverb *(hin)durchwaten.*

um-: umfahren, umfließen, umarmen.

– Präp.: *um das Haus (herum) stehen* (Dat., lok.)/*fahren* (Akk., dir.)

wieder-/wider-: widerrufen, widersetzen, wiederholen.

– Präp. *wider* ›contra‹. *wider Willen, wider Erwarten*; vgl. Adverb *wieder* mit den Bedeutungsvarianten ›iterum‹, ›re‹ (nur bei *wiederholen).*

voll-: vollenden, vollstrecken, vollziehen.

– Präp. (mit Genitiv): *voll des guten Weines.*

Parallele nominale »Präfixe«: Die genannten Partikelpräfixe kommen nicht als nominale Präfixe vor, einige aber sehr wohl als Bestandteil von nominalen Wortbildungsprodukten, überwiegend von Determinativkomposita. Und natürlich gibt es auch Nominalisierungen von Partikelpräfixverben. Wegen der möglichen Probleme bei der Analyse werden hier einige Beispiele aufgeführt:

über-: Überangebot, Überbevölkerung, Überdosis, Überdruss.
unter-: Unterbegriff, Unterbett, Unterboden, Unterwäsche.
hinter-: Hinterbacken, Hintergrund, Hinterteil.
durch-: Durchlaucht/Durchlaucht, Durchblick.
um-: Umfeld, Umkreis, Umland, Umluft, Umweg, Umwelt.
wider- ›contra‹: Widerhaken, Widerlager, Widersacher.
voll-: Vollakademiker, Vollbad, Vollbart, Vollbier, Vollblutpferd.

Parallele adjektivische Präfixe: Die genannten Partikelpräfixe kommen nicht als Präfixe bei Adjektiven vor, einige aber sehr wohl als Bestandteil von deverbalen Bildungen, z.B. Pseudopartizipien: *überaltert, unterentwickelt, umnachtet, sagenumwoben, durchgeistigt.*

Daneben gibt es auch adjektivische Komposita, Zusammenbildungen und Zusammenrückungen, die die genannten Elemente enthalten, z.B.:

über-: überängstlich, überbreit, überdeutlich, überirdisch.
unter-: unterirdisch, unterschlächtig (Zusammenbildung), *unterschwellig* (Zusammenbildung), *untertan.*
um-: umliegend, umseitig (Zusammenbildung).
hinter-: hinterfotzig (Zusammenbildungen), *hinterhältig.*
durch-: durchgängig.
wider-/wieder-: widrig, widerlich, widerborstig, widernatürlich, wiederholt.
voll-: vollbusig (Zusammenbildung), *vollelektronisch, vollfett, volljährig.*

Die genannten Partikelpräfixe kommen nicht als Präfixe bei Adverbien vor, einige aber sehr wohl als Bestandteil von adverbiellen Wortbildungsprodukten, überwiegend Zusammenrückungen (→ 5.3 S. 169ff.):

über-: überall, überaus, überdies, überhaupt, übermorgen.
unter-: unterdes, untereinander, unterhalb.
durch-: durchaus, durchwegs.
voll-: vollends, vollauf.
um-: umeinander, umher, umsonst.
hinter-: hintereinander, hinterher, hinterrücks.

wider-: ?widereinander.

Nominalisierungen von Partikelpräfixverben sind relativ häufig. Dabei ist zu beachten, dass nur Suffigierungen mit *-ung* den Akzent auf der Basis beibehalten, in den anderen Fällen kommt es zum Akzentumsprung auf das Partikelpräfix, so dass man an eine Ableitung von einem Partikelverb denken könnte. Ferner ist die Ableitungsproblematik durch die Kürzung von Doppelpartikelverben um die erste unakzentuierte Silbe bei Nominalisierungen zu beachten.

über-: Überhitzung, Übervölkerung, Übernahme.
unter-: Unterführung, Unterschreitung, Unterzeichnung.
hinter-: Hintertreibung, Hinterziehung, Hinterfüllung.
durch-: Durchwatung, Durchforschung, Durchlauf.
um-: Umarmung, Umhüllung, Umnachtung.
wider-/wieder-: Wiederholung, Widerspruch, Widerstand.
voll-: Vollendung, Vollstreckung, Vollzug (kein Akzentumsprung; vgl. *Vollzug vs. Kurzzug* = Determinativkomposita).

3) Kategoriale Füllung:
- N → V: treten wohl nur bei den Partikelpräfixen *über-* und *um-* auf:
  über-: übervorteilen, überlisten, übertölpeln, überflügeln.
  um-: umarmen, umgarnen, umnachten, umringen.
- Adj → V: hier tritt nur *umdüstern* auf.
- Partikelpräfixverben mit parallelem Simplexverb:
  über-: überbieten, überdehnen, übereilen, überladen.
  unter-: unterfahren, unterführen, unterqueren, unterwandern.
  hinter-: nur kleiner Bestand: *hintergehen, hintertreiben.*
  durch-: verbale Beispiele immer mit parallelem Simplex; meist transitive Bewegungsverben: *durcheilen, durchfahren, durchfliegen.*
  um-: umfahren, umschiffen, umgehen, umfließen, umgeben.
  wider-/wieder: widerrufen, widersprechen, widerspiegeln/wiederspiegeln, wiederholen.
  voll-: vollenden, vollführen, vollstrecken, vollziehen.
- Partikelpräfixverben ohne paralleles Simplex treten vereinzelt nur bei *über-* auf: *überhöhen, überhitzen.*

4) Kombinatorik:
- keine Kombinationen von Partikelpräfixen untereinander.
- Kombination mit »echten« Präfixen ist bei einigen Partikelpräfixen möglich; Partikelpräfixe stehen dann stets an erster Stelle: *überbelasten, -belegen, -belichten, -betonen, -bewerten; unterbelichten, -beschäftigen, -bewerten, -versichern.* Möglicherweise handelt es sich dabei um Rückbildungen: *belichten → Belichtung → Unterbelichtung → unterbelichten.* Wegen des Akzents auf dem Erstelement geraten diese Verben in die Nähe von Partikelverben, bleiben aber untrennbar (**belichtet unter*), sind häufig de-

fektiv in ihrem Formenparadigma und zumeist beschränkt auf die infiniten Formen: **ich belichte das Bild unter*. Zusätzliche Evidenz für die Wertung der Erstbestandteile als Partikelpräfixe bieten vergleichbare Beispiele mit *miss-*, die die gleichen Eigenschaften zeigen: *missbehagen, missverstehen.*

- ähnliche Kombinationen mit *durch- (durchbekommen, durchentwickeln)* sowie mit *um- (umbenennen, umverteilen)* sind nur Partikelverben (problemlos trennbar, kein defektives Paradigma). Bei *hinter-, durch-, voll-.* und *wider-/wieder-* gibt es offenbar keine vergleichbaren Beispiele.
- Kombinationen von Partikelpräfixen und Verbpartikeln (in beiden Abfolgen) sind nicht möglich. Ein problematisches Beispiel in dieser Hinsicht ist aber *überanstrengen*, das man höchstens als Rückbildung aus *Überanstrengung* deuten kann. *Übervorteilen* hingegen ist als denominal zu analysieren.

5) Funktion: Bei allen nichttransitiven Basisverben wirkt die Kombination mit einem Partikelpräfix transitivierend, bewirkt also die Uminterpretation von einem Geschehens- in ein Handlungsverb. Bei Basisverben, die zur Gruppe der Verben der (gerichteten) Bewegung gehören, bewirkt die Kombination mit einem Partikelpräfix, das die Art der Bewegung spezifiziert (also allen außer *wieder-* und *voll-*), ebenfalls eine Transitivierung und die Uminterpretation in ein Handlungsverb, wobei die ursprüngliche Weg-PP in ein Akk.Obj. mit der Interpretation Patiens (holistische Betroffenheit) umgewandelt wird. Kombinationen mit *hinter-* zeigen häufig die Zusatzbedeutung ›heimlich‹, ›unehrlich‹, ›zurück‹; bei *um-* wird entweder eine Kreisbewegung bezeichnet oder das Verb erhält eine ornative Semantik (›von allen Seiten‹). *wider-* hat nach unserem Ansatz nur die Bedeutung ›contra‹ (Ausnahme: *wiederholen*). Von *voll-.* gibt es nur wenige (barocke) Bildungen mit perfektiv-egressiver Bedeutung.

über-:

- direktional: *überbrücken, überqueren, überschreiten.*
- flächig überdecken: *überfluten, überschwemmen, übergießen.*
- hoher Skalenwert: *überfordern, überragen.*
- metaphorisch: *überführen, überweisen, übermitteln.*

unter-:

- direktional: *unterfahren, unterqueren, unterwandern.*
- lokal: *unterhöhlen, unterspülen, untermauern.*
- geringer Skalenwert: *unterfordern, unterschätzen.*
- metaphorisch: *unterbinden, untersagen, unterbleiben.*

hinter-:

- nur in wenigen lexikalisierten, z.T. idiomatisierten Bildungen, z.B. *hinterlassen, hinterfragen.*

– bei Verben der gerichteten Bewegung Verlust der Bewegungskomponente zugunsten einer reinen Handlungssemantik (Akk.Obj. entspricht dem Patiens): *hinterlegen, hinterbringen.*

durch-:

– Imperfektivbildungen: *durchfeuchten, durchnässen.*

– Perfektivbildungen:

  – Verben der (gerichteten) Bewegung werden reine Handlungsverben: *durcheilen, durchfahren, durchfliegen.*

  – Verben des Suchens (›gründlich, vollständig‹): *durchforschen, durchsuchen, durchstöbern.*

  – »Erschütterungsverben« (›gründlich, vollständig‹): *durchbeben, durchschauern, durchzittern.*

  – »akustische« Verben (holistische Betroffenheit): *durchbrausen, durchklingen.*

  – Verben des Trennens/Zerstörens: *durchbohren, durchschneiden, durchtrennen, durchreißen.*

um-:

– Perfektivbildungen: Verben der (gerichteten) Bewegung werden reine Handlungsverben; kreisförmige Bewegung: *umfahren, umschiffen, umfließen.*

– Ornativa, teils denominal: *umarmen, umgeben, umkleiden.*

wider-/wieder-:

– Transitivierung bei verba dicendi: *widerreden, widerlegen, widerrufen, widersagen, widersprechen, widerstreiten.*

– Verben der optischen und akustischen Reflexion: traditionell aufgrund problematischer physikalischer Überlegungen Zuordnung zu den Partikelpräfixverben und entsprechend Schreibung mit *i*; bei Berücksichtigung des Akzents, der Trennbarkeit usw. ist die Zuordnung zu den Partikelverben plausibler: *widerhallen/wi(e)derhallen, widerschallen/wi(e)derschallen.*

voll-:

– die vorwiegend barocken Bildungen sind hochgradig idiomatisiert; gemeinsames Merkmal: Perfektivierung und Transitivierung; *vollenden, vollführen, vollstrecken, vollziehen.*

Wichtige semantische Typen der Partikelpräfixverben

Partikelpräfix + Verb	**Beispiele**	**Paraphrase**
Bezeichnungstyp nach der Art des Handlungsablaufs		
Imperfektiva: Übergang bzw. Überführen in einen Zielzustand	*durchfeuchten* *umwachsen*	›machen/werden‹ ›feucht werden‹

Perfektiva: vollständige Durchführung bzw. Abschluss einer Handlung	*durchforschen* *vollziehen*	›vollständig, restlos, endgültig‹, ›vollständig forschen‹
Bezeichnungstyp nach der adverbialen Relation zwischen Erst- und Zweitkonstituente		
direktional – durch etwas hindurch – um etwas herum – gegen/contra	 *durchfahren* *umzäunen* *widerrufen*	Wechsel vom Verb der gerichteten Bewegung zum transitiven Handlungsverb
temporal	*überdauern* *durchleiden*	›über eine Zeitspanne hinweg‹ ›über eine Zeitspanne hinweg dauern‹
Sonstige Funktionen		
Angabe eines Skalenwertes	*unterfordern* *überragen*	›zu wenig fordern‹
Ornativa	*umhüllen, umarmen*	›mit einer Hülle versehen‹
Transitivierung	*umschmeicheln, durchlaufen, hintergehen, unterhöhlen, übereilen*	*jmdm. schmeicheln > jmdn umschmeicheln*

Zur Vertiefung:

Altmann, H. (1989): Zur Wortbildung des Verbs. *wi(e)der* als Verbzusatz. – In: Tauber, W. (Hg.): Aspekte der Germanistik, FS H. F. Rosenfeld (Göppingen: Kümmerle), S. 581-599.

Chilmonczyk, R. (2008): Trennbar und untrennbar zusammengesetzte Verben mit den Vorsilben *durch-*, *über-*, *um-*, *unter-*, *wider-*. Eine Analyse vom Standpunkt des Deutschunterrichts. – In: Studia niemcoznawcze. Studien zur Deutschkunde 39, Teil 1, S. 407-424; Teil 2, S. 399-418.

Eroms, H.-W. (1982): Trennbarkeit und Nichttrennbarkeit bei den deutschen Partikelverben mit *durch-* und *um-*. – In: Eichinger, L. M. (Hg.): Tendenzen verbaler Wortbildung in der deutschen Gegenwartssprache (Hamburg: Buske), S. 33-50.

Risch, G. (1995): Verbpräfigierung des Deutschen: Skalierungsverben mit *über-* und *unter-*. – Phil. Diss. Stuttgart:

4.4.4 Übung zu Verbpräfigierung und Partikelpräfixbildung

Geben Sie eine morphologische und semantische Analyse der folgenden Verben: *ersteigen, durchleiden, umgarnen, missverstehen, entbrennen, gelingen.* Kategoriale Füllung, Wortbildungsakzent, morphologische Markierung und Reihenfolgemarkierung müssen aus Ihrem Darstellungsschema ersichtlich sein.

4.5 Partikelverben

Das Muster der Partikelverben ist gegenwärtig zweifellos das produktivste und vielfältigste verbale Wortbildungsmuster. Gleichzeitig bietet es zahlreiche Beschreibungsschwierigkeiten. Das beginnt bei der Bezeichnung, die von »Präfigierung« bis »verbale (Pseudo)Komposita« reicht. Die Einordnung unter die

Präfigierung halten wir für völlig verfehlt, da essentielle Merkmale der Präfixe (nicht akzentuiert, nicht trennbar usw.) fehlen und dadurch die Unterschiede v.a. zu den Partikelpräfixverben verwischt werden. Als Komposita könnte man sie einordnen, wenn man nur die formalen Merkmale berücksichtigen würde (Verbindung von selbstständigen Lexemen, Akzentuierung des Erstbestandteils usw.). Aber die Trennbarkeit und die semantischen Merkmale hindern uns daran. Deshalb wählen wir den verbreiteten Terminus der Partikelverben, um dadurch die Eigenständigkeit dieses Wortbildungsmusters unübersehbar zu markieren. Dabei sind wir uns eines wichtigen Mangels durchaus bewusst: Von den möglichen Erstgliedern können eigentlich nur Präpositionen und Adverbien als Partikeln bezeichnet werden. Dasselbe Muster gilt aber auch für Adjektiva und Substantiva als Erstglieder, während sich die Bildungen mit Verben als Erstglieder wieder anders verhalten. Diese drei Gruppen bezeichnen wir hilfsweise als »Pseudokomposita«.

Eigenschaften aller Partikelverben und der darin enthaltenen Erstglieder, die zusammenfassend auch als »Präverben« bezeichnet werden, sind:

- Produktives Wortbildungsmuster.
- Die Bedeutungen der Verbpartikeln weichen teilweise erheblich von denen der homonymen Präpositionen/Adverbien ab.
- Hauptakzent auf der Verbpartikel, Nebenakzent auf dem Verbstamm (v.a. in Distanzstellung).
- Verbpartikel bei Verb-Erst- und Verb-Zweit-Stellung des finiten Verbs abtrennbar: bildet klammerschließenden Ausdruck (Partikelverbklammer).
- *ge-* des Partizip Perfekt und *zu* bei Infinitiv I werden zwischen Partikel und Stamm eingeschoben.
- Nicht kategorieverändernd; reine (semantische) Modifikation des Basisverbs.

Funktion: Transitivierung tritt im Gegensatz zu den Präfixverben nur relativ selten auf. Stattdessen bewirkt die Partikel bei Verben der (gerichteten) Bewegung eine Spezifizierung der gemeinten Bewegung – ganz wie in einer parallelen syntaktischen Struktur. Sehr oft erfolgt in Abhängigkeit von der Partikelsemantik eine Umwandlung der durativen Basisverben in perfektiv-ingressive und -egressive Verben.

Hinweis: Getrennt- und Zusammenschreibung wurden anhand des Rechtschreib-Duden (2009) überprüft. Erlaubte Schreibalternativen werden jeweils angegeben.

Literaturhinweise zu den Partikelverben allgemein:

Aktaş, A. (2005): Die Semantik der deutschen Partikelverben sowie die Semantik und die Morphologie der von diesen abgeleiteten Substantiva. – Frankfurt/M. usw.: P. Lang (= Europäische Hochschulschriften. Reihe 1: Deutsche Sprache und Literatur 1922).

Heine, A./Jacobs, J./Külpmann, R. (2010): Quer zu den Feldern – Zur Topologie von Partikelverben. – In: Ling. Berichte 221, S. 37-60.

Krause, M. (2007): Was ist eigentlich ein Partikelverb? – In: Kauffer, M./Métrich, R. (Hgg.), Verbale Wortbildung im Spannungsfeld zwischen Wortsemantik, Syntax und Rechtschreibung (Tübingen: Stauffenburg), S. 13-24.

Kremers, J. (2009): A Prosodic Approach to Particle Verbs. – In: Ling. Berichte 217, S. 81-96.

Olsen, S. (1997): Verbpartikel oder Adverb? – In: Redder, A./Rehbein, J. (Hgg.), Grammatik und mentale Prozesse (Tübingen), S. 223-239.

Olsen, S. (1997): Zur Kategorie Verbpartikel. – In: Beiträge zur Geschichte der deutschen Sprache und Literatur (PBB) 119, S. 1-32.

Onesti, C. (2009): Untersuchungen hinsichtlich der Produktivität von Aktionsartbedeutungen der deutschen Verbpartikeln. – In: Brdar Szabó, R./Knipf-Komlósi, E./Péteri, A. (Hgg.), An der Grenze zwischen Grammatik und Pragmatik (Frankfurt a. M. usw.: Peter Lang), S. 283-292.

Schlotthauer, S./Zifonun, G. (2008): Zwischen Wortbildung und Syntax: Die ›Wortigkeit‹ von Partikelverben/Präverbfügungen in sprachvergleichender Perspektive. – In: Eichinger, L. M. e.a. (Hgg.), Wortbildung heute (Tübingen: Narr), S. 271-310 (= Studien zur dt. Sprache 44).

Stiebels, B./Wunderlich, D. (1994): Morphology feeds syntax: the case of particle verbs. – In: Linguistics 32, S. 913-968.

4.5.1 Partikelverben Hauptgruppe 1: parallel zu Partikelpräfixen

1) Inventar von Verbpartikeln (vgl. dazu den Abschnitt 4.4.3 S. 143-148):
Die Bedeutung der Partikeln in diesen Partikelverben entspricht nicht der Bedeutung der entsprechenden Präpositionen, sondern der der lautgleichen Adverbien. Diese treten allerdings meist nur noch in Restverwendungen auf:

über-: über und über voll Schmutz.

unter-: in adverbialer Verwendung existiert hier wohl nur noch die Kombination *drunter: es geht drunter und drüber.*

durch-: Es ist zehn Uhr durch. Durch und durch nass.

um-: um und um voll Rost.

wieder-/wider-: nicht Präposition (mit der Bedeutung ›contra‹/›gegen‹), sondern Adverb mit den Bedeutungen ›iterum‹/›noch einmal‹, ›re‹/›zurück‹.

voll-: Partikelverben mit *voll-* sind mit dem Adjektiv *voll-* zu parallelisieren. Nur wegen der Parallelität zu den Partikelpräfixverben mit *voll-* werden sie hier platziert.

hinter-: tritt nicht als Verbpartikel auf. Manche vermutlich dialektal beeinflusste Sprecher verwenden aber *hintergehen* im Sinne von ›nach hinten gehen‹.

Die genannten Erstbestandteile von Partikelverben können auch Bestandteile von Nomina, Adjektiva und Adverbien sein, ohne dass diese auf deverbale Ableitungen zurückgeführt werden können (siehe dazu den Abschnitt in 4.4.3 S. 144f.).

2) Interne Gliederung der Verben mit Verbpartikeln der Gruppe 1:
- denominale Verben: *umtopfen, unterbuttern;* Rückbildungen: *wiedergutmachen ← Wiedergutmachung, wiederaufbauen ← Wiederaufbau.*

– mit parallelem Simplex:
über-: überblenden, überfließen, übergehen, überhängen.
unter-: unterbringen, untergehen, unterjubeln, unterordnen.
durch-: durchackern, durcharbeiten, durchatmen, durchbeißen.
um-: umarbeiten, umbauen, umbinden, umbrechen, umfahren.
wieder-/wider-: wiederbringen, wiederfinden, wiedergeben; vermutlich orthographische Fehlzuordnung bei *wi(e)derhallen, wi(e)derscheinen, wi(e)derspiegeln.* Die Akzentposition bei den Substantivierungen *(Wi(e)derhall, Wi(e)derschein, Wi(e)derspiegelung)* ist bei der Zuordnung der verbalen Basis zu Partikelverb oder Partikelpräfixverb nicht beweiskräftig, da bei Konversion Akzentumsprung auf die erste Silbe auftreten kann.
voll-: vollessen, vollfüllen, vollgießen, vollheulen, vollpumpen (resultativ; Wortbildungsprodukte, nach Duden 2009 zusammenzuschreiben).

3) Kombinatorik:
– Kombinierbar mit echten Präfixen, aber nur in der Abfolge Partikel – Präfix:
über-/unter-: die Kombinationen dieser beiden Partikeln mit echten Präfixen (*über-/unterbelichten, über-/unterversorgen*) haben wir den Partikelpräfixverben zugeordnet (siehe 4.4.3, Abschn. 4) Kombinatorik).
durch-: durchvermitteln, durchbestellen.
um-: umbestellen, umerziehen, umverteilen.
wieder-/wider-: wiederbeleben, wiederbekommen, wiedererkennen.
voll-: keine entsprechenden Kombinationen; siehe aber: *Vollbesitz, Vollverpflegung, vollbeschäftigt/Vollbeschäftigung.*
– Nicht kombinierbar mit Partikelpräfixen.
– Partikeln dieser Gruppe sind nicht untereinander kombinierbar.
– Kombinierbar mit Verbpartikeln anderer Gruppen nur in der Form der Doppelpartikelverben (siehe 4.5.3 S. 155ff.):
über-: vgl. *d(a)rübersteigen, vorübergehen, übereinstimmen.*
unter-: herunterwerfen, hinuntergehen.
durch-: hindurchgehen, hindurchfahren.
um-: herumgehen, herumfahren, herumlaufen.
wieder-/wider-: wiederherstellen, wiederaufbauen.
voll-: keine Kombinationen mit anderen Verbpartikeln möglich.

4) Nominalisierungen: Die Zuordnung von Nominalisierungen zu zugehörigen Basisverben ist schwierig, da sowohl Partikelpräfixverben als auch Partikelverben (Gruppe 1) sowie Doppelpartikelverben (mit Kürzung um die erste Partikelhälfte) in Frage kommen, insbesondere dann, wenn es sich um Konversion (mit möglichem Akzentumsprung auf die Partikel) handelt. Wegen der Schwierigkeiten bei der Analyse wird auf das Problem etwas ausführlicher ein-

gegangen (vgl. auch die entsprechenden Abschnitte bei den Partikelpräfixverben):

über-: Übergang ← (hin)übergehen, Übergriff ← übergreifen, Überhang ← überhängen, Überlauf ← (hin)überlaufen, Überzug ← (hin)überziehen/ überziehen.

unter-: Unterbringung ← unterbringen, Untergang ← untergehen, Unterkunft ← unterkommen, Unterlage ← unterlegen/darunter liegen.

durch-: Zahlreiche Nominalisierungen, teilweise ohne parallele Verben: *Durchfahrt, Durchfall, Durchgang, Durchmesser.*

um-: Umbau ← umbauen, Umkehr ← umkehren, Umlage ← umlegen, Umlaut ← umlauten; aber: Umfang ← umfangen.

wieder-/wider-: zahlreiche Nominalisierungen, die teilweise auf syntaktischen Strukturen, nicht auf Partikelverben beruhen: *Wiederabdruck ← wieder abdrucken, Wiederaufarbeitungsanlage ← wieder aufarbeiten, Wiedereinstieg ← wieder einsteigen.*

voll-: wohl keine Nominalisierungen.

5) Funktion: In relativ seltenen Fällen bewirkt die Partikelverbbildung Transitivierung bei intransitiven Verben, also die Umwandlung zu Handlungsverben. Bei Bewegungsverben führt das Hinzufügen einer Partikel aus der ersten Gruppe zu einer Spezifizierung der Bewegung, sie bleiben aber Verben der gerichteten Bewegung. Liegt Aktionsartänderung vor, dann handelt es sich um Perfektivierung.

über-: wohl ausschließlich direktionale Semantik; vorwiegend nichttransitive, perfektive Verben: *übergehen, übergreifen, überkochen, überlaufen, jmdm. etw. überziehen*

unter-: überwiegend transitivierend: *untergraben.* ›etw. grabend mit der Erde vermengen‹. Bei bereits transitiven Verben Spezifizierung der Richtungssemantik.

durch-: perfektivierend bei durativen Verben: *durchackern, durcharbeiten, durchbrennen, durchfeiern;* gibt Richtungssemantik zu reinen Bewegungsverben, macht sie dadurch aber nicht zu Handlungsverben wie bei den parallelen Partikelpräfixverben, sondern zu Verben der gerichteten Bewegung. Richtungsadverbiale müssen meist hinzugefügt werden: *(durch etw.) durchfallen, durchfahren, durchfinden, durchkommen.*

um-: meist Transitivierung, Perfektivierung: *umarbeiten.*

- Richtungsänderung (Bewegungsverben) → Verben der gerichteten Bewegung: *umladen, umschwenken, umsteigen, umsetzen, umstellen.*
- Lageänderung vertikal → horizontal: *umwerfen, umlegen, umschneiden, umhacken.*
- Änderung allgemein: *umarbeiten, umbauen, umerziehen, ummodeln.*

wieder-/wider-: i.d.R. weder Rektions- noch Valenz- noch Aktionsartänderung; enge Verwandtschaft mit syntaktischen Strukturen: *wiederfinden, wiedergeben, wiederkommen, wiedersehen.*

voll-: z.T. Transitivierung, Änderung des Kasusrahmens bei verba dicendi: *volllabern, vollheulen, vollsabbern,* und bei Verben des Füllens: *vollfüllen, vollgießen, volllaufen, vollpacken* (Resultativa). Häufig Perfektivierung elementarer Handlungsverben wie bei *vollkritzeln.*

Zur Vertiefung:

Altmann, H. (1989): Zur Wortbildung des Verbs. *wi(e)der* als Verbzusatz. – In: Tauber, W. (Hg.), Aspekte der Germanistik, FS H. F. Rosenfeld (Göppingen: Kümmerle), S. 581-599.

Eroms, H.-W. (1982): Trennbarkeit und Nichttrennbarkeit bei den deutschen Partikelverben mit *durch* und *um.* – In: Eichinger, L. M. (Hg.), Tendenzen verbaler Wortbildung in der deutschen Gegenwartssprache (Hamburg: Buske), S. 33-50.

Horlitz, B. (1982): Valenz und Bedeutung bei den mit *durch-* verbundenen Verben. – In: Greule, A. (Hg.), Valenztheorie und historische Sprachwissenschaft (Tübingen: Niemeyer), S. 259-270.

4.5.2 Partikelverben Hauptgruppe 2: Erstglied mit parallelem Adverb

1) Inventar: *ab-, an-, auf-, aus-, ein-, fehl-, los-, zu-.*
   - parallele Partikeln ohne präpositionale Funktion: *ein* (vgl. *in*), *los (los von/ auf), fehl.*
   - adverbiale Funktion wohl nur noch in festen Wendungen: *auf und auf, etw. ist ab/an/auf/aus/los/zu, ab und zu, auf und ab, ab und an, fehl am Platze sein.*

2) Eigenschaften (vgl. 4.5 S. 148f.):
   - Mögliche desubst./deadj. Verben: *abasten; anleinen; aufheitern, aufhübschen, aufrauen, ausblassen; eindosen, loseisen, zugittern, zumüllen.*
   - Verbale Simplizia als Basis:
     - *abbrennen, -laufen, -sagen, -springen, -tauen.*
     - *anfahren, -heften, -kommen, -pfeifen, -sehen.*
     - *auffahren, -hängen, -steigen, -wachen, -weichen.*
     - *ausbrennen, -gehen, -hungern, -lachen, -reifen.*
     - *einbinden, -heizen, -nehmen, -sehen, -treten.*
     - *fehlgehen, -treten.*
     - *losfahren, -lachen, -reißen, -sagen, -sprechen.*
     - *zubinden, -fallen, -fliegen, -knallen, -schlagen.*

3) Kombinatorik:
   - mit echten Präfixen:
     - *abberufen, aberkennen, abgewöhnen, abverlangen;* denominal: *beabsichtigen, verabschieden.*
     - *anbehalten, anerkennen, anvertrauen;* denominal: *beantragen.*
     - *ausbezahlen, auserwählen, ausgestalten;* denominal: *verausgaben.*

  - *aufbewahren, auferlegen;* denominal: *beaufsichtigen.*
  - *einbehalten,* denominal: *vereinnahmen, beeindrucken.*
  - *fehlbesetzen, losbekommen.*
  - *zubereiten, zuerkennen, zugestehen;* denominal: *bezuschussen.*
- mit Partikelpräfixen: keine Kombinationen möglich.
- mit anderen Verbpartikeln: Bei Partikelkombinationen erhält offenbar die letzte Partikel den Wortakzent. Beachte die Nähe zu syntaktischen Konstruktionen:
  - *wieder aufbauen/wiederaufbauen (Wiederaufbau), wieder aufbereiten (Wiederaufbereitung).*
  - *wieder abdrucken (Wiederabdruck).*
  - *wieder anfangen, überanstrengen (Überanstrengung), hintanstellen.*

4) Funktion: Häufig keine Valenz-/Rektionsänderungen bzw. unregelmäßige Änderungen. Meist kommt es zu Änderungen im Aktionsartensystem: Durative Basisverben werden mit den Verbpartikeln *los-, an-* perfektiv-ingressiv: *loslachen, anfahren;* mit den Partikeln *aus-, ab-* perfektiv-egressiv: *ausweinen, abbrechen.* Mögliche Parallelen zur Präpositionalsemantik werden in der Wiederholung sichtbar: *aufhängen auf der Tenne, aufsteigen auf den Gipfel, abspringen *ab dem Trittbrett, ankommen am Bahnhof, anheften an der Wand; los-, fehl-*: Ø.

- *abtrennen, -brennen, -tauen* (›weg‹, ›vollständig‹, egressiv).
- *anfahren, -springen, -laufen* (ingressiv).
- *aufbrechen, -machen, -platzen, -reißen* (›offen‹, ingressiv).
- *aushungern, -lachen, -reifen* (›vollständig‹, egressiv).
- *einnehmen, -heizen, -sehen* (ingressiv/egressiv).
- *fehltreten, -gehen* (perfektiv).
- *losfahren, -lachen* (ingressiv).
- *zufallen, -knallen, -schlagen* (›schließen‹; perfektiv-egressiv).

Wichtige semantische Typen der Partikelverben I/II

Verbpartikel + Verb	**Beispiele**	**Paraphrase**
Bezeichnungstyp nach der Art des Handlungsablaufs		
Ingressiva: Basisverb: Einsetzen einer Handlung	*anfahren, einschlafen, auffrischen, losfahren*	›anfangen, beginnen‹ ›anfangen zu fahren‹
Imperfektiva: Übergang bzw. Überführen in einen Zielzustand.		›machen/werden‹
– Basisadj. bezeichnet den eintretenden oder herbeigeführten neuen Zustand	*abdunkeln, anfaulen, ausbleichen, aufklaren* *aufforsten, einäschern*	›dunkel machen‹
– Basissubst. bezeichnet Größe, zu der etw./jmd. gemacht wird		
– Basisverb: fließender Übergang zu Perfektivbildungen	*aufpolieren, umbestellen*	

Perfektiva vollständige Durchführung bzw. Abschluss einer Handlung	*auspolstern, abtöten, aufkaufen, durchatmen*	›vollständig, restlos, endgültig‹ ›vollständig polstern‹
Iterativa wiederkehrende Handlung	*wiedersehen, nachwachsen*	›erneut, wieder‹ ›erneut sehen‹
Bezeichnungstyp nach direktionaler/temporaler Differenzierung		
direktional: Bezug der Bewegungsrichtung auf die Origo – aufwärts – abwärts – Annäherung/Kontakt – Entfernen – um etwas herum – hinter einer bewegten entfernten Zielgröße	 *aufsteigen* *abseilen* *anhaften, aufkleben* *abwenden, ausbrechen* *umrühren* *nacheilen*	›x tut y in Richtung z‹, bezogen auf die Origo (Basis der Deixis) ›in Aufwärtsrichtung steigen‹
temporal	*vorkosten, nachspülen*	›vorher kosten‹

Zur Vertiefung:

Eroms, H.-W. (2007): ›Ab‹ und ›an‹. Partiell oppositionelle Partikelverben im Deutschen. – In: Kauffer, M./Métrich, R. (Hgg.), Verbale Wortbildung im Spannungsfeld zwischen Wortsemantik, Syntax und Rechtschreibung (Tübingen: Stauffenburg), S. 121-132.

Hundsnurscher, F. (1968): Das System der Partikelverben mit *aus* in der Gegenwartssprache. – Göppingen: Kümmerle.

Miwa, S. (2006): Die Partikel *an-* präzisiert den Umriss der Satzbedeutung. Die Semantik der Partikelverben am Beispiel von Partikelverben mit *an-*. – In: Fries, Ch./Fries, N. (Hgg.), Linguistik im Schloss II. Linguistischer Workshop Wartin 2006.
Online: *http://www2.hu-berlin.de/linguistik/institut/syntax/liwo/liwo2/miwa2006.pdf.*

Olsen, S. (1998) (Hg.): Semantische und konzeptuelle Aspekte der Partikelverbbildung mit *ein-*. – Tübingen: Narr (= Studien zur deutschen Grammatik 58).

Shima, N./Naruse-Shima, R. (2010): *Leer essen* oder *ausessen*? Die Konkurrenz zwischen resultativen Konstruktionen und Partikelverben im Deutschen. – In: Japanische Gesellschaft für Germanistik (Hg.), Grammatik und sprachliches Handeln. Akten des 36. Linguisten-Seminars, Hayama 2008 (München: Iudicium), S. 110-124.

Yoshimura, So (2010): Partikelverben mit *an* und *los*: Zwei »Beginn« bezeichnende Partikelverben. – In: Japanische Gesellschaft für Germanistik (Hg.), Grammatik und sprachliches Handeln. Akten des 36. Ling.-Seminars, Hayama 2008 (München: Iudicium), S. 125-136.

4.5.3 Doppelpartikelverben

1) Inventar:

- Gruppe 1: Erstbestandteil deiktisches Adverb *da(r)-/dr-, hin-, her-;* Zweitbestandteil Postposition mit lokaler/direktionaler Semantik, z.B. *unter/über, in/ein/aus, vor/hinter,* ferner die Kombinationen *hinterher-, einher-, umhin-, überein-, gegenüber-, aufeinander-*. Die Wortbildung erfolgt in **einem** Schritt, also Doppelpartikel + Verb. Als Beweis dienen zahlreiche Verben, zu denen es keine Entsprechung ohne die erste Partikel gibt: *dahinterstehen* ›unterstützen‹ – **hinterstehen, übereinkommen* – **einkommen, gegenübersitzen* – **übersitzen.* Vgl. aber *heruntergehen* ← *untergehen, hindurchrasen* ← *durchrasen.*

– Gruppe 2: die Wortbildung erfolgt hier in zwei Schritten, also (Partikel + (Partikel + (Verb)): *wiederherstellen, mitansehen, miteinbeziehen.* Partikelverben ohne die ersten Partikeln existieren in gleicher Lesart wie im parallelen Doppelpartikelverb.

2) Die Eigenschaften entsprechen denen der Partikelverben allgemein. Aber:

– Der Hauptakzent liegt immer auf der zweiten Partikel.

– Die Doppelpartikeln, v.a. die der zweiten Gruppe, sind intuitiv relativ leicht vom Verb trennbar, d.h. es könnte sich auch um syntaktische Strukturen handeln. *wieder herstellen.*

– Meist sind die Wortbildungsprodukte nicht lexikalisiert. Gegenbeispiele sind: *draufgehen, drankommen, hinausfliegen, hinauslaufen auf.*

– Die erste Gruppe ist fast unbeschränkt, die zweite ist nur sehr eingeschränkt produktiv.

– Denominale/deadjektivische Verben sind kaum als Basen vorhanden; überwiegend dienen Simplizia als Basis.

3) Kombinatorik:

– mit echten Verbpräfixen: *herumbekommen, hineinverteilen, wiederaufbereiten.*

– mit Partikelpräfixen und anderen Verbpartikeln: keine Beispiele.

– Nominalisierungen: *Draufgänger, Dreingabe, Hinauswurf.*

4) Funktion: Kombiniert mit Bewegungsverben ergibt sich eine deiktisch spezifizierte Richtungssemantik. Zwischen der Doppelpartikel und dem Basisverb bestehen sehr enge semantische Restriktionen. Bei anderen Basisverben verschwindet oft die Richtungssemantik. Aber auch Doppelpartikel(verben) mit *her* (und *hin*) als Zweitbestandteile zeigen nicht die typische Richtungssemantik: *umhergehen, umhinkönnen, vorhersagen, einhergehen, vorherbestimmen.*

Wichtige semantische Typen der Doppelpartikelverben

Doppelpartikel + Verb	**Beispiele**	**Paraphrase**
Bezeichnungstyp nach der Art der semantischen Relation zwischen adverbieller Doppelpartikel und Verb		
direktional Bezug der Bewegungsrichtung auf die Origo		›x tut y in Richtung z‹, bezogen auf die Origo (Basis der Deixis); z = Doppelpartikel
– abwärts	*heruntergehen*	›in Abwärtsrichtung auf die Origo zu gehen‹
– aufwärts	*hinaufholen*	
– aus etwas hinaus	*hinausblicken*	
– durch etwas hindurch	*hindurchrasen*	
– in etwas hinein	*hineinblicken*	
– aus etwas heraus	*hervorquellen*	
– um etwas herum	*herumgehen*	
– nähern	*herangehen*	
– entfernen	*hinweggehen*	

lokal	*gegenübersitzen* *aufeinanderliegen*	›gegenüber jmdm. sitzen‹
temporal	*vorhersehen* *vorbeigehen*	›etwas im Vorhinein sehen‹

Zur Vertiefung:

Boarini, F. (2009): Aspektualität und Verbkomposition: Der Fall »*herum* + Verb«. – In: Di Meola, C. e.a. (Hgg.), Perspektiven Drei. Akten der 3. Tagung »Deutsche Sprachwissenschaft in Italien« Rom, 14.-16. Februar 2008 (Frankfurt/M. usw.: P. Lang), S. 137-148.

Harnisch, R. (1982): Doppelpartikelverben als Gegenstand der Wortbildungslehre und Richtungsadverbien als Präpositionen. Ein syntaktischer Versuch. – In: Eichinger, L. M. (Hg.), Tendenzen verbaler Wortbildung in der deutschen Gegenwartssprache (Hamburg: Buske), S. 107-133.

Schmöe, F. (2005): Partikelverben wie *draufzahlen* und *rumhängen*. Semantische und syntaktische Eigenschaften. – In: Neuphilologische Mitteilungen. Bulletin de la Société Néophilologique – Bulletin of the Modern Language Society 106:4, S. 487-501.

Thurmair, M. (2008): *rüber, rein, rum* & co: die *r*-Partikeln im System der verbalen Wortbildung. In: Eichinger, L. e.a. (Hgg.), Wortbildung heute. Tendenzen und Kontraste in der deutschen Gegenwartssprache (Tübingen: Narr), S. 311-336.

4.5.4 Partikelverben mit reinen Adverbien als Erstglied

1) Inventar der Erstglieder:
- *zusammen-: -bauen, -bleiben, -falten, -fahren, -kleben, -packen, -passen.*
- *auseinander-: -brechen, -breiten, -fallen,-nehmen, -rennen.*
- *fort-: -blasen, -bleiben, -dauern, -fahren, -rennen.*
- *heim-: -eilen; -dürfen, -finden, -laufen, -trauen.*
- *zurück-: -bilden, -blicken, -bringen, -fahren, -stehen.*

  ferner: *weg-, nieder-, gegenüber-, geradeaus-, durcheinander-, hoch-.*

Diese Adverbien sind adverbial und prädikativ verwendbar, aber nur *gegenüber* und *geradeaus* auch attributiv: *die Straße gegenüber/geradeaus.*

2) Eigenschaften: wie in 4.5 (S. 148f.) für Partikelverben beschrieben:
- problematische Abgrenzung von der syntaktischen Struktur Adverbiale + (Simplex)Verb: *zurück zur Uni fahren, zur Uni zurückfahren; zusammen dem Freund etwas bringen, das Geld zusammenbringen.*
- Basisverben:
  - Bewegungsverben ohne deiktische Komponente: *ineinander fahren/laufen/rennen;* mit deiktischer Komponente: *wegbringen, fortkommen.*
  - Vorgangsverben: *zusammenbrechen, -kleben.*
  - Zustandsverben: *beieinander bleiben, beieinander stehen.*

3) Kombinatorik:
- mit echten Verbpräfixen: *fortbestehen, heimbegeben, zurückgelangen.*
- mit Partikelpräfixen: nicht möglich.
- mit anderen Verbpartikeln: *daheim bleiben, anheimstellen.*
- zu *einander* können die verschiedensten Präpositionen treten in der Art von Doppelpartikelverben: *mit-, für-, in-, zu-, an-, vor-, über-.*

Nominalisierungen sind relativ selten: *Weggang, Niedergang, Rückfahrt.* Beachte die Kürzung von mehrteiligen Verbpartikeln bei Nominalisierung: *davor hängen → Vorhang.*

4) Funktion: Als Verbpartikel fügen die Erstelemente dem Basisverb eine lokale oder direktionale Komponente hinzu, und zwar eine Richtungskomponente bei Bewegungsverben: *zusammenkleben* (Kontakt); eine Ortskomponente bei Zustandsverben: *beieinander bleiben.* Das freie Adverb hat teilweise eine völlig andere Bedeutung, z.B. *zusammen* (Adv.): ›gemeinsam‹, ›beisammen‹, ›insgesamt‹ wie in *zusammen das Kino besuchen* vs. *zusammen* in Partikelverben: ›Bewegung aufeinander zu, Ergebnis einer solchen Bewegung‹. Nur bei Lexikalisierung/Idiomatisierung kommt es i.d.R. zu einer Änderung des Valenzrahmens (Transitivierung): *zusammenbetteln.*

4.5.5 Trennbare Verben mit Adjektiven als Erstglied (Pseudokomposita)

1) Inventar der Erstglieder: *blank-(legen/polieren), brach-(liegen), breit-(schlagen), feil-, fertig-, fest-, frei-, heiß-, leicht-, offen-, richtig-, still-, tot-, übrig-* etc. Die (Simplex-)Adjektiva zeigen alle adjektivischen Verwendungsweisen (attributiv, prädikativ, modaladverbial).

2) Eigenschaften: Die Verben weisen die in 4.5 (S. 148f.) beschriebenen Eigenschaften der Partikelverben auf, sie sind aber kaum trennbar von der parallelen syntaktischen Struktur aus prädikativem Attribut + Simplexverb: *den Kuchen fertig bringen* (›den Kuchen in fertigem Zustand bringen‹) – *etwas fertigbringen* (›etwas vollbringen‹).

3) Kombinatorik:

- mit echten Verbpräfixen: *freibekommen/frei bekommen, übrig behalten.*
- keine Kombination möglich mit Partikelpräfixen und mit Verbpartikeln.
- Nominalisierungen sind selten: *Freipressung, Offenlegung, Richtigstellung, Stillstand.*

4) Funktion: entsprechend den Subjekts-/Objektsprädikativen/Resultativen oder Metaphorisierung; normalerweise keine Valenzänderungen.

Adjektiv + Verb	Beispiele	Paraphrase
Bezeichnungstyp nach der semantischen Relation zwischen dem Verb und dem entsprechenden Subjekts-/Objektsprädikativ/Resultativ		
Subj.prädikativ	*kalt bleiben*	›x bleibt kalt‹
Obj.prädikativ	*totbeißen, vgl. totfahren, geradebiegen*	›so lange beißen, bis x tot ist‹ ›so lange biegen, bis x gerade ist‹; über Metaphorisierung: ›regeln, in Ordnung bringen‹
Bezeichnungstyp nach der semantischen Relation zwischen dem Verb und dem Modaladverbiale		
modal	*falschspielen* *kurzhalten*	›verdeckt Spielregeln verletzen‹ ›in strenger Weise halten‹

Zur Vertiefung

Jacobs, J. (2005): Spatien. Zum System der Getrennt- und Zusammenschreibung im heutigen Deutsch. – Berlin etc.: de Gruyter (= Linguistik – Impulse und Tendenzen 8).

Schröder, M. (1976): Die verbale Zusammensetzung mit einer adjektivähnlichen UK unter besonderer Berücksichtigung ihrer Motivationsabstufungen. – In: Beiträge zur Geschichte der deutschen Sprache und Literatur 96, S. 66-185.

Shima, N./Naruse-Shima, R. (2010): *Leer essen* oder *ausessen*? Die Konkurrenz zwischen resultativen Konstruktionen und Partikelverben im Deutschen. – In: Japanische Gesellschaft für Germanistik (Hg.), Grammatik und sprachliches Handeln. Akten des 36. Linguisten-Seminars, Hayama 2008 (München: Iudicium), S. 110-124.

4.5.6 Trennbare Verben mit Substantiven als Erstglied (Pseudokomposita)

1) Inventar:

- aus Nominalkomposita durch Restrukturierung/Rückbildung (→ 4.6 S. 162): *bausparen, haushalten, maßregeln, sonnenbaden, staubsaugen, wetteifern.* Eigenschaften: (meist) nicht trennbar, *ge-* und *zu-* können nicht eingeschoben werden, defektives Verbparadigma: nur Infinitiv I ohne *zu,* Fugenelemente.
- Objektinkorporationen (Zusammenrückungen von Akk.Obj./nomen instrumentale und Verb): *Rad fahren, Maschine schreiben, danksagen/Dank sagen, Folge leisten, Gefahr laufen, haltmachen/Halt machen, Notiz/Stellung nehmen, Schlitten fahren, Schritt/standhalten.* Eigenschaften: trennbar, *ge-* und *zu-* einschiebbar, komplettes Verbalparadigma. Die Trennung von parallelen syntaktischen Strukturen ist schwierig. Kriterien für die Wertung als komplexes Wort sind:
  - Hauptakzent auf dem Substantiv.
  - Substantiva sind nicht referentiell, d.h. nicht artikel- oder attributfähig.
  - Möglichkeit der Lexikalisierung und Idiomatisierung.
  - Zusammen-/Getrenntschreibung ohne klare Beziehung zu den Wortbildungseigenschaften.
  - Nominalisierungen wie *Radfahrer, Danksagung, Schlittenfahrt.*

    Hinweis: Jacobs (2005, 4.1.4.3) wertet sie als Phraseologismen, also als syntaktische Strukturen, weil sie nicht reihenbildend, trennbar, die Teile frei umstellbar und die Substantive teilweise attributiv erweiterbar sind, siehe: *Stellung zu dem Vorschlag nehmen* (PP-Attribut).

2) Parallele Substantiva:

- Gruppe 1: meist das Ausgangslexem der Verben: *Bausparer/Bausparvertrag, Haushalt, Maßregel, Sonnenbad, Staubsauger, Wetteifer.*
- Gruppe 2: *Autofahrt/Autofahrer, Danksagung, Formgebung, Maschinenschrift, Nachtwandler, Radfahrer, Schlittenfahrt/Schlittenfahrer, Seiltanz/Seiltänzer, Teilnahme/Teilnehmer.* Diese echten Nominalisierungen sind

u.E. ein Hinweis darauf, dass tatsächlich bereits eine Zusammenrückung stattgefunden hat

3) Funktion:

Substantiv + Verb	**Beispiele**	**Paraphrase**
Bezeichnungstyp nach der semantischen Relation zwischen dem Verb und seiner Obj.-NP		
effiziertes Objekt	*Form geben*	›x seine Form geben‹
affiziertes Objekt	*Kegel schieben*	›(das Spiel) Kegel schieben (spielen)‹
Bezeichnungstyp nach der semantischen Beziehung zwischen Prädikat und adverbialer Bestimmung		
instrumental	*Maschine schreiben*	›mit der Maschine schreiben‹
final	*reparaturschweißen*	›zum Zweck der Reparatur schweißen‹
lokal	*seiltanzen*	›auf dem Seil tanzen‹
temporal	*nachtwandeln*	›in der Nacht herumwandeln‹

Hinweis: Bildungen wie *freudestrahlend, herzerquickend, milieugeschädigt* sprechen nach Jacobs (2005, Anm. 118) nicht gegen das Kompositionsverbot bei Verben. Part. I verhalten sich nicht wie Verben, sondern wie Adj.

Zur Vertiefung:

Fuhrhop, N. (2007): Verbale Komposition: Sind *brustschwimmen* und *radfahren* Komposita? – In: Kauffer, M./Métrich, R. (Hgg.), Verbale Wortbildung im Spannungsfeld zwischen Wortsemantik, Syntax und Rechtschreibung (Tübingen: Stauffenburg). S. 49-58.

Jacobs, J. (2005): Spatien. Zum System der Getrennt- und Zusammenschreibung im heutigen Deutsch. – Berlin etc.: de Gruyter (= Linguistik – Impulse und Tendenzen 8).

4.5.7 Trennbare Verben mit Verben als Erstglied (Pseudokomposita)

1) Inventar:

– Gruppe 1: Inf. I/Part. II + V: *kennen lernen/kennenlernen, verloren gehen/verlorengehen, verloren geben, baden gehen.*

– problematische Abgrenzung von syntaktischen Strukturen.

– gemeinsprachlich.

– komplette Paradigmen.

– trennbar, *ge-* und *zu-* können eingeschoben werden.

Funktion: Vorwiegend adverbiale, nur selten eindeutig additive Relation zwischen Erst- und Zweitkonstituente.

Der Rechtschreib-Duden (2009) erlaubt meist Getrennt- wie Zusammenschreibung, ohne einen parallelen Bedeutungsunterschied zur Voraussetzung zu machen. – Die Zweitglieder sind zumeist die Verben *bleiben, lassen, lernen*, z.B. *sitzen bleiben, stehen lassen, kennen lernen.* Da die Ausgangslexeme häufig im Satz nebeneinander standen, wurden sie häufig lexikalisiert und idiomatisiert. Dann liegt sowohl eine wörtliche als auch eine übertragene Bedeutung vor: *sitzen bleiben* ›nicht aufstehen‹/›nicht in die nächste Jahrgangsstufe vorrücken‹.

– Gruppe 2: Verbstamm + V: *fließpressen, kaltfließpressen, pressschweißen, prägepolieren, schreiweinen, schwatzlachen.*
  – nicht trennbar; *ge-* des Partizip II einschiebbar, *zu-* des Infinitivs nicht.
  – defektive Paradigmen: meist nur Infinitiv I und Partizip II; Passiv.
  – überwiegend zweigliedrige, transitive Verben.
  – v.a. fachsprachliche und literarische Bildungen.

  Funktion: Verben der Gruppe 2 weisen nur eine sog. »Nullrelation« zwischen infinitem Erstglied und kategoriebestimmendem Verb auf.

  Kombinatorik:
  – verschiedenste Typen von Erstgliedern: *abbrennschweißen, gefriertrocknen, schrägeinstechschleifen;* kategorial doppelt markierte bzw. durch lexikalische Konversion gebildete Erstglieder: *wälz-, flamm-, bürst-, abgrat-, abkant-, form-.*
  – Zweitglieder deadjektivisch (*-frischen, -glätten, -härten*) und denominal (*-feilen, -nieten, -formen*).
  – Nominalisierungen durch
    – Komposition mit Letztelementen wie in *Schmelztauchverfahren.*
    – Suffigierung mit *-ung: Pressschweißung, Flammhärtung.*
    – Ablautbildung: *Schleuderguss, Brennschnitt.*

Verb + Verb	**Beispiel**	**Paraphrase**
Bezeichnungstyp nach der semantischen Relation zwischen Verbstamm und kategoriebestimmendem Verb		
instrumental final modal	*brennschneiden* *fließpressen* *grinskeuchen*	›schneiden durch Verbrennen (des Werkstoffs)‹ ›x pressen, damit x zu fließen beginnt‹ ›auf grinsende Art keuchen‹ (Interpretation als Kopulativkompositum erscheint hier ebenfalls möglich)
additiv	*fluchbeten* *grinskeuchen*	›fluchen und beten gleichzeitig‹ ›grinsen und keuchen‹

Literaturhinweise zu verbalen » Komposita« allgemein:

Dalmas, M. (2007): Die Henne und das Ei. Zur Beschreibung einiger Verbalkomposita. – In: Hall, Ch./Pakkanen-Kilpiä, K. (Hgg.), Deutsche Sprache, deutsche Kultur und finnisch-deutsche Beziehungen. FS für A. Jäntti zum 65. Geburtstag (Frankfurt/M.: P. Lang), S. 35-42.

Donalies, E. (1996): Da keuchgrinste sie süßsäuerlich. Über kopulative Verb- und Adjektivkomposita. – In: ZS f. Germanistische Linguistik (ZGL) 24, S. 273-286.

Fritz, M. (2007): Verbalkompositum oder Präfixverb? – In: Kauffer, M./Métrich, R. (Hgg.), Verbale Wortbildung im Spannungsfeld zwischen Wortsemantik, Syntax und Rechtschreibung (Tübingen: Stauffenburg), S. 37-48.

Gamerschlag, Th. (2005): Komposition und Argumentstruktur komplexer Verben. Eine lexikalische Analyse von Verb-Verbkomposita und Serialverbkonstruktionen. – Berlin: Akademie (= Studia Grammatica 61).

Kühnhold, I./Wellmann, H. (1973): Deutsche Wortbildung. Typen und Tendenzen in der Gegenwartssprache. 1. Hauptteil. Das Verb. – Düsseldorf: Schwann. [170-360 zu Verbalkomposita]

Meibauer, J./Scherer, C. (2007): Zur Semantik von V+V-Komposita im Deutschen. – In: Kauffer, M./ Métrich, R. (Hgg.), Verbale Wortbildung im Spannungsfeld zwischen Wortsemantik, Syntax und Rechtschreibung (Tübingen: Stauffenburg), S. 85-96.

Stempel, R. (2004): Zur Verbalkomposition im Deutschen: Geschichte und Typologie. – In: Estudios Filológicos Alemanes 5 (Hildesheim, Zürich, New York: G. Olms), S. 173-182.

4.5.8 Übung zur Unterscheidung von Partikelverben und Partikelpräfixverben

Erläutern Sie anhand eines homonymen Verbpaares vier Unterschiede zwischen Partikelverben und Partikelpräfixverben.

4.5.9 Übung zur semantischen Analyse von Partikelverben

Welche unterschiedlichen semantischen Typen liegen bei den folgenden Partikelverben mit *auf* vor: *aufschreien, aufkleben, aufessen, aufhellen, aufmachen, auffinden, aufsteigen.*

4.6 Verbale Rückbildungen (vgl. 1.4.15/1.5.15)

Die Darstellung der verbalen Rückbildungen folgt an dieser Stelle, weil dieser Wortbildungstyp viele Ähnlichkeiten mit den Partikelverben/verbalen Pseudokomposita aufweist. – Wie bereits im ersten Kapitel betont, handelt es sich bei den verbalen Rückbildungen um eine morphologisch uneinheitliche Klasse. Die meisten Beispiele sind untrennbar und weisen ein defektives Verbalparadigma auf: *mähdreschen/*er drischt mäh/*[...] weil er mähdrosch.* Nur wenige verbale Rückbildungen sind für einige Sprecher wie Partikelverben trennbar und konjugierbar*: fernsehen/?er sieht fern/[...] weil er fernsieht.* Das *ge-* des Partizip II und das *zu* des Infinitiv I stehen immer vor dem Basisverb: *ferngesehen/fernzusehen.*

- Kategoriale Füllung: N → V.
  - aus substantivischen komplexen Lexemen auf *-ung* und *-er* durch Suffixtilgung: *bausparen ← Bausparer; bergsteigen ← Bergsteiger, hochstapeln ← Hochstapler, notlanden ← Notlandung, prämiensparen ← Prämiensparer, schlafwandeln ← Schlafwandler, schlussfolgern ← Schlussfolgerung, schutzimpfen ← Schutzimpfung, staubsaugen ← Staubsauger, überanstrengen ← Überanstrengung, unterbelichten ← Unterbelichtung, wiederaufbereiten ← Wiederaufbereitung, ?wiedergutmachen ← Wiedergutmachung, zwangsräumen ← Zwangsräumung.*
  - aus komplexen Substantiven mit einem substantivierten Infinitiv oder einem durch lexikalische Konversion/Ablautbildung entstandenen Sub-

stantiv als Zweitglied: *ehebrechen* ← *Ehebruch, haushalten* ← *Haushalt, heimarbeiten* ← *Heimarbeit, kurzschließen* ← *Kurzschluss, maßregeln* ← *Maßregel, maschineschreiben* ← *Maschinenschrift, sonnenbaden* ← *Sonnenbad, wetteifern* ← *Wetteifer.* Bei den folgenden Verben ist es unklar, ob es sich um eine Wortbildungs- oder eine syntaktische Struktur handelt: *wieder abdrucken* ← *Wiederabdruck, wiederanfangen* ← *Wiederanfang, wiederaufbauen/wieder aufbauen* ← *Wiederaufbau.*

- Morphologische Markierung und Reihenfolgemarkierung entsprechend dem Ausgangslexem.
- Wortbildungsakzent: in den meisten Fällen in Ausgangslexem und verbaler Rückbildung identisch. Bei den Bildungen mit *wieder-* haben die verbalen Formen den Akzent auf der verbalen Basis, also einen »syntaktischen« Akzent, während die substantivischen Entsprechungen ohne Suffix »Akzentumsprung« aufweisen, eine Erscheinung, die wohl nur bei Wortbildungsprodukten auftritt.
- Funktion:
  - entweder Interpretation als reine Handlungsverben, die aus den komplexen Ausgangslexemen durch Rückbildung entstanden sind: ›x tut y‹, y = Basissubstantiv: *notlanden* ›eine Notlandung machen‹, *ehebrechen* ›Ehebruch begehen‹.
  - oder Ermittlung der Relation zwischen Erstkonstituente und verbalem Zweitglied: *notlanden* ›landen, weil x in Not ist‹ (kausal-adverbiale Relation); *ehebrechen* ›die Ehe brechen‹ (affiziertes Objekt).

Literatur: siehe 1.4.15 S. 47!

4.7 Verbale Konversion (vgl. 1.4.9/1.5.9)

Hier könnte man, wie schon mehrfach betont, auch von Stämmen ausgehen, die zwei kategoriale Merkmale haben, nämlich Verb und Substantiv oder Verb und Adjektiv.

- kategoriale Füllung:
  - N → V: aus Simplex-Substantiven: *bürgen, bündeln, flammen, filmen, filtern, fliesen, geigen, häuten, hageln, hechten, loben, luchsen, pendeln, robben, splittern, tagen, wassern;* aus Simplex-Substantiven auf *-el: kugeln, zügeln, hageln, pendeln, tadeln.* – Aus Substantiven, die mit *-er* oder *-el* suffigiert sind: *gärtnern, schulmeistern, bündeln; (an)bandeln, fädeln, fensterln.* Zu der Möglichkeit, Bildungen wie *fädeln* auch als denominale (*Faden*) Suffigierungen mit *-el(n)* zu beschreiben, siehe 4.3.2.1 S. 133).

– Adj → V: aus Simplex-Adjektiven: *wachen, bangen, faulen, gleichen, grünen, kranken, welken, starren, schnellen, tollen;* aus präfigierten Adjektiven: *sich bequemen, bereiten;* von denominalen Adjektiven auf *-ig: fertigen, heiligen.*

Semantische Typen der verbalen Konversionen (zu den Beschreibungskategorien siehe 4.3.4 S. 134ff.):

Substantiv → Verb	**Beispiele**	**Paraphrase**
Ereignisverben Basissubst. hat die Funktion eines Pseudosubjekts	*tagen, donnern, hageln, weihnachten*	›x setzt ein/beginnt/fällt‹ x = Basissubstantiv ›der Tag beginnt‹, ›der Hagel fällt‹
Zustands-/ Vergleichsverben		›wie ein x tätig sein‹; x = Basissubstantiv
1. Basissubst. hat die Funktion eines Zustandsprädikats	*bürgen*	›Bürge sein‹
2. Basissubst. hat die Funktion eines Vergleichspräd.		
– vergleichbares Tun	*gärtnern, dienern, pilgern, schulmeistern*	›sich wie ein Gärtner verhalten‹
– Nachahmungsverben aus Tierbezeichnungen	*robben, hechten, luchsen*	› sich wie eine Robbe bewegen‹
– Verben, die eine Bewegung durch Vergleich mit Sachbezeichnungen charakterisieren	*pendeln, flammen*	›sich wie ein Pendel bewegen‹
Übergangsverben	*splittern,*	›in x übergehen‹; x = Basisssubst. ›in Splitter übergehen‹
Abstraktionsverben		
1. Zustandsbezeichnungen	*trauern,*	1. ›x haben‹; x = Basissubstantiv (Abstraktum) ›Trauer haben‹
2. Vorgangs- und Handlungsbezeichnungen	*freveln, fluchen, scherzen, ärgern*	2. ›x machen/begehen‹; x = Basissubst. (Abstraktum) ›einen Frevel begehen ‹
effizierend Basissubst. hat die Funktion des effizierten Obj.	*bündeln, filmen*	›zu x machen‹; x = Basissubstantiv ›zum Bündel machen‹
ornativ Basissubst. hat die Funktion eines Akk.Obj./PO	*fliesen*	›mit x versehen‹ x = Basissubstantiv ›mit Fliesen versehen‹
privativ Basissubst. hat die Funktion eines Obj., aus/von dem etw. entfernt wird	*pellen*	›x wegnehmen‹ x = Basissubst. ›die Pelle (= Haut) wegnehmen‹
instrumental Basissubst. hat die Funktion einer instrumentalen Angabe	*filtern, föhnen, hobeln*	›x mit y tun‹; y = Basissubstantiv ›etw. mit dem Filter tun‹
	geigen	›sich beschäftigen mit x/benützen‹; x = Basissubst. ›auf der Geige spielen‹

lokal Basissubst. hat die Funktion einer lokalen Angabe	*schultern, buchen*	›etw. auf x tun‹; x = Basissubst. ›auf die Schulter tun‹
Adjektiv → Verb	**Beispiele**	**Paraphrase**
Zustandsverben (Durativa): Basisadj. hat die Funktion des Subj.-Prädikativs	*wachen, bangen, gleichen, grünen, kranken, s. regen*	›x sein‹; x = Basisadj. ›bange sein‹
Verben des **Zustandseintritts** (Ingressiva): Basisadj. hat die Funktion des Subj.Prädikativs	*welken*	›x werden‹; x = Basisadj. ›welk werden‹
Verhaltenscharakterisierende Verben: Basisadj. hat advb. Funktion	*starren, schnellen, tollen*	›x verhält sich so (z)‹; z = Basisadj. ›starr blicken‹
Faktitiva: Basisadj. hat die Funktion des Subjektsprädikativs	*garen, bessern*	›bewirken, dass x zu y wird‹ y = Basisadj. ›bewirken, dass x gar wird‹

Zur Vertiefung:

Eschenlohr, S. (1999): Vom Nomen zum Verb: Konversion, Präfigierung und Rückbildung im Deutschen. – Hildesheim etc.: Olms.

Neef, M. (1998): A declarative approach to conversion into verbs in German. – In: Booij, G./van Marle, J. (Hgg.), Yearbook of Morphology 1998 (Dordrecht: Kluwer), S. 199-224.

Starke, G. (1998): Einige Enwicklungstendenzen bei verbalen Pseudokomposita und anderen Konversionen im Deutschen. – In: Germanistyka. Studia i materialy. 14 (Dordrecht: Kluwer), S. 127-134.

4.8 Ablaut-/Umlautbildung (Mutierung)

Beide Bildungsweisen sind schon lange nicht mehr produktiv, bestimmen aber einen großen Teil unseres Verbwortschatzes, wobei die Zuordnungen synchron oft nicht mehr durchsichtig sind. Hier sollen nur einige Einzelfälle angesprochen werden.

Aus den Positionsverben *sitzen, stehen, liegen* entstanden in ahd. Zeit durch *-jan*-Suffigierung (Umlaut!) des Präteritalstammes (Ablautbildung) die kausativen Positionsverben *setzen, stellen, legen.* In ähnlicher Weise sind *sinken* und *senken, fahren* und *führen, trinken und tränken* zuzuordnen.

Der Umlaut ist i.d.R. ein Hinweis auf den Status als abgeleitet, v.a. wenn eine plausible nicht umgelautete Ableitungsbasis existiert. Deadjektivisch: *blau → bläuen, offen → öffnen, rot → röten, scharf → schärfen, warm → wärmen.* Denominal: *Band → Bänder → bändern, Gram → grämen, Gurt → gürten, Haufen → häufen, Haut → häuten, Krone → krönen, Loch → löchern, Schale → schälen, Sturm → stürmen, Wasser → wässern.*

Semantik der verbalen Mutierungsfälle (zu den Beschreibungskategorien siehe 4.3.4 S. 134ff. und 4.7 S. 163ff.):

a) mit substantivischer Basis:

- Ereignisverben (›x setzt ein/beginnt/fällt‹): *stürmen.*
- Abstraktionsverben (›x verursachen/bewirken‹): *sich grämen.*
- effizierend (›x zu y machen‹): *häufen.*
- ornativ (›x mit y versehen‹): *krönen, gürten.*
- privativ (›x entfernen‹): *häuten, schälen.*

b) mit adjektivischer Basis:

- Bewirkungsverben (Faktitiva: ›machen, dass x y wird‹): Basisadj. hat die Funktion des Obj.Präd.: *bläuen, öffnen, röten, schärfen, wärmen; ängstigen.*

c) mit verbaler Basis:

- Kausativa mit Ablaut (und ev. Umlaut) (›machen, dass x y tut‹): *setzen, stellen, legen, fällen, säugen, senken, tränken.*

4.9 Allgemeine Literaturhinweise zur verbalen Wortbildung

Barz, I. (1988): Zur funktionalen Determiniertheit der verbalen Wortbildung. – In: Zeitschrift für Germanistik 9, S. 655-664.

Braun, P. (1982): Bestände und Veränderungen in der deutschen Wortbildung am Beispiel der Verben. – In: Muttersprache 92, S. 216-226.

Eichinger, L. M. (Hg.) (1982): Tendenzen verbaler Wortbildung in der deutschen Gegenwartssprache. – Hamburg: Buske.

Eichinger, L. M. (2000): Verb und Wortbildung. – In: Eichinger, L. M./Leirbukt, O. (Hgg.): Aspekte der Verbalgrammatik (Hildesheim: G. Olms), S. 183-198.

Engerer, V. (2009): Phasenverben und die Dreigliedrigkeit von Phasenaktionsarten in der Wortbildung. – In: Sprachwissenschaft 34:1, S. 1-30.

Kauffer, M./Métrich, R. (Hgg.) (2007): Verbale Wortbildung im Spannungsfeld zwischen Wortsemantik, Syntax und Rechtschreibung. – Tübingen: Stauffenburg. [Darin folgende hier relevante Einzelbeiträge: Barz, I., Tendenzen der Verbwortbildung unter englischem Einfluss, S. 97-108. – Eichinger, L. M., Warum komplexe Verben bedeuten, was sie bedeuten, S. 59-72. – Fois-Kaschel, G., Eigentümlichkeiten verbaler Wortprägungen in der Dichtung und Philosophie, S. 195-206. – Kaltz, B., Anglizismen und Wortbildung des Verbs im heutigen Deutsch: Versuch einer Bestandsaufnahme, S. 109-120. – Poethe, H., Der Anteil der Wortbildung an der Dynamik des verbalen Wortschatzes, S. 207-218]

Kühnhold, I./Wellmann, H. (1973): Deutsche Wortbildung. Erster Hauptteil: Das Verb. – Düsseldorf: Schwann.

Wunderlich, D. (1987): *Schriftstellern ist mutmaßen, ist hochstapeln, ist Regeln mißachten.* Über komplexe Verben im Deutschen. – In: Asbach-Schnitker, B. (Hg): Neuere Forschungen zur Wortbildung und Historiographie der Linguistik (Tübingen: Narr), S. 91-108.

5. Wortbildung der Adverbien

5.1 Wortartmerkmale des Adverbs

Adverbien sind nicht flektierbar und nur sehr selten komparierbar. Damit stehen die Adverbien an der Grenze zu den Unflektierbaren – die meisten sind tatsächlich morphologisch unveränderlich. Syntaktisch sind Adverbien attributiv (*das Haus dort*), prädikativ (*Die Veranstaltung ist heute*) und adverbial (*Sie kündigt heute*) verwendbar.

Da bei den morphologisch unveränderlichen Simplizia für die Subklassifikation keine morphologischen Merkmale zur Verfügung stehen, ist man auf syntaktische Kriterien, v.a. Merkmale der Verwendung, angewiesen (vgl. Altmann/Hahnemann 2010, Kap. 2.2.4.6f.). Die Klassifikation ist dadurch sehr viel schwieriger, und in weiten Bereichen hat sich noch kein Forschungskonsens herausgebildet. In der Wortbildung wird jedoch zumeist nur die globale Klassifizierung »Partikel« gebraucht, so dass das hier nicht weiter problematisch ist.

Wir beziehen hier auch die (meist deiktischen) Proadverbien wie *da* und *so* und die Gruppe der Präpositionaladverbien mit nachgestellter Präposition und vorangestelltem lokaldeiktischem Ausdruck wie *dadurch, damit, darauf* (manchmal auch Pronominaladverbien oder wegen ihrer möglichen Verwendungen Pro-Präpositionalphrasen genannt) in die Betrachtung mit ein, dagegen nicht die eigentlichen Pro-Präpositionalphrasen mit vorangestellter Präposition wie *mit ihr, in ihm* usw., da diese Ausdrücke Syntagmen darstellen.

Im Deutschen gibt es kein allgemeines Suffix, das Adjektiva zu Adverbien macht (vgl. engl. *-ly,* franz. *-ment,* lat. *-ter*).

Da wir, wie allgemein in der Wortbildungslehre üblich, die eigentlichen Partikelklassen nicht gesondert behandeln, werden hier auch gelegentlich Präpositionen, Konjunktionen etc. erwähnt und behandelt.

Zur Vertiefung:

Altmann, H./Hahnemann, S. (^{4}2010): Prüfungswissen Syntax. 4. Aufl. – Göttingen: Vandenhoeck & Ruprecht (= UTB 3320). [Kap. 2.2.4.6/2.2.4.7]

5.2 Überblick über adverbielle Wortbildungstypen und Probleme

Die Beschäftigung mit der Wortbildung der Adverbien ist aus mehreren Gründen eine Herausforderung:

- durch die geringe Zahl an Untersuchungen. Die Darstellungen in den gängigen Wortbildungslehren – soweit die Adverbien überhaupt erwähnt werden – muss man als überwiegend unbefriedigend einstufen.
- dadurch, dass die bei den Grundwortarten möglichen Wortbildungstypen hier nur mit Einschränkungen angesetzt werden können.
- durch den allgemein hohen Grad an Lexikalisierung und Idiomatisierung bis hin zur vollendeten Univerbierung (z.B. *allein* ← mhd. *all eine*).
- durch die Unsicherheit bei der Akzentzuordnung. Dies liegt zum einen vermutlich am hohen Idiomatisierungsgrad, der oft auch idiosynkratische Akzentplatzierung bedingt, zum anderen an der Tatsache, dass komplexe Adverbien häufig syntaktisch, also durch die Verwendung bedingte Akzentvarianten aufweisen.

Diese wenig erfreuliche Situation wird etwas aufgehellt durch die Tatsache, dass in den uns vorliegenden Prüfungsunterlagen Adverbien als Analysegegenstand nur sehr selten und beschränkt auf die wenigen einigermaßen klaren Bildungstypen vorkommen.

Dies hat uns zu dem Entschluss geführt, bei unserer Darstellung der adverbiellen Wortbildung von der Darstellungsweise in den vorausgehenden Kapiteln abzuweichen: Wir verlassen die schematisch an den Wortbildungsmitteln ausgerichtete Darstellung, versuchen so weit wie möglich zu komprimieren und uns auf die wenigen einigermaßen klaren Bildungstypen zu konzentrieren. Wir vermeiden es, Fälle, für die wir (synchron) keine überzeugenden Lösungen gefunden haben, in einen Wortbildungstyp zu zwingen. Vielmehr stellen wir Problemfälle als solche dar. Das Ziel dieses Arbeitsbuches kann es selbstverständlich nicht sein, die adverbielle Wortbildung völlig neu auszuarbeiten.

Für die Wortbildungstypen **Steigerungsbildung, grammatische Transposition, Wortkürzung, Wortkreuzung** und **Reduplikation** gibt es bei den Adverbien keine überzeugenden Beispiele. Für **Zusammenbildungen** finden sich in der Literatur keine Beispiele, und auch wir haben nur wenige denkbare Kandidaten gefunden. Dagegen werden für **Kopulativkomposita** in der Literatur relativ viele Beispiele angeführt, die wir aber nicht bestätigen können. Viele Beispiele werden von den einschlägigen Untersuchungen den **Determinativkomposita** zugeschlagen, doch ist diese Zuordnung in fast allen Fällen nicht zwingend. Vielmehr handelt es sich in den meisten Fällen nach unserer Überzeugung um **Zusammenrückungen**, und dieser Wortbildungstyp dürfte insgesamt der umfangreichste bei den Adverbien sein. Relativ zahlreich sind auch die **Suffigierungen**, doch sind hier einige Korrekturen an den traditionellen Zuordnungen notwendig. Dagegen finden sich kaum eindeutige Beispiele für **Präfigierungen** und **lexikalische Konversionen**.

5.3 Adverbielle Zusammenrückungen (vgl. 1.4.2/1.5.2)

Unter Berücksichtigung aller Wortbildungsmittel würden wir den größten Teil der komplexen Adverbien hier ansiedeln, nicht wie bei Fleischer/Barz (^{3}2007, S. 280ff.) bei den Komposita; doch ist es nicht immer ganz einfach, eine passende syntaktische Basisstruktur in der Gegenwartssprache zu finden.

- NP-Zusammenrückungen: Hier ist das Letztelement ein Substantiv; als Wortbildungstyp kommt deswegen nur Zusammenrückung in Frage.
  - (deiktisches) Pronom. + N → Adv.: *aller-art, der-art; der-gestalt; der-/jeder-/seiner-zeit; dies-, manch-, jedes-mal.* Der Wortbildungsakzent liegt hierbei, untypisch für Zusammenrückungen, auf dem Substantivbegleiter, und dieser zeigt in einigen Fällen genitivische Morphologie, so dass man auf einen adverbialen Genitiv als Grundlage schließen kann.
  - Adj. + N → Adv.: *mittler-/nächtlicher-weile, kurzer-hand.* Dieses Bildungsmuster ist noch produktiv. Auffällig ist auch hier wieder die genitivische Morphologie des Substantivbegleiters in der Art eines adverbialen Genitivs.
- PP-Zusammenrückungen: Sie machen bei weitem den größten Teil der Zusammenrückungen aus und sind ungewöhnlich vielgestaltig. Soweit das Letztelement kein Adverb ist, ist die Zuordnung zu den Zusammenrückungen zwingend. Es sei aber darauf hingewiesen, dass in einigen Ansätzen von lexikalischen Konversionen ausgegangen wird, wenn die Kategorie des Letztelements nicht Adverb ist.
  - Präp. + N → Adv.: *außer-stande, bei-seite, bei-zeiten, im-stande, über-haupt/über-haupt, zu-hauf, zu-mal, zu-schanden, zu-tage, zu-teil, zu-weilen.* Teilweise als Präpositionen werden gebraucht: *an-statt, in-folge, zu-folge, zu-gunsten, an-stelle.* Die Parallelität zur syntaktischen Struktur ist hier offenkundig, auch im Akzent auf dem nominalen Kern und in dessen Rektionsmerkmalen.
  - Präp. + Pronom. → Adv.: *außer-dem, ehe-dem, in-dem, nach-dem, seit-dem, trotz-dem, vor-dem, zu-dem; in-dessen, unter-dessen, während-dessen; ohne-dies/ohne-dies, über-dies/über-dies; bei-einander, durch-einander, gegen-einander, hinter-einander, mit-einander.* Der syntaktische Akzent müsste hier auf dem Pronomen liegen. In einigen Fällen ist Akzentverschiebung durch Kontrastierung der Präposition möglich. Beachte die Rektionserscheinungen (z.B. Präp. *vor* mit Dativ-Rektion: *vor-dem*); in umgekehrter Reihenfolge (Postposition): *dem-nach, dessen-ungeachtet.*

- Präp. + Art. + Subst. → Adv.: *unter-der-hand, vor-der-hand.* Auch hier sind die oben schon erwähnten Parallelitäten zur syntaktischen Struktur eindeutig.
- Adv. + Präp. + Subst. → Adv.: *dort-, hier-zu-lande.*
- Präp. + Adj. → Adv.: *bis-lang, für-wahr, vor-lieb, zu-gleich.* Die entsprechende syntaktische Struktur tritt in der Gegenwartssprache nur noch selten auf: *etwas für wahr halten.*

Problemfälle:

- Daneben gibt es auch Beispiele mit der umgekehrten Abfolge Adj. + Präp. → Adv.: *frisch-auf, hell-auf, voll-auf, weit-aus, kurz-um, rund-um, quer-durch.* Hier ist eine Parallelität zu einer synchronen syntaktischen Struktur nicht mehr erkennbar, aber auch eine Einordnung in einen anderen Wortbildungstyp erscheint wenig überzeugend. Die Klassifikationsprobleme sind wohl auch dadurch bedingt, dass die meisten dieser Adverbien nur in Idiomen auftreten, z.B. *hellauf begeistert/lachen, vollauf zufrieden.* Dabei treten offenbar Gebrauchsakzente mit abweichender Position auf.
- Präp. + Art./Pronom. + (subst.) Adj. → Adv.: *ins-geheim, ins-gemein, ins-gesamt, ins-besondere;* keine parallele syntaktische Struktur findet man für die folgenden Beispiele: *in-so-fern, in-wie-fern, in-so-weit, in-wie-weit.* Während *ins-besondere* die korrekte morphologische Form aufweist, fehlt diese bei den übrigen, also nicht: **ins-geheime.* Dies macht die Zuordnung zu den Zusammenrückungen problematisch.
- N + Adv. → Adv.: *berg-an, berg-ab, land-auf, land-ab, fluss-auf, fluss-ab, straß-auf, straß-ab, tags-über, reih-um, tag-aus, tag-ein, kopf-über, kiel-oben.* Bei Fleischer/Barz (^{3}2007, S. 282) werden diese Formen zu den Komposita gerechnet, vermutlich deswegen, weil beide unmittelbaren Konstituenten selbstständige Lexeme sind und weil das Letztelement die Kategorie Adverb hat oder doch haben könnte. Für diese Zuordnung sehen wir aber weder semantische noch Formgründe. Es könnte sich bei den Elementen *-an, -ab* usw. um Postpositionen handeln, doch treten diese Ausdrücke i.d.R. nicht postpositional auf. Außerdem sind keine Rektionsmerkmale erkennbar. Fälle wie *kiel-oben, tag-ein* deuten eher auf nachgestellte Adverbien hin. Lexeme wie *an, ab* waren ursprünglich Adverbien, sie liegen aber heute nur noch in adverbialen Restverwendungen vor. In Dialekten wie dem Mittelbairischen werden die entsprechenden Formen wie normale Präpositionalphrasen gebildet: [gɛ'bɛ͡ɐ, gɛ'dɔ͡ɪ] ›gegen Berg‹ (*bergauf*), ›gegen Tal‹ (*talab*).
- Ganz ähnliche Strukturen weisen auch die komplexen Ausdrücke *stromab-wärts, rheinauf-wärts, stadtaus-wärts* auf.

- Mehrteilige Bildungen, die eine Präposition enthalten: alle diese Gruppen werden bei Fleischer/Barz (³2007, S. 280ff.) zu den Komposita gerechnet.
  - *her-/hin-, da(r)-/hier-* + Präp./Adv. → Adv.: *her-ein, hin-ein, her-auf, hin-auf, her-über, hin-über, her-unter, hin-unter; her-bei, her-nach, her-vor; hin-durch, hin-gegen, dar-an, dar-auf, da-bei, dar-um, hier-auf, hier-aus, dar-aus;* ferner: *heim-zu, hinten-an, oben-an, vorne-an* (mit zahlreichen Kombinationsbeschränkungen). Die Akzentposition und die Art der Bedeutungskonstitution sprechen aber eindeutig gegen die Einordnung als Determinativkomposita. Allerdings hat man auch Mühe, eine geeignete syntaktische Basisstruktur für die Einordnung als Zusammenrückung zu finden: einerseits, weil Präpositionen (die allerdings auch Adverbien sein könnten; siehe oben) nachgestellt sind, andererseits, weil die Adverbien *her/hin* streng synchron gesehen keinen geeigneten Kern für eine PP abgeben. Dagegen sind Kombinationen von Lokaladverbien natürlich auch in der Gegenwartssprache mögliche syntaktische Strukturen: *vorne dran, rechts oben.*
  - Die eben behandelten Adverbien können noch durch die Adverbien *dort, da, hier* oder die Adjektiva *rund, gerade* nach links erweitert werden: *dort-hinab, da-hinauf, da-hinüber, hier-herauf, rund-heraus, gerade-heraus, dem-gegenüber.*
  - Präp. bzw. Präpositionaladv. bzw. Kombination von zwei Präp. → Adv.: *durch-aus, in-zwischen, mit-unter, neben-an, vor-an, vor-bei, über-aus.* Der Akzent auf dem Zweitelement deutet in Richtung Zusammenrückung, doch lässt sich keine parallele syntaktische Struktur identifizieren. Und der hohe Grad an Idiomatisierung lässt semantische Argumente nicht zu.
  - Präp. + reines Adv. → Adv.: *über-morgen (über-über-morgen), vor-gestern.* Hier gibt es parallele syntaktische Strukturen.
- Eine weitere Gruppe von Bildungen enthält nur Adverbien, keine Präpositionen. Auch deren Untergruppen werden häufig ohne ausreichende Begründung zu den Determinativkomposita geschlagen. Wir ordnen sie aufgrund der Nähe zu syntaktischen Strukturen den Zusammenrückungen zu:
  - Steigerungspartikel + Adv. → Adv.: mit *allzu-*: *allzu-bald, allzu-oft, allzu-sehr, allzu-viel.* Hier könnte man allerdings zweifeln, ob es sich um Wortbildungsstrukturen handelt; zudem ist mit *allzu* selbst wieder eine komplexe Struktur enthalten. Mit *so-: so-bald, so-dann, so-eben, so-fort, so-gar, so-wohl;* extrem idiomatisiert und dadurch unanalysierbar sind: *eben-so, gerade-so, sowie-so/sowie-so.* Die Parallelität zur syntaktischen Struktur ist hier offenkundig, auch der Akzent auf dem Letztelement stimmt in den meisten Fällen.

– Verbindungen aus *aller* und einem superlativischen Adverb auf *-s*: *aller-spätestens, aller-wenigstens*. Hier könnte tatsächlich die zweite unmittelbare Konstituente, wie für Determinativkomposita charakteristisch, den Gesamtausdruck ersetzen, der Bedeutungsbeitrag des Erstglieds kann aber nicht zuverlässig angegeben werden. Dazu kommt ein stabiler Akzent auf dem Zweitglied.
  - adverbielles Erstglied: *immer-fort, nun-mehr, nimmer-mehr, oben-drein, gleich-wohl, anders-wo, wo-anders*. Die Gruppe ist nicht einheitlich, aber hinreichende Ähnlichkeit mit existierenden syntaktischen Strukturen scheint gegeben.
  - Bei den Zusammenrückungen müssen auch sog. Suffigierungen auf *-s* erwähnt werden, soweit sie an folgenden Zweitgliedern auftreten: *-dings, -falls, -mals, -orts, -teils, -wegs* (vgl. Ros 1992, S. 124f.). Da es sich bei diesen Kombinationen um mögliche Flexionsformen handelt, können die dreigliedrigen Formen als Zusammenrückungen betrachtet werden, soweit das Erstglied eine passende Flexionsform aufweist, z.B. *großenteils, andernfalls,* aber nicht *vieler-orts, aller-dings.*

Funktion: Die Ausführungen zur Bedeutung der aufgelisteten Subtypen können kurz sein; soweit die Bildungen noch motiviert sind, wie z.B. *beiseite,* ergibt sich die Bedeutung aus den Bestandteilen und der Bedeutung der beteiligten syntaktischen Relationen; bei hochgradig idiomatisierten Bildungen wie *vorlieb,* eigentlich *für lieb*, sind keine weiteren Erläuterungen mehr möglich.

Zur Vertiefung:

Fleischer, W./Barz, I. (^{3}2007): Wortbildung der deutschen Gegenwartssprache. 3. Aufl. – Tübingen: Niemeyer.

Marx-Moyse, J. (1979): Die Pronominaladverbien / *hier* + Präposition. – In: Sprachwissenschaft 4, S. 206-230.

Ros, G. (1992): Suffixale Wortbildungsmorpheme. Untersuchungen zu ihrer semantischen Leistung am Beiwort der deutschen Gegenwartssprache. – Stuttgart: Verlag H.-D. Heinz (= Stuttgarter Arbeiten zur Germanistik 258).

5.4 Adverbielle Zusammenbildungen (vgl. 1.4.3/1.5.3)

Für diesen Wortbildungstyp kommen bei den Adverbien wohl nur diejenigen dreiteiligen Bildungen auf *-s* in Frage, bei denen weder Erst- und Zweitbestandteil noch Zweit- und Letztbestandteil frei vorkommen. Im ersten Fall sind a und b Lexeme, c ein Suffix. Im zweiten Fall ist a ein Lexem, b und c sind Suffixe, also Bildungen auf *-en-s, -ling-s,* wie *rück-ling-s, bäuch-ling-s*. Die für diesen Wortbildungstyp angesetzten Formmerkmale treffen zu.

5.5 Adverbielle Kopulativkomposita (vgl. 1.4.4/1.5.4)

Wir selbst konnten keine eindeutigen Fälle von Kopulativkomposition nach den von uns in 1.4.4 angesetzten Kriterien identifizieren. Daraus, dass die Konstituenten ungefähr derselben syntaktischen und semantischen Klasse angehören, kann noch nicht geschlossen werden, dass es sich um Kopulativkomposita handelt.

5.6 Adverbielle Determinativkomposita (vgl. 1.4.5/1.5.5)

Unter diesem Wortbildungstyp werden in den gängigen Wortbildungslehren nach unserer Einschätzung zahlreiche Wortbildungsprodukte aufgelistet, für die man keine bessere Einordnung gefunden hat. Die entscheidenden Kriterien, nämlich dass nur Lexeme als Bestandteile auftreten und dass das Letztglied die Kategorie »Adverb« aufweisen muss, genügen nach unserem Ansatz nicht, da diese Kriterien auch von einem Teil der Zusammenrückungen erfüllt werden (vgl. Fleischer/Barz ^{3}2007, S. 280). Wir bestehen darauf, dass auch die Akzentplatzierung auf dem möglichen Determinans und ein determinatives Verhältnis zwischen den Bestandteilen vorhanden sein müssen. Gerade diese letzte Bedingung scheint uns nach Sichtung des Materials aufgrund der vielen idiomatisierten Bildungen kaum überprüfbar. Folgende Gruppen konnten bisher noch nicht anderen Wortbildungstypen zugeordnet werden:

- Richtungsadverbien mit *-her* und *-hin*:
  - Proadverbien als Erstglieder: *da-hin/da-her, dort-hin/dort-her, hier-hin, hier-her.* Die kategoriale Regel ist erfüllt, die Akzentposition auf dem angenommenen Determinans stimmt in den meisten Fällen; aber ein determinatives Verhältnis zwischen den unmittelbaren Konstituenten ist kaum erkennbar: In welcher Weise determiniert etwa *dort* das *hin* in *dorthin*? Etwa in dem Sinn, dass *hin* eine Richtung von der Origo weg angibt und *dort* diese Richtung genauer spezifiziert? Aber welche der angesetzten Bedeutungsrelationen könnte hier zutreffen? Mit dem gleichen Recht könnte man diese Bildungen den Zusammenrückungen zuordnen, da sich parallele syntaktische Strukturen angeben lassen.
  - fragendes/relativisches *wo-* als Erstglied: *wo-hin, wo-her*. Da es sich um direkte Entsprechungen der ersten Gruppe handelt, gilt hier auch die gleiche Argumentation, abgesehen von der Akzentposition, die die Einordnung als Zusammenrückung noch plausibler erscheinen lässt.
  - indefinites *irgendwo-hin/-her* kann man genauso als bloße Erweiterungen der zweiten Gruppe betrachten. Auch hier gilt also die obige Argumentation.

- Kombinationen aus Präpositionen und *-hin/-her: bis-her, hinter-her, mit-hin, nach-her, neben-hin, neben-her, ohne-hin/ohne-hin, um-her, um-hin, vor-her, vor-hin.* Sie stellen die genaue Umkehrung der unter den Zusammenrückungen erwähnten Kombinationen dar, wenn auch nicht mit den gleichen Präpositionen. Die Ausdrücke sind so weitgehend idiomatisiert, dass eine Entscheidung über eine determinative Relation nicht mehr getroffen werden kann. Auch die Akzentsetzung lässt keine einheitliche Richtung erkennen. Und schließlich ist auch der Versuch, eine parallele syntaktische Struktur als Basis für die Einstufung als Zusammenrückung zu finden, nicht sehr erfolgreich: *hin* und *her* können in der Gegenwartssprache nicht Kerne einer PP sein, sie können allenfalls einer PP (in der Art eines adverbiellen Attributs) folgen: *neben ihm her.*
- Kombinationen aus einem ProAdv. *dar-* + Präp. und *-her/-hin: darüber-hin, daran-hin, darauf-hin, davon-her.* Diese Struktur realisiert genau das eben erwähnte Schema. Daraus folgt, dass sie gut als komplexe Präpositionalphrase zu erklären ist, und damit liegt die Deutung als Zusammenrückung sehr nahe.
- Adjektive + *-her/-hin: ferner-hin, weiter-hin, künftig-hin, weit-her/weit-hin.* Das *-er* zwischen Adjektiv und Adverb kann sowohl als Komparativflexiv wie auch als Fugenelement interpretiert werden. Diese Strukturen könnten weitgehend bedeutungsneutral durch das bloße Erstglied ersetzt werden, und das ist ein schlagendes Argument gegen die Wertung als Determinativkompositum, da bei diesem Wortbildungstyp allenfalls eine Ersetzung durch das Determinatum in Frage kommt. Parallele syntaktische Strukturen lassen sich kaum finden; denkbar wäre vielleicht: *es ist weit hin.* Aber es passt weder die zugehörige Bedeutung noch die Akzentsetzung. Vollends idiomatisiert sind *gemein-hin, letzt-hin, schlecht-hin.*

Abgesehen von den bereits bei den Zusammenrückungen behandelten komplexen Ausdrücken wird noch die folgende Gruppe von adverbiellen Wortbildungsprodukten den Determinativkomposita zugerechnet:

- Zu den Komposita werden von Ros (1992, S. 120f.) Bildungen wie *gleichermaßen, gewissermaßen* und Bildungen wie *gleicherweise, solcherweise, folgenderweise* (Ros 1992, S. 131-133) gerechnet. In beiden Fällen wäre aber dann die kategoriale Regel verletzt, die besagt, dass bei einem adverbiellen Determinativkompositum das Letztelement ein Adverb sein muss. *Weise* ist aber nun, wenn man überhaupt eine Kategorie zuordnen kann, ein Substantiv, *-maßen* kommt in dieser Form nicht selbstständig vor, der Kern *Maß* ist aber auch ein Substantiv. Viel eher könnte es sich um Zusammenrückungen einer adverbialen genitivischen NP mit Binnenflexion handeln. Bei *gleicherweise* etc. passen alle Merkmale zu dieser Einordnung; bei *gleichermaßen* ist aber das Flexiv *-en* an *-maßen* erklärungsbedürftig. Historisch gesehen handelt es sich bei mhd. *mâze* um ein schwaches Femininum, damit ist *-en* ein regulärer Genitiv. Aber dieser Aspekt ist synchron irrelevant.

Zur Vertiefung:

Fleischer, W./Barz, I. (^{3}2007): Wortbildung der deutschen Gegenwartssprache. 3., unveränd. Aufl. Tübingen: Niemeyer.

Ros, G. (1992): Suffixale Wortbildungsmorpheme. Untersuchungen zu ihrer semantischen Leistung am Beiwort der deutschen Gegenwartssprache. – Stuttgart: Verlag H.-D. Heinz. (= Stuttgarter Arbeiten zur Germanistik Nr. 258).

5.7 Präfigierung bei den Adverbien (vgl. 1.4.7/1.5.7)

Dieses Wortbildungsmuster fehlt nach Fleischer/Barz (^{3}2007, S. 288) bei den Adverbien fast ganz. Am ehesten kämen hier noch Bildungen mit *zu-* + Adjektivsuperlativ in Frage: *zu-äußerst, zu-innerst, zu-meist, zu-nächst, zu-oberst, zu-tiefst.* In Kluge/Seebold (2002) finden sich noch folgende Bildungen: *zu-mal, zu-rück, zu-sammen, zu-statten, zu-wege, zu-weilen, zu-wider.* Nun stimmt hier sicher die Akzentposition auf dem Zweitbestandteil, aber *zu* ist ein selbstständiges Lexem, wenn auch seine möglichen Bedeutungen als Präposition, als Infinitiv- und Steigerungspartikel in den weitgehend idiomatisierten Bildungen kaum mehr erscheint. Historisch gesehen müsste *zu* außerdem lautlich abgeschwächt sein.

Ein weiteres adverbiales Präfix könnte *ent-* sein. Formal entspricht die erste Silbe bei den Beispielen *ent-gegen, ent-lang, ent-weder, ent-zwei* durchaus dem gleichlautenden Verbalpräfix. Das etymologische Wörterbuch Kluge/Seebold (2002) belehrt uns aber, dass sie bei *entweder* aus dem ahd. Numerale *ein-* entstanden ist, bei allen übrigen Beispielen aus der Präposition *in*, und dass sie sich in allen Fällen dem Verbalpräfix angeglichen hat. Das hat natürlich wenig Bedeutung für die Analyse der Gegenwartssprache, aber sinnvoll scheint unter diesen Bedingungen nur, die bedeutungsseitigen Simplizia auch auf der Formseite als Simplizia zu behandeln und die zufällige lautliche Gleichheit zu ignorieren. Zu erwähnen bleibt noch, dass *entweder* als Konjunktion bzw. als Konjunktionaladverb einzustufen ist, *entzwei* gewisse Merkmale eines Adjektivs zeigt, ohne wie ein Adjektiv flektiert werden zu können.

Zur Vertiefung:

Fleischer, W./Barz, I. (^{3}2007): Wortbildung der deutschen Gegenwartssprache. 3., unveränd. Aufl. Tübingen: Niemeyer.

Kluge, F./Seebold, E. (2002): Etymologisches Wörterbuch der deutschen Sprache. 24., erw. Auflage. – Berlin etc.: de Gruyter.

5.8 Suffigierung bei den Adverbien (vgl. 1.4.8/1.5.8)

Dieses Wortbildungsmuster ist bei den Adverbien und Partikeln formal und semantisch weniger differenziert als bei Substantiven und Adjektiven (siehe auch Fleischer/Barz ^{3}2007, S. 284). Fremdsuffixe fehlen, denn der einzige Kandidat *-lei* ist heute ein natives Suffix.

5.8.1 Eindeutige Adverb-Suffixe

5.8.1.1 Das Suffix *-s*

Dieses Suffix ist wohl aus adverbialen Genitiven entstanden. Feste Kombinationen sind: *-dings, -falls, -mals, -orts, -teils, -wegs.* Als Zusammenbildungen wurden von uns in 5.4 *-rücks, -seits, -wärts, -weils* gewertet, da diese nicht als selbstständige Lexeme auftreten können. Das Muster ist sehr produktiv.

Nicht nur Adverbien, sondern auch Präpositionen mit Substantiv-Basis weisen das Suffix auf: *mittels, zwecks, mangels, betreffs, behufs, vermittels, angesichts, seitens.*

Einige Beispiele könnten auch als Konversion substantivischer Flexionsformen behandelt werden, da es in der Gegenwart noch formgleiche substantivische Genitive gibt: *abends, anfangs, eingangs, flugs, mittags, namens, rings, sommers, teils* (siehe 5.9). Komplexe Beispiele lassen die Interpretation als Zusammenrückungen von adverbialen Genitiv-Nominalphrasen zu: *heutigentags* (i.S.v. *(des) heutigen Tags*), *anderenfalls, erforderlichenfalls, großenteils, mancherorts;* beim letzten Beispiel weist allerdings *mancher,* bezogen auf die Gegenwartssprache, nicht die richtige Flexionsform auf.

Eindeutige Suffigierungen, also ohne parallele substantivische Flexionsform, sind folgende Wortbildungsprodukte:

- Pro-NP → Adv.: *ander-s.*
- Adj. → Adv.: *bereit-s, besonder-s, eigen-s, link-s, stet-s, weiter-s* (süddt.), Die Basisadjektive sind nicht-prototypische Adjektive (vgl. 3.1).
- Adv. → Adv.: *öfter-s.*
- Partizip → Adv.: *eilend-s, zusehend-s, durchgehend-s, vergeben-s.*
- Adj. + N → Adv.: *deutscherseits, kirchlicherseits.* Diese Beispiele könnte man auch als Zusammenbildungen werten, da weder Erst- und Zweitkonstituente noch Zweit- und Letztkonstituente als selbstständige Lexeme vorkommen.

Funktion:

- reine Bildung von Adverbien: *abends, eilends.*
- ornativ ›versehen mit‹: *namens, willens.*
- demotiviert: *bereits.*

5.8.1.2 Das Suffix *-ens*

Das Suffix *-ens* hat sich entwickelt aus der Kombination des superlativbildenden *-en* und des adverbbildenden *-s*.

- Adj. (Superlativ) → Adv.; produktiv: *besten-s, ehesten-s, frühesten-s, höchsten-s, längsten-s, mindesten-s, schnellsten-s.*
- heute unproduktiver Typ, entstanden durch analogische Übertragung: *übrigen-s, einsten-s, nächten-s, rechten-s.*
- Einteilungszahlen: *ersten-s, zweiten-s, dritten-s ...*

Funktion:

- reine Adverbbildung: *letztens, nächstens.*
- superlativisch: *frühestens, längstens, schnellstens.*
- explikativ: *rechtens.*
- stellenwertbezeichnend: *erstens, zweitens ...*

5.8.1.3 Das Suffix *-lings*

Das Suffix *-lings* ist unproduktiv und kommt nur selten vor. Wortbildungsprodukte aus Lexem + *-lings* können auch den Zusammenbildungen zugeordnet werden (vgl. 5.4 S. 172).

- Adj. → Adv.: *blind-lings, jäh-lings.*
- Verbstamm → Adv.: *meuch-lings.*
- N → Adv.: *ärsch-lings, bäuch-lings, rück-lings.*

Bedeutungsgruppen:

- reine Adverbbildung: *blindlings, jählings, meuchlings.*
- lokal: *ärschlings, bäuchlings, rücklings.*

5.8.1.4 Das Suffix *-lei* (Erweiterung: *-er-lei)*

Dieses aus dem Französischen *(ley* ›Art‹) stammende seltene Suffix ist nur mit nativen Basen (und dem Fugenelement *-er)* kombinierbar.

- Kardinalzahlen → Adv.: *zweier-lei, hunderter-lei.*
- Quant. → Adv.: *beider-lei, jeder-lei, keiner-lei, mancher-lei.*
- Adj. → Adv.: *verschiedener-lei.*

Funktion: artbezeichnend: *beiderlei, mehrerlei, welcherlei.*

Zur Vertiefung:

Öhmann, E. (2005): Suffixstudien V: Das deutsche Suffix *-lei.* – In: Müller, P. O. (Hg.), Fremdwortbildung. Theorie und Praxis in Geschichte und Gegenwart (Frankfurt/M. usw.: P. Lang), S. 257-262.

5.8.1.5 Das Suffix *-wärts*

Dieses Suffix hat sich aus dem ahd. Genitiv *-wertes* im Sinne von ›Gegenwert, gegen, wenden‹ entwickelt (vgl. Kluge/Seebold 2002, s.v. *wert* Adj.). In der Gegenwartssprache ist *-wärts* aber weder dem Adjektiv *wert* zuzuordnen noch kommt es frei vor. Die damit gebildeten Richtungsadverbien sind heute in ihrer Bildungsweise nicht mehr durchschaubar:

- N → Adv.: *berg-wärts, land-wärts, see-wärts, tal-wärts.*
- Adv. → Adv.: *ab-wärts, aus-wärts, ein-wärts, vor-wärts.*

Funktion:

- direktional: *herwärts, ostwärts, talwärts.*
- lokal: *anderwärts, auswärts.*

5.8.2 Problemfälle

Die unter dieser Überschrift zusammengefassten Wortbildungsarten lassen aus unterschiedlichen Gründen eine zweifelsfreie Zuordnung zum Wortbildungstyp »Suffigierung« nicht zu:

- Die verbreitet als Suffixe und Suffixoide eingestuften Letztelemente kommen oft auch frei, teils sogar mit annähernd derselben Bedeutung, vor.
- Sprachgeschichtlich gesehen lassen sich die entsprechenden Bildungsweisen überwiegend auf Zusammenrückungen, meist von genitivischen Nominalphrasen, zurückführen. Dies hilft aber nicht weiter bei der synchronen Analyse, bei der man sich streng auf synchrone Argumente zu beschränken, also jede Vermischung synchroner und diachroner Argumente zu vermeiden hat. Aber natürlich kann die Information über die Entstehung einzelner Wortbildungsweisen deren Verständnis wesentlich verbessern. Dabei gibt es leider nur wenige Spezialuntersuchungen, die den Zugang zur sprachgeschichtlichen Dimension erleichtern; als sehr nützlicher Ersatz kann Kluge/Seebold (2002) dienen.
- Synchrone Wortbildungs-Darstellungen treffen oft nur die Zuordnung zu den Suffigierungen, ohne ihre Entscheidung argumentativ abzusichern und ohne die Problematik ausreichend darzustellen. Die Klassifikation »Suffixoid« wird oft als Notlösung gewählt.

5.8.2.1 Das Suffix *-dings*

Das Letztelement *-dings* ist nicht produktiv. Es ist entstanden aus der Verschmelzung von *-ding* mit dem Adverb-Suffix *-s,* das synchron betrachtet auch als Genitivflexiv interpretiert werden könnte. Akzeptiert man diese Deutung, so sind die *-dings*-Beispiele Anwärter für die Einstufung als Zusammenrückung, zumal eine Struktur Adjektiv/Quantor + Substantiv zahlreichen Zusammenrückungen zugrunde liegt. Da das vorausgehende Adjektiv in den unten folgenden Beispielen aber keine in der Gegenwart mögliche Genitiv-Flexionsform aufweist, ist diese Kategorisierung nicht möglich.

– Adj./Quant. + Fugenelement *-er* + *-dings* → Adv.: *aller-dings, neuer-dings, platter-dings, schlechter-dings, blanker-dings.*

Funktion: Die wenigen Beispiele sind meist demotiviert.

5.8.2.2 Das Suffix *-mals*

Da es sich auch bei *-mals* um eine mögliche genitivische Flexionsform des Substantivs *Mal* handelt, könnte man auch hier an eine Zusammenrückung aus einer genitivischen NP denken. Tatsächlich sind aber synchron keine zugrunde liegenden Nominalphrasen zu identifizieren.

– Adv./Partik. → Adv.: *aber-mals, da-mals, einst-mals, erst-mals, je-mals, mehr-mals, nie-mals, noch-mals, oft-mals, viel-mals.*

5.8.2.3 Das Suffix *-halben/-halber*

Nach Kluge/Seebold (2002) wie das Adjektiv *halb* zu ahd. *halba* ›Seite‹; in diachroner Sicht könnte es sich bei den entsprechenden Bildungen also um Zusammenrückungen aus Substantiv im Genitiv und Genitiv-regierender Postposition handeln. Tatsächlich sind die Erstglieder *interesse-* und *ordnungs-* keine möglichen Genitivformen, und zudem treten die Varianten *-halben* und *-halber* nicht (mehr) als freie Postpositionen auf. Zusätzlich haben sie sich von der Semantik des Adjektivs *halb* getrennt und eine eigene kausale Bedeutung entwickelt.

  – N (abstr.) + *-halber* → Adv.: produktiv; *anstands-halber, ehren-halber, interesse-halber, kürze-halber, ordnungs-halber.*
  – Pronom. + *-halben* → Adv.: kaum noch produktiv; *meinet-halben, unseret-halben, allent-halben, dessent-halben.*

– Konkurrenz mit *-wegen.*
– Funktion: kausal *ehrenhalber, meinethalben.*

In einer dritten eigenständigen Gruppe werden Präpositionen/Adverbien mit *-halb* zu Adverbien kombiniert: *außer-halb, inner-halb, ober-halb, unter-halb, des-halb, wes-halb.* Hier ist die räumliche Bedeutung ›Seite‹, ›Hälfte‹ noch weitgehend erhalten (abgesehen von *des-halb, wes-halb,* bei denen die kausale Bedeutung wie bei den ersten beiden Gruppen vorliegt), so dass man an Determinativkomposita denken könnte. Dagegen spricht aber, dass die zweite UK nicht das gesamte Wortbildungsprodukt ersetzen kann. Man muss also wohl von einem zweiten Typ von Wortbildungselement ausgehen.

5.8.2.4 Das Suffix *-maßen*

Nach Kluge/Seebold (2002, S. 543) aus mhd. *mâze*: »In ursprünglich genitivischen Fügungen wie *einiger Maßen* ist das Femininum zunächst zusammengewachsen (*einigermaßen*) und dann zu einem Suffixoid geworden«. Es handelte sich also historisch gesehen um Zusammenrückungen, und das erklärt auch, warum die Kategorie des Letztelements nicht identisch ist mit der Kategorie des Wortbildungsprodukts. Synchron kann *-maßen* nicht als Genitivform interpretiert werden. Eine semantische Zuordnung zum Substantiv *Maß* ist ebenfalls nicht mehr möglich. Es bleibt also synchron nur die Wertung als Adverbbildungssuffix, das stets mit dem Fugenelement *-er* kombiniert ist.

– Part. II → Adv.: produktiv; *anerkannt-er-maßen, bekannt-er-maßen, erwiesen-er-maßen, nachgewiesen-er-maßen, gezwungen-er-maßen.*
– Quant. → Adv.: *einiger-maßen/einiger-maßen* (vgl. auch 5.6 S. 173).

Funktion:

– reine Adverbbildung: *bekanntermaßen, folgendermaßen.*
– passivisch: *gewissermaßen, eingestandenermaßen, nachgewiesenermaßen.*
– idiomatisiert: *dermaßen, einigermaßen, gewissermaßen.*

5.8.2.5 Das Suffix *-weg*

Nach Kluge/Seebold (2002, S. 878) handelt es sich dabei um das Adverb mit kurzem *e*, mhd. *enwec*. Wortbildungsprodukte wie *hinweg* werten die Verfasser als Zusammensetzungen. Die kategoriale Regel würde nicht gegen diese Zuordnung sprechen. Die Akzentposition ist schwer festzulegen: Unsere eigenen Intuitionen mit Akzent auf dem Zweitbestandteil werden von den konsultierten Wörterbüchern, für die unten stellvertretend das Duden Universalwörterbuch steht, nur teilweise bestätigt. Wir vermuten, dass sich hier variierende Gebrauchsakzente je nach syntaktischer Umgebung störend bemerkbar machen. Die Bedeutung des Zweitbestandteils ist aber, auch aufgrund der Idiomatisierung des Wortbildungsprodukts, kaum mehr erkennbar, ebensowenig eine determinierende Relation, bei der der Zweitbestandteil das Wortbildungsprodukt ersetzen kann. Es bleibt also unseres Erachtens nur die Einstufung als Adverbbildungssuffix.

– Adj. → Adv.: *frei-weg/frei-weg, glatt-weg, rund-weg/rund-weg.*
– Adv. → Adv.: *durch-weg, hin-weg, vor-weg.*

Funktion:

– merkmalsbezeichnend/-spezifizierend: *durchweg, vorneweg.*
– idiomatisiert: *rundweg, schlankweg.*

Ein ganz anderer Bildungstyp liegt bei den Bildungen mit *-wegen* mit pronominaler Basis vor: *deinet-wegen, dessent-wegen* usw. Der Letztbestandteil weist ein langes *e* auf, es handelte sich somit wohl, in diachroner Sicht, um Zusammenrückungen von Postpositionalphrasen, wobei die Postposition *wegen* (die heute fast nur noch präpositional verwendet werden kann) den Genitiv regiert. Die Erstbestandteile haben aber durch die Einfügung eines epenthetischen *t* keine Genitivform mehr. Es bleibt auch hier nur die Lösung Suffigierung.

5.8.2.6 Das Suffix *-weise*

Der Letztbestandteil der sehr produktiven Wortbildungen auf *-weise* entspricht dem Substantiv *Weise*, das wiederum dem mhd. Substantiv *wîs(e)* ›Aussehen‹, ›Erscheinung‹, ›Beschaffenheit‹ entspricht. Es ist plausibel, davon auszugehen, dass die ursprünglichen Bildungen Zusammenrückungen adverbialer genitivischer Nominalphrasen waren. Das Muster ist dann wohl übertragen worden auf andere Basen. Die semantische Parallelität zu dem Substantiv *Weise* ist auch in der Gegenwart noch gut erkennbar. Wegen der Kategorie Substantiv des Letztelements und wegen der dadurch fehlenden Ersetzbarkeit des Gesamtausdrucks durch das Letztelement verbietet sich eine Einstufung als Determinativkompositum, wie sie Ros (1992, S. 131-133) versucht, allerdings aus unerfindlichen Gründen nur für *gleicher-weise, solcher-weise, folgender-weise,* während sie die übrigen Beispiele als Suffigierungen wertet – die einzige Möglichkeit, die uns aus synchroner Sicht für die Gesamtgruppe denkbar erscheint.

Es sei noch darauf hingewiesen, dass ein Teil der *-weise*-Bildungen Adjektiva sind, wenn auch nicht sehr typische, da sie nicht in allen adjektivtypischen Funktionen auftreten.

- N → Adj./Adv.: *auszugs-weise, andeutungs-weise, gruppen-weise, massen-weise, scharen-weise, kolonnen-weise, herden-weise;* nur adverbiell: *bruchstück-weise, beispiels-weise.*
  - Adj. → Adv.: stets Fugenelement *-er; anständiger-weise, eigenartiger-weise, herkömmlicher-weise, lächerlicher-weise.*
  - Part. II. → Adv.: *unverschuldeter-weise.*
  - Verbstamm → Adv.: sehr selten; *leihweise.*
- Konkurrenzsuffixe: *-lich, -haft.*
- Funktion:
  - merkmalsbezeichnend/-spezifizierend: *begreiflicherweise, fälschlicherweise, zufälligerweise.*
  - aufeinanderfolgend: *ruckweise, schluckweise, stoßweise.*
  - explikativ: *anhangsweise, aushilfsweise, strafweise.*
  - vervielfältigend: *fassweise, pfundweise, zentnerweise.*
  - instrumental: *gesprächsweise, zwangsweise.*
  - idiomatisiert: *beziehungsweise.*

Zur Vertiefung:

Fleischer, W./Barz, I. (³2007): Wortbildung der deutschen Gegenwartssprache. 3, unveränd. Aufl. – Tübingen: Niemeyer. [S. 288].

Kluge, F./Seebold, E. (2002): Etymologisches Wörterbuch der deutschen Sprache, bearb. von E. Seebold. 24., erw. Auflage. – Berlin etc.: de Gruyter.

Ros, G. (1992): Suffixale Wortbildungsmorpheme. Untersuchungen zu ihrer semantischen Leistung am Beiwort der deutschen Gegenwartssprache. – Stuttgart: Verlag H.-D. Heinz (= Stuttgarter Arbeiten zur Germanistik 258). [S. 131-133].

Starke, G. (1973): Beiwörter auf *-weise*. – In: Sprachpflege 22, S. 140-144.

5.9 Lexikalische Konversion beim Adverb (vgl. 1.4.9/1.5.9)

Für lexikalische Konversion gibt es nach unserem Ansatz nur wenige eindeutige Beispiele, wie:

– N → Adv.: *abend, mittag, vor-/nachmittag, nacht, heim, weg, barfuß.*

Die Bildungen auf *-s* sowie die Kombinationen damit sind teilweise auch als Konversion substantivischer Flexionsformen zu behandeln, soweit sie synchron den Genitivformen entsprechen (vgl. 5.8.1 S. 176).

5.10 Übung zur adverbiellen Wortbildung

Aufgaben zur adverbiellen Wortbildung werden in Prüfungen nur selten gestellt und dann sind sie zumeist auf die wenigen klaren Bildungstypen beschränkt. Für alle uns zugänglichen Analyseaufgaben zur adverbiellen Wortbildung haben wir im Folgenden Lösungswege entworfen, die auch ohne etymologisches Wörterbuch in der Prüfung erstellt werden können:

Analysieren Sie die folgenden adverbialen Wortbildungstypen nach Form- und Bedeutungsmerkmalen. Bilden Sie dabei Gruppen und gehen Sie gezielt auf Schwierigkeiten bei der Klassifikation ein: *abends, mitternachts, mehrmals, tunlichst, kiloweise, insbesondere, leichthin, höchstens, einerseits, vielleicht, jedenfalls, beispielsweise, schrittweise, anfangs, verständlicherweise.*

5.11. Allgemeine Literaturhinweise zur adverbiellen Wortbildung

Fleischer, W./Barz, I. (³2007): Wortbildung der deutschen Gegenwartssprache. 3., unveränd. Aufl. Tübingen: Niemeyer. [Darin: 4. Wortbildung des Adverbs, S. 278-288].

Kluge, F./Seebold, E. (2002): Etymologisches Wörterbuch der deutschen Sprache, bearb. von E. Seebold. 24., erw. Aufl. – Berlin etc.: de Gruyter.

Ronca, D. (1975): Morphologie und Semantik deutscher Adverbialbildungen: eine Untersuchung zur Wortbildung der Gegenwartssprache. – Bonn: Diss.

Ros, G. (1992): Suffixale Wortbildungsmorpheme. Untersuchungen zu ihrer semantischen Leistung am Beiwort der deutschen Gegenwartssprache. – Stuttgart: Verlag H.-D. Heinz (= Stuttgarter Arbeiten zur Germanistik 258). [erfasst auch die ältere Literatur vor 1984]

Splett, J. (2000): Wortbildung des Althochdeutschen. – In: Besch, W./Betten, A./Reichmann, O./Sonderegger, S. (Hgg.), Sprachgeschichte. Ein Handbuch zur Geschichte der deutschen Sprache und ihrer Erforschung, Bd. 2 (Berlin etc.: de Gruyter), S. 1213-1222.

Zutt, H. (2000): Wortbildung des Mittelhochdeutschen. – In: Besch, W./Betten, A./Reichmann, O./ Sonderegger, S. (Hgg.), Sprachgeschichte. Ein Handbuch zur Geschichte der deutschen Sprache und ihrer Erforschung, Bd. 2 (Berlin etc.: de Gruyter), S. 1358-1365.

6. Lösungen

6.1 Lösungen zur Kategoriebestimmung (S. 25)

- *glücklich* (Adj.): *Glück* (N).
- *Raspelschokolade* (N): *raspel-* ist kategorial nicht eindeutig markiert; es kann Verb- und Substantivstamm sein. Die Paraphrase der Wortbildungskonstruktion ›Schokolade, die geraspelt wurde/wird‹, evtl. auch das Weltwissen, dass es sich nicht um Schokolade in Raspelform handelt, lassen auf ein Verb als Erstkonstituente schließen. Ein verlässliches Kriterium oder gar einen Beweis für die kategoriale Zuordnung von *raspel-* kann die Paraphrasierung jedoch keinesfalls liefern.
- *Tropical-Geschmack* (N); *tropical-:* (Adj.); Die Klassifizierung als Adjektiv kann nicht aufgrund flexionsmorphologischer Eigenschaften und syntaktischer Kriterien getroffen werden, da *tropical* als Fremdwort den Regularitäten des Deutschen nicht angepasst wird. Die Kenntnis der englischen Sprache und ihrer Regularitäten, so z.B. dass *-al* ein Suffix zur Bildung von Adjektiven ist, ist Voraussetzung. Innerhalb des deutschen Sprachsystems müsste *tropical* zu den kategorial unmarkierten Stämmen gerechnet werden.
- *Bio-Erzeugung* (N); *Bio-* kann keiner Kategorie zugeordnet werden. Wir halten eine Einordnung in die Klasse der Konfixe für gerechtfertigt. *Bio-* kommt im Gegensatz zu *Biologie/biologisch* fast ausschließlich gebunden, d.h. als Konstituente von Wortbildungskonstruktionen vor. Der Übergang zum freien Lexem *bio* ist jedoch insbesondere im mündlichen Sprachgebrauch zu beobachten, z.B. *Der Saft ist bio.* Es ist nichtnativen Ursprungs (griech. *bios* ›Leben‹), weist eindeutig distributionelle Unterschiede zu den freien Lexemen *biologisch/Biologie* auf und hat im Vergleich zu diesen auch eine Bedeutungsänderung mitgemacht: ›ohne Verwendung synthetischer Zusätze‹. Eine Klassifizierung als gebundenes Allomorph eines Lexems und damit selbst als Lexem ist unseres Erachtens nicht plausibel.
- *Hochzeitsmahl* (N); *Hochzeit* (N). Eine semantische Segmentierung dieser idiomatisierten UK in die Konstituenten *hoch* (Adj.) + *Zeit* (N) ist aus synchroner Sicht nicht mehr möglich, eine rein formale schon.
- *Knusperjoghurt* (N); *knusper-* (V). *Knusper(n)* ist keinesfalls, wie vielfach behauptet, eine Neubildung aus *knusprig*, sondern es war bereits zu Zeiten der Gebrüder Grimm als Verb im Gebrauch: *... wer knuspert an meinem Häuschen.* Ursprung war wahrscheinlich eine Lautmalerei.
- *Taugenichts* (N); *nichts:* nicht flektierbar wie eine Partikel, aber verwendet wie ein Pronomen.

6.2 Lösungen zum Wortbildungsakzent (S. 27)

zu a)

- *CDU:* Akzent auf der letzten Silbe der Wortkürzung; bei Kontrastakzent auf der ersten Silbe: *CDU-CSU.*
- *spindeldürr:* Akzent auf der zweiten Konstituente oder schwebender Akzent (Steigerungsbildung).
- *zugunsten:* Akzent auf der Zweitkonstituente, syntaktischer Akzent für PP bleibt erhalten.
- *ticktack:* variabel; die Platzierung des Akzents ist wahrscheinlich abhängig vom Denotat. *ticktack:* kindersprachliche Bezeichnung für *Uhr; ticktack:* Geräuschnachahmung (Ablautreduplikation).

- *cremig-fruchtig/cremig-fruchtig:* Doppelakzentuierung oder Akzent auf der Letztkonstituente (Kopulativkompositum).
- *Immergrün:* Akzent auf der Erstkonstituente (Zusammenrückung).
- ohne Kontext nicht entscheidbar, entweder *durchwandern* (Partikelpräfixbildung) oder *durchwandern* (Partikelverbbildung).
- *faschistoid*: Akzent auf dem nichtnativen Suffix.

zu b)

Der Wortbildungsakzent bei Steigerungsbildungen liegt auf der zweiten Konstituente, wie bei *blitzgescheit*. Liegt beispielsweise eine attributive Verwendung vor, kommt es zur rhythmischen Akzentverlagerung auf das Erstelement: *der blitzgescheite Student*.

6.3 Lösungen zur Reihenfolgemarkierung (S. 28)

- Determinativkomposita, z.B. *Wortbildung:* Determinans (*Wort*) vor Determinatum (*Bildung*).
- Zusammenbildungen, z.B. *zielstrebig:* Zusammenrückung fest wie in der syntaktischen Struktur *(nach einem) Ziel streb(en)* + nachfolgendes Suffix *-ig*.
- Zusammenrückungen, z.B. *infolge* fest wie in der syntaktischen Struktur (PP).
- Kopulativkomposita: Die Konstituenten sind zumeist nur bei Wortneubildungen frei austauschbar, z.B. *sahnig-marzipanig/marzipanig-sahnig*. Mit zunehmender Usualisierung und durch Lexikalisierung wird die Abfolge der Konstituenten festgelegt: z.B. *Schleswig-Holstein*. Bei einigen Komposita mit sequentiell additiver Bedeutung wird die Reihenfolge der Elemente durch Eigenschaften des Referenten bestimmt, z.B. *schwarz-rot-gold* zur Bezeichnung der Farbenabfolge der deutschen Fahne.

6.4 Lösungen zur morphologischen Markierung (S. 30)

- *Hohenpriester:* Binnenflexion: *der Hohepriester, des Hohenpriesters.* [Reformierte Orthographie: *des Hohen Priesters* oder *des Hohepriesters*]
- *säuerlich:* Umlaut bei (ursprünglich) *i*-haltigen Suffixen.
- *Riesenappetitsuppe:* kein Fugenelement zwischen *Riesenappetit* (1. UK) und *Suppe* (2. UK); paradigmatische *-n*-Fuge zwischen den Konstituenten der 1. UK *(Riese-n* und *Appetit)*.
- *Hoheitsgebiet*: unparadigmatische *-s*-Fuge.
- *Klebestift: e*-Fuge.
- *semanto-pragmatisch:* unparadigmatische *o*-Fuge anstelle des Suffixes *-isch*.
- *Kirschlikör:* Stammreduktion des Erstglieds um *-e*.
- *unbedarft:* Ablaut bei deverbalen Bildungen *(dürfen)*.

6.5 Lösungen zu den Wortbildungsmitteln (S. 30)

Beispiel	**Kategorie**	**Wortbildungs-akzent**	**Reihenfolgemar-kierung**	**Morpholog. Markierung**
Hoffnungs-träger	$(N+N)_N$	auf dem Erstglied: *Hoffnungsträger*	Determinans vor Determinatum	unparadigmat. *s*-Fuge
Muttergottes	$(N+N)_N$	auf dem Zweitglied *Muttergottes*	wie in der entsprechen-den syntakt. Struktur (postnom. Gen.Attr.)	Genitivflexion am Zweitglied (fest)

bergsteigen	(N+V)$_V$	auf dem Erstglied: *bergsteigen*	wie bei *Bergsteiger* (Rückbildung) gemäß der syntakt. Struktur (V + Dir.Advb.)	keine
hinlegen	(Adv.+V)$_V$	auf der Verbpartikel: *hinlegen*	Verbpartikel vor V	keine
bewundern	(Prä-fix+V)$_V$	auf dem Verbstamm: *bewundern*	Präfix vor V	keine
bauern-schlau	(N+Adj)$_{Adj}$	auf dem Erstglied: *bauernschlau*	Determinans vor Determinatum	paradigm. *n*-Fuge
bitter-süß	(Adj+Adj)$_{Adj}$	auf dem Zweitglied: *bitter-süß*	prinzipiell vertauschbar, durch Lexikalisierung aber oft fest	keine
Grufti	(N+ Suffix)$_N$	auf dem Nomen: *Grufti*	Suffix nach Basis	keine
knallhart	(N/V+Adj)$_{Adj}$	auf dem Zweitglied *knallhart*	Steigerungsglied vor gesteigertem Glied	keine

6.6 Lösungen zur formbezogenen Wortbildungsanalyse (S. 48)

benachbart

Zirkumfigierung (Pseudopartizip)	*benachbart* (Adj.)		
Präfigierung + Suffigierung	*be-* (Präfix)	*Nachbar* (N, Basis)	*-t* (Suffix)

sprachwissenschaftlichste

Suffigierung (N→Adj)	*sprachwissenschaftlich (-st -e)* (Adj.)	
	Sprachwissenschaft (N, Basis)	*-lich* (Suffix N→Adj.)
Determinativkompositum	*Sprachwissenschaft* (N)	
	Sprach (-e)[1] (N)	*Wissenschaft* (N)
Suffigierung (N→N) [2]	*Wissenschaft* (N)	
	Wissen (N, Basis)	*-schaft* (Suffix N→N)
Gramm. Transposition (N→V)	*Wissen* (N)	
	wissen (V)	

[1] Stammreduktion des Erstgliedes.

[2] Das Suffix *-schaft* verbindet sich i.d.R. mit nominalen Basen. Aus diesem Grund nehmen wir hier auch eine nominale Basis an. Eine weitere Möglichkeit ist, *wissen* als kategorial doppelt markiert anzusehen (N, V), wodurch die grammatische Transposition als letzter Analyseschritt wegfällt.

(das) Abkühlen

Gramm. Transposition (V→N)	*Abkühlen* (N)	
	abkühlen (V)	
Partikelverbbildung	*ab* (Partikel)	*kühlen* (V, Basis)
Lexikalische Konversion (Adj.→V)	*kühlen* (V)	
	kühl (Adj., Basis)	*-en* (Infinitivflexiv)

mfG

Es handelt sich um eine Abkürzung oder ein Buchstabenwort aus den Anfangsbuchstaben der Konstituenten der Vollform.

- Kategoriale Füllung: Vollform ist eine PP aus Präp. + Adj. + N (Syntagma): *mit freundlichen Grüßen.*
- Reihenfolgemarkierung: wie in der syntaktischen Struktur der Vollform.
- Wortbildungsakzent: auf der letzten Silbe *(em-ef-ge).*
- Morphologische Markierung: keine.

missbrauchen

Präfigierung	*missbrauchen* (V)	
	miss- (Präfix)	*brauchen* (V, Basis)

Messerstecherei

Zusammenbildung [1]	*Messerstecherei* (N)	
Zusammenrückung + Suffigierung	*(mit dem) Messer stech(en)* (VP, N + V)	*-erei* (Suffix (V→N)

[1]Voraussetzung für die Klassifizierung ist, dass **messerstechen* und **Stecherei* nicht frei vorkommen. Dies ist u.E. der Fall, so dass wir nicht ein Determinativkompositum, sondern Zusammenbildung als Wortbildungstyp ansetzen.

Schokonüsschen

Determinativkompositum	*Schokonüsschen* (N)		
	1. *Schoko* (N)	2. *Nüsschen* (N)	
1. Wortkürzung	Kopfwort aus *Schokolade*		
2. Suffigierung (N→N) + Umlaut		*Nüss-* (N, Basis), Umlaut → *Nuss*	*-chen* (Suffix N→N zur Bildung von Diminutiva)

umfahren

Ohne Ko(n)text kann nicht entschieden werden, ob es sich bei *umfahren* um eine Partikelverbbildung oder eine Partikelpräfixbildung handelt, z.B. *er fährt den Schrank um* bzw. *er umfährt das Hindernis.*

Partikelverbbildung	*umfahren* (V)	
	um- (Partikel)	*fahren* (V, Basis)

Partikelpräfixbildung	*umfahren* (V)	
	um- (Partikelpräfix)	*fahren* (V, Basis)

6.7 Lösungen zu »Grenzgängern« (S. 48)

- (1) Zusammenrückungen wie z.B. *Maschine schreiben* (Objektinkorporation): syntaktische Struktur ... *weil er auf der Maschine schreiben wollte.* Wortbildungsstruktur: ... *weil er Maschine schreiben wollte* (vgl. Zusammenrückungen mit syntaktischem Akzent auf dem Zweitglied wie *Muttergottes*). Häufig weisen verbale Zusammenrückungen noch ein defektives Verbparadigma auf, z.B. **weil er Maschine schrieb.*

- (2) Morphologisch komplexe Wörter wie *Astwerk, Nähzeug, Bahnhof* etc., deren zweite Konstituente demotiviert ist und reihenbildend vorkommt, werden in der primär semantisch orientierten Wortbildungsforschung gerne als Grenzbereich zwischen Suffigierung und Komposition (als Suffixoidbildungen) betrachtet. Ein streng morphologisches Vorgehen schließt eine solche Klassifizierung allerdings aus (vgl. 2.6.1).
- (3) Verschmelzungen von komplexen Wörtern zu Simplizia im Zuge der Univerbierung sind z.B. *gilouben* → *glauben, hoch gezît* → *Hochzeit*. Diese Lexeme sind in einer synchronen Wortbildungsanalyse morphologisch und semantisch wie Simplizia zu behandeln.

6.8 Lösungen zur Motiviertheit von Wortbildungsprodukten (S. 53)

- *Erbinformation*: lexikalisiert mit nur einer Lesart, vollmotiviert: Die Bedeutung des Kompositums ist aus der Bedeutung der Bestandteile und der Relation zwischen diesen ableitbar.
- *Vokalungeheuer*: Ad-hoc-Bildung, mehrere Strukturbedeutungen erscheinen plausibel; erst unter Einbeziehung des Ko(n)textes kann die aktualisierte Bedeutung der Wortbildungskonstruktion erschlossen werden.
- *(Theater-)Vorstellung*: lexikalisiert, idiomatisiert: Die Gesamtbedeutung hat sich von der Bedeutung der Einzelbestandteile entfernt.
- *Menschentraube*: lexikalisiert, teilmotiviert, da die zweite UK metaphorisch gebraucht wird.
- *nur*: lexikalisiert, synchron ein Simplex.
- *Jägersalami:* usuell, teilmotiviert, da die erste UK metonymisch gebraucht wird.
- *Katzenzungen*: lexikalisiert, teilmotiviert: Das Kompositum wird als Ganzes metaphorisch verwendet.
- *sogar*: lexikalisiert, idiomatisiert: Die Wortbildungsbedeutung ist nicht aus der Bedeutung der Bestandteile und der Relation zwischen den Bestandteilen erschließbar.

6.9 Lösungen zu den semantischen Typen (S. 62)

Die Wortbildungsbedeutung einer Wortbildungskonstruktion ergibt sich nach dem Frege-Prinzip aus der Bedeutung der Bestandteile und der Bedeutung der Relation zwischen den Bestandteilen.

- *Bananenschale*: partitiv ›Schale, die Teil einer Banane ist‹.
- *bleistiftmäßig*: 1. *bleistift-mäßig*: komparational: ›wie ein Bleistift‹ 2. *Blei-stift*: material: ›Stift, der Blei enthielt‹. Obwohl man heute ausschließlich Graphit verwendet, ist keine Bezeichnungsänderung erfolgt (Referenzwandel).
- *schulmeistern*: komparational. Das Basissubstantiv hat die Funktion eines Vergleichsprädikativs. ›sich wie ein Schulmeister verhalten‹.
- *Klarspüler*: nomen instrumenti: ›etwas, mit dem man etwas klar (Objektsprädikativ) spült‹.
- *fällen*: Kausativ ›zu fallen veranlassen‹, ›fallen machen‹.
- *ausnüchtern*: Faktitivum (perfektiv-egressiv): ›jmdn. vollständig nüchtern machen‹.
- *arschkalt*: Steigerungsfunktion des Erstglieds in den Augmentativa ›sehr/in hohem Maße kalt‹.
- *Fund*: nomen facti: ›etwas, das gefunden wird‹.
- *tipptopp*: ein semantischer Typ ist nicht zu ermitteln, aus semantischer Sicht ist diese Reduplikation wie ein Simplex zu behandeln.

6.10 Lösungen zu substantivischen Zusammenrückungen (S. 72)

Aus diachroner Sicht stehen Zusammenrückungen zwischen syntaktischen Strukturen und Wortbildungsstrukturen. Sie weisen daher morphologische Besonderheiten (s.u.) auf. Zusammenrückungen tendieren dazu, in andere Wortbildungstypen wie Determinativkomposita (z.B. Strukturen aus Adj.-Attr. und N: *Schöngeist*) überzugehen. Da sie jedoch durch eine spezifische Kombination von Wortbildungsmitteln gekennzeichnet sind und durch diese von allen anderen Wortbildungstypen abgrenzbar sind, ist es angebracht, auch synchron einen Wortbildungstyp Zusammenrückung anzunehmen:

- Kategoriebestimmend ist nicht das Letztelement des Wortbildungsprodukts, sondern meist die ursprüngliche Funktion der zugrunde liegenden syntaktischen Struktur, z.B. *Vergissmeinnicht* (N).
- Die Reihenfolge der Elemente entspricht der in der zugrunde liegenden syntaktischen Struktur, z.B.: *das Rad fahren* (Akk.Obj.. + V; Objektinkorporation).
- Sie weisen häufig anfänglich eine Akzentposition wie in der entsprechenden syntaktischen Struktur auf: *Muttergottes.*
- Morphologische Markierung: Binnenflexion (*der Hohepriester, des Hohenpriesters*) oder wie in der entsprechenden syntaktischen Struktur (*Menschärgeredichnicht;* imperativ. Verb).

6.11 Lösungen zu substantivischen Zusammenbildungen (S. 73)

Zu a)

Weißmacher

a) formale Analyse

Zusammenbildung (N)	*Weißmacher*		
Zusammenrückung + Suffigierung	*weiß* (Adj.)	*mach-* (V)	*-er* (Suffix V→N)

b) semantische Analyse

Weißmacher: ›etwas, mit dem man etwas weiß macht‹; nomen instrumenti.

Minenräumboot

a) formale Analyse

Zusammenbildung (N)	*Minenräumboot*			
Zusammenrückung + N	*Mine* (N)	*-n* morpholog. Markierung	*räum-* (V)	*boot* (N)

b) semantische Analyse

Minenräumboot: ›Boot, das Minen räumt‹; affizierend.

Liebhaber

a) formale Analyse

Zusammenbildung (N)	*Liebhaber*		
Zusammenrückung + Suffigierung	*lieb-* (Adj./V)	*hab-* (V)	*-er* (Suffix V→N)

b) semantische Analyse

Liebhaber: ›jemand, der jemanden/etwas lieb hat‹; nomen agentis.

Zu b)
Für Okkasionalität und Usualität existieren keine messbaren Kriterien. Insbesondere bei vielen expressiven Wortbildungsprodukten, z.B. in Presse- oder Werbesprache, ist eine Entscheidung, wann Lexem$_{1/2}$ und Lexem$_{2/3}$ bzw. Lexem$_2$/Suffix »frei« vorkommen und wann nicht, nur schwer zu fällen. Ist z.B. *Mehrkorn-Menü* eine Zusammenbildung oder kommen nicht doch vielleicht *Mehrkorn* oder *Korn-Menü* auch frei vor? Ein Problem besteht auch bei der Klassifikation von Bildungen, die nur als bestimmter semantischer Typ frei vorkommen, z.B. ist *Spüler* als nomen agentis usuell, als nomen instrumenti wie in *Klarspüler* wohl nicht.

6.12 Lösungen zu substantivischen Kopulativkomposita (S. 74)

Morphologisch lassen sich Kopulativkomposita von Determinativkomposita eindeutig durch die spezifische Verbindung der Wortbildungsmittel abgrenzen (siehe hierzu 1.4.3). Wählt man dagegen ein bedeutungsorientiertes Vorgehen, kann es leicht zu Fehlklassifizierungen kommen. Zahlreichen Bildungen könnte auf den ersten Blick eine koordinative Struktur zugrunde gelegt werden. So mag beispielsweise *Höschenwindel* zwar als Kopulativkompositum ›sowohl Höschen als auch Windel‹ interpretierbar sein. Die morphologischen Merkmale wie Akzent auf dem Erstelement sprechen dagegen für eine Klassifikation als Determinativkompositum des Relationstyps komparational ›Windel, die wie ein Höschen aussieht/geformt ist‹.

6.13 Lösungen zu substantivischen Determinativkomposita (S. 80)

Seesand-Rubbelcreme
a) formale Analyse

Determinativkompositum (N)	*Seesand-Rubbelcreme* (N)			
Determinativkomposita (N)	*Seesand* (N)		*Rubbelcreme* (N)	
	See (N)	*Sand* (N)	*rubbel* (V)	*Creme* (N)

b) semantische Analyse
[Seesand]-[Rubbelcreme]: ›Rubbelcreme, die Seesand enthält‹; substantiell.
[See][sand]: direktional: ›Sand, der von der See stammt‹.
[Rubbel][creme]: instrumental ›Creme, mit der die Haut gerubbelt wird‹.

WC-Ente
a) formale Analyse

Determinativkompositum (N)	*WC-Ente* (N)	
Wortkürzung	*WC* (N)	*Ente* (N)
Akronym mit alphabetischer Aussprache	*Water Closet* (N)	

b) semantische Analyse
[WC]-[Ente]: ›Ente, die im WC verwendet wird‹; lokal.
Ente: Metapher aufgrund des tertium comparationis FORM; Bildspender ist nicht die Partnerkonstituente, sondern ein ausgespartes Element. Es handelt sich um einen WC-Reiniger mit charakteristischem Flaschenhals.

7-Länder-Spezialitäten

a) formale Analyse

Determinativkompositum (N)	*7-Länder-Spezialitäten*		
Zusammenrückung (Num.+N)	*7-Länder* (N)		
Suffigierung (Adj. → N)		*Spezialität* (N)	
		spezial (Adj.)	*-ität* (Suffix Adj. →N)

b) semantische Analyse

[7-Länder]-[Spezialitäten]: ›Spezialitäten, die aus sieben Ländern stammen‹; direktional.

7-Länder: ausschließlich syntaktische Relation bei Zusammenrückungen.

Spezialität: ›etwas, das speziell ist‹; explikativ.

Verwöhnaroma

a) formale Analyse

Determinativkompositum (N)	*Verwöhnaroma*	
	verwöhn-[1] (V)	*Aroma* (N)

[1] *verwöhn-:* rein formal noch Präfigierung erkennbar, aber synchron kein Simplex als Basis.

b) semantische Analyse

[Verwöhn][aroma]: ›Aroma, mit dem man (jemanden) verwöhnt‹, instrumental; evtl. auch Personifizierung ›Aroma, das (jemanden) verwöhnt‹ Agensmetapher.

Fässchenbutter

a) formale Analyse

Determinativkompositum (N)	*Fässchenbutter*		
Suffigierung + Umlaut (N→N)	*Fässchen* (N)		*Butter*(N)
	Fass (N)	*-chen* (Suffix N→N)	

b) semantische Analyse

[Fässchen][butter]: z.B. ›Butter, die in einem (Butter-)Fässchen hergestellt wird‹; instrumental.

[Fäss][chen]: Diminutiv: ›kleines Fass‹.

Farmersalat

a) formale Analyse

Determinativkompositum (N)	*Farmersalat*		
Suffigierung	*Farmer* (N)		*Salat* (N)
	Farm (N)	*-er* (N→N)	

b) semantische Analyse

Farmersalat: Eine Interpretation ist nur dann möglich, wenn man *Farmer* als Metonymie wertet, die durch die Kontiguität Person – Produktbestandteil entsteht; substantiell: ›Salat, der Mais enthält‹.

Farmer: nomen agentis von *Farm.*

Vitamin-Kräuterbad

a) formale Analyse

Determinativkompositum (N)	*Vitamin-Kräuterbad*		
Determinativkompositum (N) [1]	*Vitamin (N)*	*Kräuterbad*	
lexikalische Konversion oder Doppelkategorisierung		*Kräuter* (N)	*Bad* (N)/(N/V)
			bad- (V)[2]

[1] Wegen der Usualität des Kompositums *Kräuterbad* und der Bindestrichschreibung gehen wir hier von einem Determinativkompositum mit *Vitamin* als Determinans und *Kräuterbad* als Determinatum aus.
[2] Nur bei Annahme von lexikalischer Konversion.

b) semantische Analyse
- *[Vitamin-][Kräuterbad]:* ›Kräuterbad, das Vitamine enthält‹; substantiell.
- *[Kräuter][bad]:* ›Bad, das Kräuter enthält‹; substantiell.
- *Bad*: als Konkretum lokal: ›Ort, an dem gebadet wird‹; als Abstraktum: nomen actionis: ›Vorgangsbezeichnung aus dem Basisverb‹. Hier Metonymie aufgrund der Kontiguität Konkretum - Abstraktum (Badezusatz).

6.14 Lösungen zu substantivischen Steigerungsbildungen (S. 81)

Hundefraß/Hundefraß kann sowohl Determinativkompositum mit Akzentuierung auf dem Erstelement und semantischem Typ benefaktiv ›Fraß für den Hund‹ als auch Steigerungsbildung mit Akzentuierung auf dem Zweitelement und der Bedeutung ›sehr schlechtes Essen‹ sein.
Dagegen ist *Hundekälte* mit großer Sicherheit als Steigerungsbildung mit der Bedeutung ›sehr große Kälte‹ zu klassifizieren. Der Akzent liegt dann auf dem Zweitelement. Es wäre allenfalls ein Ad-hoc-Determinativkompositum denkbar, dessen Wortbildungsbedeutung nur aus dem Ko(n)text ermittelt werden kann.

6.15 Lösungen zu substantivischen Suffigierungen (S. 101)

- *Zerstreuung*: ›jemand befindet sich im Zustand des (Basisverb)‹; Zustandsbezeichnung aus Verben.
- *Erklärung*:
  - ›etwas, das erklärt wird‹; nomen facti.
  - ›Vorgang des Erklärens‹; nomen actionis.
- *Bedienung*: ›jemand, der/die bedient‹; nomen agentis.
- *Steuerung*: ›etwas, mit dem gesteuert wird‹; nomen instrumenti.

Bedeutungsabstufung im Sinne von ›klein‹, z.B. *Brödli* ›kleines Brot‹ und/oder emotionale Bewertung durch den Sprecher.

-chen: Rotbäckchen, Täschchen, Kindchen.
-lein: Büblein, Häuslein.
-let(te): Steaklet, Sandalette.
-li: Brödli, Goldfischli.
-erl/rl/l: Weckerl, Zwergerl, Bräustüberl.

Zwei weitere Klassen von Suffixen, die keine Wortartänderung, sondern nur semantische Modifikation bewirken, sind:
- Movierungssuffixe ›weiblich‹/›männlich‹: *Lehrer-in/Ente-rich.*
- Kollektiva ›alle/Gesamtheit der‹ wie *-schaft: Mannschaft; -heit: Menschheit* etc.

6.16 Lösungen zu substantivischer lexikalischer Konversion, grammatischer Transposition, Ablautbildung (S. 103)

- *die Unseren*: grammatische Transposition (Poss.Pron.→N); möglich, da das Possessivpronomen attributiv wie ein Adjektiv verwendet wird.
- *die Grube*: Ablautbildung zu *graben* (V→N).
- *das Unzusammenhängende*: grammatische Transposition (V→Part.I (Adj.) per Suffix *-nd*) oder Adjektivierungssuffix (vgl. 3.11 S. 128).
- *der Lauf*: lexikalische Konversion (V→N) oder Doppelkategorisierung (V, N).
- *das Unternehmen*: grammatische Transposition (V→N).
- *die Übernahme*: Ablautbildung zu *übernehmen* (V→N).

6.17 Lösungen zur Wortkürzung und Kontamination (S. 104)

zu a)

Stabi

Vollform: Determinativkompositum (N)	*Staatsbibliothek* (N+N)
Kurzwort, das aus einem diskontinuierlichen Stück der Ausgangsform besteht. [1]	*Stabi* (N)

[1]Es wäre auch plausibel, *Stabi* als Akronym zu analysieren, da die Anfangsbuchstaben der Konstituenten einer Wortbildungskonstruktion betroffen sind.

O-Saft

Vollform: Determinativkompositum (N)	*Orangensaft* (N+N)
Akronym *O-* aus Erstkonstituente des Kompositums + *Saft*	*O-Saft* (N)

AIDS

Vollform: festes Syntagma (NP)	*Acquired Immune Deficiency Syndrom*
Akronym mit orthoepischer Aussprache	*AIDS* (N)

Ceralisto

Vollform: zwei Nomina	***Cerealien* + *Balisto***
Wortkreuzung (N), keine unmittelbare Überlappung	*Ceralisto*

Pop

Vollform: Syntagma (NP)	*Popular Music*
Kopfwort: Kürzung am Wortende mit Weglassen des Phrasenkopfes [1]	*Pop* (N)

[1] *Pop* weist jedoch die Kategorie des Phrasenkopfes auf.

Zu b)

- Argumente dagegen: Wortkürzung erfolgt häufig nicht durch produktive Regeln wie die Wortbildung, sondern durch relativ freie und damit kreativ einsetzbare Techniken. Ein Teil der Forschung rechnet sie aus diesem Grund zu den Wortschöpfungen. Zudem sind Wortkürzungen häufig nur sekundäre Formen ohne neue Bedeutung. Die Primärformen existieren daneben weiter und motivieren die Kurzformen.

– Argumente dafür: Vollformen verschwinden z.T. oder sie sind von Anfang an der breiten Öffentlichkeit nicht bekannt, z.B. *BSE, ABS, DDT, ISDN*. Es kann zur Begriffskonsolidierung und -abspaltung der Wortkürzungen von Vollformen durch Univerbierung kommen, so dass neue Wörter mit spezifischer Bedeutung entstehen wie *BMW, Pop* etc.

6.18 Lösungen zu adjektivischen Zusammenrückungen und Zusammenbildungen (S. 107)

krummnasig
a) formale Analyse

Zusammenbildung (Adj.)	*krummnasig*		
Zusammenrückung (NP)+Suffigierung	*krumm* (Adj.)	*Nas(e)* (N)	*-ig* (Suffix N→Adj.)

b) semantische Analyse
[krummnas][ig] ›mit einer krummen Nase versehen‹; ornativ.
[krumm(e)][Nas(e)] nur syntaktische Relation (NP).

alttestamentlich
a) formale Analyse

Zusammenbildung (Adj.)	*alttestamentlich*		
Zusammenrückung + Suffigierung	*alt* (Adj.)	*Testament* (N)	*-lich* (Suffix N→Adj.)

b) semantische Analyse
[alttestament][lich] ›das alte Testament betreffend‹; referentiell/›aus dem alten Testament stammend‹; direktional.
[alt(es)][Testament] syntaktische Relation (NP).

unvergleichlich
a) formale Analyse

Zirkumfigierung (Adj.)	*unvergleichlich*			
Präfigierung + Suffigierung (V→Adj.)	*un-* (Präfix)	*vergleich-* (V,N) [1]		*-lich* (Suffix V→Adj.)
Präfigierung		*ver-* (Präfix)	*gleich-* (V)/(V, Adj.) [2]	

[1] *vergleich-* kann sowohl Verb als auch Substantiv sein. Entweder man nimmt Doppelkategorisierung (V, N) an oder man geht von lexikalischer Konversion aus. Allerdings kann man ohne etymologische Kenntnisse nicht bestimmen, ob eine verbale oder eine subst. Basis zugrunde liegt.
[2] Je nach Standpunkt zugehörig zur Kategorie Verb (lexikalische Konversion zum Adjektiv) oder Doppelkategorisierung (V, Adj.). Gegen letzteres spricht jedoch die *ver*-Präfigierung, da sich *ver-* fast ausschließlich mit verbalen Basen verbindet (siehe aber *vergesellschaften*).
b) semantische Analyse
[un][vergleich][lich] ›etwas kann nicht verglichen werden‹; negierend + passivische Bedeutung.
[ver][gleich-] ›etwas auf Gleichheit prüfen‹, weitgehend idiomatisiert.

6.19 Lösungen zu adjektivischen Kopulativ- und Determinativkomposita (S. 110)

wutschnaubend

a) formale Analyse

Determinativkompositum (Adj.)	*wutschnaubend*		
Suffigierung (V→Adj.)[1]	*Wut* (N)	*schnaubend* (Adj.)	
		schnaub- (V)	*-end* (Suffix zur Part.I-Bildung)

[1] Da die Verwendung der Partizip-I-Form in verbalen Formen des Hochdeutschen nicht möglich ist, erscheint es uns konsequenter, die Partizipendung *-(e)nd* unter die Adjektivierungssuffixe zu rechnen (vgl. 3.11 S. 128).

b) semantische Analyse

[wut][schnaubend] ›schnaubend vor Wut‹; kausal.

schnaubend: reine Adjektivierung.

maschinenwaschbar

a) formale Analyse

Determinativ-kompositum (Adj.)	*maschinenwaschbar*			
Suffigierung (V→Adj.)	*Maschine* (N)	*-n* paradigm. FE	*waschbar*	
			wasch- (V)	*-bar* (Suffix V→Adj.)

b) semantische Analyse

[maschinen][waschbar] ›waschbar mit der Maschine‹; instrumental.

waschbar ›kann gewaschen werden‹; passivische Bedeutung.

fruchtig-frisch

a) formale Analyse

Kopulativkompositum (Adj.)	*fruchtig-frisch*		
Suffigierung (N→V)	*fruchtig* (N)		*frisch* (Adj.)
	Frucht (N)	*-ig* (Suffix N→Adj.)	

b) semantische Analyse

fruchtig-frisch ›fruchtig und frisch‹; additiv.

[frucht][ig] ›bestehend aus Frucht/Frucht enthaltend/nach Frucht schmeckend‹; identifizierend/substantiell.

nachtblind

a) formale Analyse

Determinativkompositum (Adj.)	*nachtblind*	
	Nacht (N)	*blind* (Adj.)

b) semantische Analyse: *nachtblind* ›blind in der Nacht‹; temporal.

zitronengelb

a) formale Analyse

Determinativkompositum (N)	*zitronengelb*		
	Zitrone (N)	*-n* paradigm. FE	*gelb* (Adj.)

b) semantische Analyse: *zitronengelb* ›gelb wie eine Zitrone‹; komparational.

6.20 Lösungen zu adjektivischen Steigerungsbildungen und Präfigierungen (S. 114)

grundanständig

a) formale Analyse

Steigerungsbildung (Adj.)	*grundanständig*		
Suffigierung + Umlaut (N→Adj.)	*Grund* (N)	*anständig* (Adj.)	
		Anstand (N)[1]	*-ig* (Suffix N→Adj.)

[1] *Anstand* ist demotiviert und damit nicht weiter semantisch analysierbar.

b) semantische Analyse

[grund][anständig] ›sehr anständig‹/›von Grund aus anständig‹.

[anständ][ig] ›Anstand besitzend‹, possessiv.

inakzeptabel

a) formale Analyse

Präfigierung (Adj.)	*inakzeptabel*		
Suffigierung (V→Adj.)	*in-* (Präfix)	*akzeptabel* (Adj.)	
		akzept- [1]	*-abel* (Suffix V→Adj.)

[1] Nichtnative Stämme wie *akzept-* sind kategorial nicht markiert. *-abel* leitet i.d.R. Adjektive von Verben auf *-ieren* ab.

b) semantische Analyse

[in][akzeptabel] ›nicht akzeptabel‹; negierend.

[akzept][abel] ›kann akzeptiert werden‹; passivische Bedeutung.

6.21 Lösungen zu adjektivischen Suffigierungen (S. 127)

-bar: fühlbar ›etwas kann gefühlt werden‹.
-lich: käuflich ›etwas kann gekauft werden‹.
-abel/-ibel: praktikabel ›etwas kann praktiziert werden‹.
-ig: gelehrig ›jemand kann etwas (leicht) gelehrt werden‹.
-tiv: additiv ›etwas kann addiert werden/ist addiert worden‹.
Hinweis: Die Paraphrasen können hier nicht kategoriengerecht formuliert werden.

jungfernhaft ›sich wie eine Jungfer verhaltend‹; komparational.
hämisch ›zur Häme neigend‹; gibt eine Neigung/Vorliebe an.
gewaltsam ›sich der Gewalt bedienend‹; instrumental.
dienstäglich ›(jeden) Dienstag stattfindend‹; iterativ.
krankhaft ›(wie) krank seiend‹, identifizierend oder komparational.

6.22 Lösungen zur verbalen Suffigierung (S. 137)

blödeln
a) formale Analyse

Suffigierung (Adj. → V)	*blödeln*	
	blöd (Adj.)	*-el(n)* Suffix (Adj. → V)

b) semantische Analyse
blödeln: ›sich verhalten, als ob man blöd wäre‹; semantischer Typ: verhaltenscharakterisierendes Verb; Aktionsart: iterativ.

sich ***ängstigen***
a) formale Analyse

Suffigierung[1] (N→V) mit Umlaut	*ängstigen*	
	Angst (N)	*-ig(en)* Suffix (N → V)

[1] da es in der Gegenwartssprache offenkundig kein Adjektiv **ängstig* gibt. Sonst würde es sich um einen Fall von Konversion Adj. → V (oder um kategoriale Mehrfachmarkierung (Adj., V) handeln.
b) semantische Analyse:
sich ängstigen: ›Angst haben‹; semantischer Typ: Abstraktionsverb.

kränkeln
a) formale Analyse

Suffigierung (Adj → V) mit Umlaut	*kränkeln*	
	krank (Adj.)	*-el(n)* Suffix (Adj. → V)

b) semantische Analyse
kränkeln: ›beginnen, krank zu werden‹; semantischer Typ: ingressiv.

spionieren
a) formale Analyse

Suffigierung (N→V)	*spionieren*	
	Spion (N)	*-ier(en)* Suffix (N → V)

b) semantische Analyse
spionieren ›sich wie ein Spion verhalten‹; semantischer Typ: komparational.

knistern
Simplex, das als Schallnachahmung zu klassifizieren ist; nur aufgrund des morphologischen und syntaktischen Verhaltens ist *knistern* als Verb zu identifizieren. Eine Wortbildungsanalyse ist nicht durchführbar, denn *-er(n)* darf streng genommen nicht als Suffix bezeichnet werden, da weder synchron noch diachron eine Basis für die Suffigierung vorliegt. Eine semantische Wortbildungsanalyse ist ebenfalls hinfällig.

hüsteln
a) formale Analyse

Suffigierung mit Umlaut (V→V)	*hüsteln*	
	hust- (V)	*-el(n)* Suffix (V → V)

b) semantische Analyse
hüsteln: ›wiederholt ein wenig husten‹; semantischer Typ: Iterativum.

6.23 Lösungen zu Verb-Präfigierungen und Partikelpräfixbildungen (S. 148)

ersteigen
a) formale Analyse

Präfigierung (V)	*ersteigen*	
	er- (Präfix)	*steigen* (V)

b) semantische Analyse
ersteigen ›in Aufwärtsrichtung steigen‹; semantischer Typ: direktional, Transitivierung; Aktionsart: perfektiv-egressiv.

durchleiden
a) formale Analyse

Partikelpräfixbildung (V)	*durchleiden*	
	durch- (Partikelpräfix)	*leiden* (V)

b) semantische Analyse
durchleiden: ›vollständig/bis zum Ende leiden‹; Transitivierung; Aktionsart: perfektiv-egressiv.

umgarnen
a) formale Analyse

Partikelpräfixbildung (N→V)	*umgarnen*		
	um- (Partikelpräfix)	*Garn* (N)	*-en* (Infinitivflexiv)

b) semantische Analyse
umgarnen: ›etwas rundherum mit Garn versehen‹; semantischer Typ: ornativ + direktional; metaphorisch: ›jmdn. durch Schmeichelei für sich zu gewinnen suchen‹.

missverstehen
a) formale Analyse

Präfigierung (V)	*missverstehen*	
	miss- (Präfix)	*verstehen* (V)

Beachte aber die für Präfigierungen unübliche Akzentuierung auf dem Präfix wegen der Position vor einem echten verbalen Präfix und die Abtrennbarkeit des Erstglieds, die im mündlichen Sprachgebrauch schon häufig zu beobachten ist: *?er versteht sie miss.*
b) semantische Analyse
missverstehen ›falsch/verkehrt verstehen‹; Signalisierung der falschen/verkehrten Durchführung einer Handlung.

entbrennen
a) formale Analyse

Präfigierung (V)	*entbrennen*	
	ent- (Präfix)	*brennen* (V)

b) semantische Analyse
entbrennen: ›beginnen zu brennen‹; semantischer Typ: Ingressivbildung.

gelingen
Rein formal ist zwar eine Präfigierung durch *ge-* festzustellen. Synchron gesehen muss eine Klassifizierung als Simplexverb erfolgen, da kein Verb existiert, das die Basis der Präfigierung bildet.

6.24 Lösungen zur Unterscheidung von Partikelverben und Partikelpräfixverben (S. 162)

Beispiel ***umfahren***

Merkmal	Partikelpräfixverb	Partikelverb
1. Akzent	*umfahren*: Akzent auf Verbstamm.	*umfahren*: Akzent auf Partikel.
2. Trennbarkeit	nicht trennbar: *er umfährt die Stadt.*	Partikel abtrennbar bei V1/V2: *er fährt den Pfosten um.*
3. Einschübe	Part.Perf. ohne *ge-*, Inf. I mit vorangestelltem *zu:* *er plante die Stadt zu umfahren/er hat die Stadt umfahren.*	*ge-* des Part.Perf. und *zu* des Inf. I werden eingeschoben: *sein Ausweichversuch zwang ihn, den Pfosten umzufahren/er hat den Pfosten umgefahren*
4. Produktivität	nur noch begrenzt produktiv	sehr produktiv, z.B. *abtanzen* etc.

6.25 Lösungen zur semantischen Analyse von Partikelverben (S. 162)

- *aufschreien*: ›beginnen zu schreien‹; perfektiv-ingressiv.
- *aufkleben*: ›auf etwas kleben‹; direktional, signalisiert Kontakt.
- *aufessen*: ›bis zu Ende essen/alles essen‹; perfektiv-egressiv.
- *aufhellen*: ›hell werden‹; Imperfektivbildung.
- *aufmachen*: ›etwas öffnen; machen, dass etw. offen ist‹; perfektiv-egressiv.
- *auffinden*: ›jemanden/etwas nach langem Suchen finden‹; perfektiv-egressiv.
- *aufsteigen*: ›in Aufwärtsrichtung steigen‹; direktional.

6.26 Lösungen zur adverbiellen Wortbildung (S. 182)

I. Suffigierung
1) *-s*-Suffigierung

***-s*:** Erstarrte substantivische Genitiv-Flexionsformen als Mittel zur Suffigierung (vgl. adverbialer Genitiv): *abends, mehrmals, jedenfalls.* Da es synchron formgleiche substantivische Genitive gibt, könnte man auch Konversion (N→Adv.) als Wortbildungstyp ansetzen (s.u.).

abends
a) formale Analyse

Suffigierung oder Konversion ($N_{Gen.}$→Adv.)	*abends*	
	Abend (N)	*-s* (Suffix N→Adv.) oder erstarrte Flexionsform (Genitiv)

b) Funktion: reine Adverbbildung.

mehrmals
a) formale Analyse

Suffigierung oder Konversion (subst. Wortgruppe →Adv.)	*mehrmals*	
Zusammenrückung (Quant.+N)	*mehrmal-* (NP)	*-s* (Suffix subst. Wortgruppe → Adv.)
	mehr(ere) Mal(e) [1]	

[1] Damit synchron nicht mehr identisch mit der NP.
b) Funktion: reine Adverbbildung.

jedenfalls
a) formale Analyse

Suffigierung(subst. Wortgruppe→Adv.)	*jedenfalls*	
Zusammenrückung (Quant.+N)	*jedenfall-* (NP)	*-s* (Suffix subst. WortgruppeAdv.)
	jeden Fall	

b) Funktion: reine Adverbbildung

- Das **Adverbialisierungssuffix *-s*** wird in Analogie zu a) auf Wörter und Wortgruppen übertragen, die keinen paradigmatischen *s*-Genitiv aufweisen: *mitternachts, einerseits.*

mitternachts
a) formale Analyse

Suffigierung (N→Adv.)	*mitternachts*	
	Mitternacht (N)	*-s* (Suffix N→Adv.)

b) Funktion: reine Adverbbildung.

einerseits
a) formale Analyse

Suffigierung	*einerseits*	
Zusammenrückung (Quant.+N)	*einerseit-* (NP)	*-s* (Suffix subst. Wortgruppe→Adv.)
	einer Seit(e)	

b) Funktion: reine Adverbbildung.

2) *-weise*-Suffigierung: *kiloweise, beispielsweise, schrittweise, verständlicherweise.* Die Kategorisierung aller *-weise* Bildungen als Adverbien ist insofern problematisch, als einige flektiert in attributiver Funktion auftreten können, z.B. *kiloweise* in *für den kiloweisen Kauf.* – Wortbildungsprodukte mit *-weise* als Letztglied werden in dieser synchronen Wortbildungsanalyse als Suffigierungen klassifiziert (vgl. 5.8.2.6).

kiloweise
a) formale Analyse

Suffigierung (N→?Adv.)	*kiloweise*	
	Kilo (N)	*weise* (Suffix N→?Adv.)

b) Funktion: ›Kilo für Kilo‹; vervielfältigend.

beispielsweise
a) formale Analyse

Suffigierung (N→Adv.)	*beispielsweise*		
	Beispiel (N)	*-s* paradigm FE	*-weise* (Suffix N→Adv.)

b) Funktion: ›in der Art/Weise eines Beispiels‹; modal.

schrittweise
a) formale Analyse

Suffigierung (N→?Adv.)	*schrittweise*	
Ablautbildung (V→N)	*Schritt* (N)	-*weise* (Suffix N→?Adv.)
	schreiten (V)	

b) Funktion:
[schritt][weise] ›Schritt auf Schritt‹; aufeinanderfolgend.
Schritt ›Handlung des Schreitens‹; nomen actionis.

verständlicherweise
a) formale Analyse

Suffigierung (N→Adv.)	*verständlicherweise/verständlicherweise*			
Suffigierung + Umlaut (N→Adj.)	*verständlich* (Adj.)		*-er* (paradigm. FE)	*-weise* (Suffix N→Adv.)
Ablautbildung (V→N)	*Verstand* (N)	*-lich* (Suffix N→Adj.)		
	verstehen (V)			

Funktion:
[verständlicher][weise]: ›etwas ist verständlich‹; explikativ.
[verständ][lich](er) ›etwas kann verstanden werden‹; passivische Bedeutung.
Verstand: ›Zustand/Vermögen des Verstehens‹; nomen qualitatis.

3) *-ens*-Suffigierung: *höchstens*
höchstens
a) formale Analyse

Suffigierung (Adj.→Adv.)	*höchstens*		
	hoch (Adj.)	*-st* Flexiv zur Superlativbildung + Umlaut	*-ens* (Suffix Adj.→Adv.)

b) Funktion: ›nicht mehr als‹, stellenwertbezeichnend; weitgehend idiomatisiert.

II) Zusammenrückung: *insbesondere, vielleicht.*
insbesondere
a) formale Analyse

Zusammenrückung (Präp. + Art. +subst. Adj.)	*insbesondere*		
gramm. Transposition (Adj.→N)	*in* (Präp.)	*(da)s* (Art. klitisch)	*Besondere* (N)
			besondere (Adj.)

insbesondere ›vor allem‹; idiomatisiert.

vielleicht
Eine komplexe Struktur ist erkennbar (Zusammenrückung Adj. + Adj.). Da *vielleicht* demotiviert ist, klassifizieren wir es als Simplex.

III) Problemfälle: *tunlichst, leichthin.*
tunlichst: sieht rein formal aus wie ein adjektiviertes Verb (Suffix *-lich*) im Superlativ. Semantisch ist es demotiviert und daher ein Simplex; ausschließlich adverbiale Verwendung.

leichthin (vgl. 5.6)

7. Klausuraufgaben

Im Folgenden finden Sie einige Übungsklausuren. Diese umfassen – mit variierenden Schwerpunkten – den gesamten Stoff dieses Bandes. Schaffen Sie sich eine entsprechende Klausurumgebung und konzentrieren Sie sich auf eine korrekte, übersichtliche und aussagekräftige Darstellungsweise.

Klausur I
Analysieren Sie die folgenden Wortbildungsprodukte nach Form- und Bedeutungsmerkmalen: *Erzählens, Mittelpunkt, hexenähnlichen, Gewalttätigkeit, vollzieht.*

Klausur II
Geben Sie eine knappe Wortbildungsanalyse zu zehn Adjektiven im Text (Quelle: Süddeutsche Zeitung vom 17.06.1996).
Doch den ganzen Reichtum ihrer stimmlichen, längst auch charakteristischen Möglichkeiten entfaltet sie, wenn es um Cole Porter und seine bittersüßen Großstadtgeheimnisse geht. Nur vom Oscar-Peterson-Trio begleitet, spürt sie in *Let's Do It* den erotischen Möglichkeiten der Tier- und Menschenwelt nach, im heute noch vor Swing nur so knisternden *Too Darn Hot* lässt sie sich von Harry Edisons gestopfter Trompete noch zusätzlich einheizen, und für die finstertriumphierende Hurenballade *Love For Sale* entdeckt sie ganz neue Töne des Heimsucherischen.

Sie ist immer neugierig geblieben, ob sie nun in den letzten Jahren nur vom Gitarristen Joe Pass begleitet und ein bisschen wohl auch altersbedingt, die linde Überredungskraft der Ballade neu entdeckte, oder ob sie sich, selbst Star, mit einem Star im schönen Wettbewerb verband und auf ihre fast bauernschlaue Weise die Sängerin blieb – bei dem berühmten »Ella + Louis«-Projekt zum Beispiel. In *A Foggy Day in London Town* teilt Armstrong uns mit, dass Nebel über London liegt. Wenn Ella dann einsteigt, erzählt sie von den unentrinnbaren Verschleierungen der Seele.

Herbstsonne über Donaueschingen. Lang ist's her. Das *Modern Jazz Quartet* hatte gerade triumphiert. Man saß so rum, und plötzlich fragte einer dieser kerndeutschen Jazz-Verteidiger John Lewis, den Leiter des *Modern Jazz Quartet*, ob es für ihn, den Modernisten, nicht damals schrecklich gewesen sei, eine Swinglady wie Ella Fitzgerald am Klavier zu begleiten: »Sie muss doch auch ganz schlechte Abende gehabt haben.« Da machte John Lewis ein höflich erstauntes Gesicht. Dann sagte er leise, und es war wie ein Dolchstoß: »Ich habe sie nie schlecht gehört«.

Klausur III

Analysieren Sie die folgenden Wortbildungsprodukte nach Form- und Bedeutungsmerkmalen: *Theatervorhang, Abhängigkeit, pausenlos, weißauffunkelnd, Einzelgeräusche*.
Hinweis: Die Analysewörter sind einem Text entnommen. In den Lösungshinweisen werden v.a. bei den okkasionellen/Ad-hoc-Bildungen die relevanten Kontexte angegeben. Reflektieren Sie die Probleme bei der (kontextlosen) Analyse von nicht-usuellen Wortbildungen.

Klausur IV

Analysieren Sie die folgenden Wortbildungsprodukte nach Form und Bedeutungsmerkmalen: *jobbende, Arbeitgeber, Jahreseinkommen, Jobbern, Wegfall.* Diskutieren Sie dabei nahe liegende Alternativen.

8. Lösungsvorschläge zu den Klausuren

Im Folgenden finden Sie die Lösungsskizzen zu den Übungsklausuren. Wir mussten uns aus Umfangsgründen auf eine stichpunktartige Aufzeichnung des Lösungswegs beschränken. Detaillierte Informationen zur Strategie der Wortbildungsanalyse finden Sie in 1.6. Bitte beachten Sie immer, dass es weniger um »richtig« oder »falsch«, sondern um fundierte Diskussion der problematischen Analysen geht.

Klausur I

(im Medium des historischen) ***Erzählens***
a) formale Analyse

gramm. Transposition (V→N)	*Erzählen(s)*
	erzählen (V) [1]

[1] Eine komplexe Struktur (verbale Präfigierung) ist formal erkennbar, aufgrund der Idiomatisierung von *erzählen* ist es wie ein Simplex zu behandeln.
b) semantische Analyse
Erzählen: ›Handlung des Erzählens‹; nomen actionis.
erzählen: idiomatisiert.

(rückt...in den) ***Mittelpunkt***
a) formale Analyse

Determinativkompositum (N) [1]	*Mittelpunkt*	
	mittel (Adj.) [2]	Punkt (N)

[1] Im Mhd. Zusammenrückung aus *(der) mittel punct*. In einer synchronen Wortbildungsanalyse jedoch streng genommen nicht mehr als solche klassifizierbar, da eine zugrunde liegende syntaktische Struktur fehlt: *mittel* wird im Gegensatz zu *mittlere* nicht mehr attributiv verwendet. Da *Mittelpunkt* alle Eigenschaften eines Determinativkompositums aufweist, kann aus rein synchroner Sicht dieser Wortbildungstyp angesetzt werden.
[2] *Mittel* wird in den einschlägigen Wörterbüchern als Adjektiv bezeichnet, obwohl es nicht die typischen Eigenschaften zeigt (vgl. Kap. 3.1). Allenfalls in Formulierungen wie *etwas ist mittel* erscheint es unflektiert im Positiv (siehe aber *mittlere, mittelste*).

b) semantische Analyse
[Mittel][punkt] elliptische Bildung ›der Punkt, der (genau) in der Mitte (einer Strecke/eines Kreises) liegt‹, d.h. von dem die Endpunkte bzw. alle Punkte des Umfangs der Oberfläche gleich weit entfernt sind. Hier in übertragener Bedeutung ›Zentrum (des Interesses)‹.

(zu) ***hexenähnlichen*** *(Figuren verzerrt)*
a) formale Analyse

Zusammenrückung (AdjP)	*hexenähnlich(en)*		
	Hexe (N)	*-n* syntakt. Markierung (Dat.Pl.)	*ähnlich* (Adj.)[1]

[1] *Ähnlich* ist demotiviert; eine Ableitung vom Verb *ähneln* ist synchron aufgrund des fehlenden Verbalisierungssuffixes *-el* nicht möglich.
b) semantische Analyse
[hexen][ähnlich]: syntaktische Relation (AdjP).

Gewalttätigkeit
a) formale Analyse

Suffigierung (Adj.→N)	*Gewalttätigkeit*			
Determinativkompositum (Adj.)	*gewalttätig* (Adj.)			*-keit* (Suffix Adj.→N)
Suffigierung (N→Adj.) + Umlaut	*Gewalt* (N)	*tätig* (Adj.)		
Ablautbildung (V→N)		*Tat* (N) [1]	*-ig* (Suffix N/V→Adj.)	
		tun (V)		

[1]Aufgrund des Umlauts setzen wir eine substantivische Basis an.
b) semantische Analyse
[Gewalttätig][keit]: ›jemand handelt/ist gewalttätig‹; nomen qualitatis.
[gewalt][tätig] ›jmd. ist (in irgendeiner Weise gegen jmdn.) tätig, indem er sich der Gewalt bedient‹; instrumental. – Alternative Analyse: *[Gewalttat][ig]* ›zu Gewalttaten neigend‹ (mit Umlaut).
tätig: Adjektivierung aus *Tat* durch Adjektivsuffix *-ig* (mit Umlaut).
Tat: nomen actionis ›das, was man tut‹.

vollzieht
Die komplexe Struktur ist erkennbar (Partikelpräfixverb mit adjektivischem Erstglied). Da *vollziehen* semantisch demotiviert ist, ist es in einer synchronen Wortbildungstheorie wie ein Simplex zu behandeln.

Klausur II

Hinweis: Zu den Adjektiven zählen wir auch alle Part. I-Bildungen (z.B. *knisternden*), da diese im Hochdeutschen nicht verbal gebraucht werden können, und alle im Text adjektivisch verwendeten Part. II-Bildungen (z.B. *gestopfter*).

stimmlich
a) formale Analyse

Suffigierung (N→Adj.)	*stimmlich*	
	Stimm(e) (N)	*-lich* (Suffix N→Adj.)

b) semantische Analyse
[stimm][lich] ›die Stimme betreffend‹; referentiell.

bittersüßen
a) formale Analyse

Kopulativkompositum (Adj.)	*bittersüß(en)*	
	bitter (Adj.)	*süß* (Adj.)

b) semantische Analyse
[bitter][süß]: ›bitter und trotzdem auch süß‹; additiv-adversativ.

knisternden
a) formale Analyse

Suffigierung (VAdj.) oder gramm. Transposition (V→Adj.)[1]	*knisternd(en)*	
	knister- [2]	*-nd* (Suffix V→Adj.)

[1] Die Partizip I-Endung *-(e)nd* führt zu einem kompletten Übergang von Verben zu Adjektiven, da das Partizip I im Hochdeutschen nicht verbal gebraucht werden kann. Wir halten es daher für konsequenter, die Partizip I-Endung unter die Adjektivierungssuffixe zu rechnen. Es existiert jedoch eine lange grammatische Beschreibungstradition, die sie unter die Flexive rechnet (siehe hierzu 3.11).
[2] Schallnachahmung; da *knistern* Basis der Partizip I-Bildung ist, liegt es nahe, dieses als Verb zu klassifizieren. Eine Wortbildungsanalyse ist nicht durchführbar, denn *-(er)n* darf streng genommen nicht als Suffix bezeichnet werden, da weder synchron noch diachron eine Basis für die Suffigierung vorliegt. Eine semantisch orientierte Wortbildungsanalyse ist ebenfalls hinfällig.
b) semantische Analyse
knisternd: ›Eigenschaft des Knisterns‹; reine Adjektivierung.

gestopfter
a) formale Analyse

gramm. Transposition (V→Adj.)	*gestopft(er)*	
	stopfen (V)	*ge-t* (Flexiv zur Part.-II-Bildung)

b) semantische Analyse
gestopft: Verlust der temporalen Bedeutung und feste Bezeichnung einer Eigenschaft.

bauernschlaue
a) formale Analyse

Determinativkompositum (Adj.)	*bauernschlau(e)*		
	Bauer (N)	*-n* paradigm. FE	*schlau* (Adj.)

b) semantische Analyse
bauernschlau: ›schlau wie ein Bauer‹; komparational.

unentrinnbaren
a) formale Analyse

Zirkumfigierung (V→Adj.)	*unentrinnbar(en)*			
Präfigierung	*un-* (Präfix)	*entrinn-* (V)[1]		*-bar* (Suffix V→Adj.)
		ent- (Präfix)	*rinnen* (V)	

[1] Diese Analyse ziehen wir vor, da **entrinnbar* wohl nicht geläufig ist.

b) semantische Analyse
[un]entrinn[bar] ›jemand/etwas kann nicht entrinnen‹; Negierung des aktivisch Möglichen.
[ent][rinnen] ›aus etwas heraus rinnen‹; direktional (Entfernen); hier perfektiv-egressiv ›einer Sache entgehen, fliehen‹; teilmotiviert.

kerndeutschen
a) formale Analyse

Determinativkompositum (Adj.)	*kerndeutsch(en)*	
	Kern (N)	*deutsch* (Adj.)

b) semantische Analyse
[kern][deutsch] ›deutsch im Kern/bis in den Kern‹; lokal/direktional (Annäherung); teilmotiviert: *Kern* wird metaphorisch für das Innerste eines Menschen gebraucht.

neugierig
a) formale Analyse

Suffigierung (N→Adj.)	*neugierig*		
Determinativkompositum (N)	*Neugier* (N)[1]		*-ig* (Suffix N→Adj.)
	neu (Adj.)	*Gier* (N)	

b) semantische Analyse
[neugier][ig]: ›Neugier besitzend/zur Neugier neigend‹.
Neugier: nicht NP-Struktur ›neue Gier‹, sondern ›Gier nach Neuem‹; semantischer Typ: substantiell.

höflich
Die komplexe Struktur (denominale *-lich*-Adjektivierung + Umlaut) des weitgehend demotivierten Adj. ist erkennbar. Es ist in einer synchronen Wortbildungsanalyse als Simplex einzustufen.

berühmten
berühmt ist Part. II (grammatische Transposition V→Adj.) zu mhd. *berüemen*. Synchron existiert nur noch das Verb *rühmen,* dessen Part. II *gerühmt* ist. *Berühmt* kann synchron nur noch als Adj. gebraucht werden. Semantisch ist es demotiviert. Es muss daher als Simplex klassifiziert werden.

Klausur III

(Von diesem) ***Theatervorhang*** *(weiß ich nie)*
a) formale Analyse

Determinativkompositum (N)	*Theatervorhang*		
Ablautbildung (V→N)	*Theater* (N)	*Vorhang* (N)	
Partikelverbbildung		*(da)vorhängen* (V)[1]	
		(da)vor (Partikel)	*hängen* (V)

[1] Kürzung eines Doppelpartikelverbs in der Nominalisierung.

b) semantische Analyse
[Theater][vorhang]: ›Vorhang, der in einem Theater ist‹; lokal.
Vorhang: ›etwas, das man vor etwas hängt‹; nomen facti.
[davor][hängen]: ›etwas vor etwas anderes hängen‹; lokal.

(in) ***Abhängigkeit*** *(von)*
a) formale Analyse

Suffigierung (Adj.→N)	*Abhängigkeit* (N)			
Suffigierung (V→Adj.)	*abhängig* (Adj.)			*-keit* Suffix (Adj.→N)
Partikelverbbildung	*abhäng-* (V)		*-ig* (Suffix V→Adj.)	
	ab (Partikel)	*hängen* (V)		

b) semantische Analyse
[Abhängig][keit]: ›Eigenschaft, dass jemand abhängig ist‹; nomen qualitatis, Eigenschaftsbezeichnung aus Adjektiven.
[abhäng][ig]: reine Adjektivierung.

[ab][hängen]: hängen liegt in übertragener Bedeutung vor; Bedeutungskomponente von *ab-* nicht adäquat darstellbar; teilmotiviert.

pausenlos

a) formale Analyse
+

Determinativkompositum (Adj.)[1]	*pausenlos*		
	Pause (N)	*-n* (paradigm. FE	*los* (Adj.)

[1] Da es sich bei *los* um ein frei vorkommendes Adjektiv handelt, setzen wir nicht den Wortbildungstyp der Suffigierung, sondern den der Determinativkomposition an.

b) semantische Analyse

[pausen][los]: ›ohne eine Pause/frei von einer Pause‹; substantiell.

(schossen die Wellen) ***weißauffunkelnd*** *(nach den Glühstrümpfen)*

a) formale Analyse

Zusammenrückung (AdjP) [1]	*weißauffunkelnd*				
Suffigierung (V→Adj.)	*weiß* (Adj.)	*auffunkelnd* (Adj.)			
Partikelverbbildung		*auffunkel-*			*-nd* (Suffix V→Adj.)
Suffigierung (V→V)		*auf* (Partikel)	*funkeln* (V)		
			funk- V	*-el(n)* (Suffix V→V)	

[1] möglich erscheint auch die Struktur *[weißauffunkel][nd],* also die Suffigierung der Zusammenrückung

b) semantische Analyse

[weiß][auffunkelnd]: syntaktische Relation (AdjP).

[auffunkel][nd]: reine Adjektivierung.

[auf][funkeln]: nicht usuell ›anfangen zu funkeln‹; Inchoativbildung.

[funk][eln] ›kurz, wiederholt Funken aussenden‹; Iterativbildung zu *funken* in der ursprünglichen Bedeutung.

(das Schlagen der Türen und andere) ***Einzelgeräusche***

a) formale Analyse

Determinativkompositum (N)	*Einzelgeräusch(e)*		
Präfigierung + Umlaut V→N	*einzel* (Adj.) [1]	*Geräusch* (N)	
		Ge- (Präfix)	*rausch-* (V)

[1] *Einzel-* kommt als Adjektiv in dieser Form nicht frei, sondern nur als Erstglied von Komposita vor; vgl. aber *einzeln.* Aus diesem Grund kann formal keine syntaktische Struktur zugrunde gelegt werden wie in *einzelne Geräusche* (NP).

b) semantische Analyse

[Einzel][geräusch]: syntaktische Relation (s.o.)

Geräusch Verbalabstraktum; ursprünglich ›Gesamtheit dessen, was rauscht‹; weitgehend idiomatisiert; kollektive Restsemantik.

Klausur IV

***jobbende** (Studenten)*
a) formale Analyse

Suffigierung (V→Adj.) oder gramm. Transposition (V→Adj.)[1]	*jobbend(e)*	
Kategoriale Doppelmarkierung oder lexikalische Konversion[2] (N→V)	*job(b)-* (V)/(V,N)	*-end* Suffix (V→Adj.) oder Flexiv [1]
	Job (N)	

[1] je nach Standpunkt, siehe 3.11.
[2] je nach Standpunkt, siehe 1.4.9.
b) semantische Analyse
[jobb][end]: reine Adjektivierung.
[job(b)][en]: ›einen Job ausüben‹; Handlungsverb.

Arbeitgeber
a) formale Analyse

Zusammenbildung	*Arbeitgeber*		
	Arbeit- (N)	*geb-* (V)	*-er* Suffix (V → N)

Wir ziehen diese Analyse vor, da es u.E. *Geber* nur als nomen instrumenti (z.B. *Impulsgeber*), nicht aber als nomen actoris gibt. Also existieren weder a+b noch b+c.
b) semantische Analyse:
Arbeitgeber ›jmd., der Arbeit gibt‹; nomen actoris.

Jahreseinkommen
a) formale Analyse

Determinativkompositum (N)	*Jahreseinkommen*			
grammatische Transposition (V→N)	*Jahr* (N)	*-es* (paradigm. FE)	*Einkommen* (N)	
Partikelverbbildung			*(her)einkommen* (V)[1]	
			(her)ein (Partikel)	*kommen* (V)

[1] Kürzung eines Doppelpartikelverbs in der Nominalisierung.
b) semantische Analyse
[Jahres][einkommen]: ›Einkommen, das in einem Jahr anfällt‹; temporal.
Einkommen: ursprünglich ›das, was hereinkommt‹, weitgehend idiomatisiert.
[(her)ein][kommen]: ›sich auf die Origo zu (in einen Innenraum) bewegen‹; direktionale Restsemantik (Annäherung).

(von) ***Jobbern***
a) formale Analyse

Suffigierung (V→N)	*Jobber(n)*	
Kategoriale Doppelmarkierung oder lexikalische Konversion[1] (N→V)	*job(b)-* (V)/(V,N)	*-er* Suffix (V→N)
	Job (N)	

[1] je nach Standpunkt, siehe 1.4.9.

b) semantische Analyse
[Jobb][er] ›jemand, der jobbt‹; nomen agentis.
[jobb]en ›einen Job ausüben‹; Handlungsverb.

(zu) ***Wegfall*** *(von Steuerfreibeträgen)*
a) formale Analyse

lexikalische Konversion (V→N) oder kategoriale Doppelmarkierung (V,N)	*Wegfall*	
Partikelverbbildung	*wegfall-* (V)	
	weg (Adv.)	*fallen* (V)

b) semantische Analyse
Wegfall ›etwas, das wegfällt‹; nomen facti.
[weg][fallen] ›fortfallen‹; direktional (Entfernen); hier in übertragener Bedeutung.

Register

Stichwortregister

Alphabetisches Register der Präfixe/»Präfixoide«/Präverben

Alphabetisches Register der Suffixe/»Suffixoide«

Register der Autorennamen (nur volle Titelzitate, keine reinen Verweise)